基于核心素养的
高中数学
教学设计案例

王跃辉　莫定勇　赵文平 ◎ 编著

中国出版集团　现代出版社

图书在版编目(CIP)数据

基于核心素养的高中数学教学设计案例 / 王跃辉，
莫定勇，赵文平编著. —北京：现代出版社，2020.6

ISBN 978-7-5143-8706-3

Ⅰ.①基… Ⅱ.①王… ②莫… ③赵… Ⅲ.①中学数
学课—教学设计—高中 Ⅳ.①G633.602

中国版本图书馆CIP数据核字（2020）第110079号

基于核心素养的高中数学教学设计案例

作　　者	王跃辉　莫定勇　赵文平	
责任编辑	窦艳秋	
出版发行	现代出版社	
地　　址	北京市安定门外安华里504号	
邮政编码	100011	
电　　话	010-64267325 64245264	
网　　址	www.1980xd.com	
电子邮箱	xiandai@cnpitc.com.cn	
印　　制	北京政采印刷服务有限公司	
开　　本	710mm×1000mm　1/16	
印　　张	15	
字　　数	270千	
版　　次	2022年6月第1版　　2022年6月第1次印刷	
书　　号	ISBN 978-7-5143-8706-3	
定　　价	45.00元	

教育部 2015 年《关于全面深化课程改革　落实立德树人根本任务的意见》（以下简称《意见》）指出，课程改革的深化"将提出各学段学生发展核心素养体系，明确学生应具备的适应终身发展和社会发展需要的必备品格和关键能力，突出强调个人修养、社会关爱、家国情怀，更加注重自主发展、合作参与、创新实践"。这就是说，进入 21 世纪，随着课程改革的深入，促使学生发展核心素养被国家提到了一个重要议事日程上，它是国家对今后的学校教育提出的一个总要求。学校教育包括学校各学科的教育教学和学科之外的相关教育，所以发展学生核心素养需要学生通过完成规定的各学科学习任务和接受各学科任务之外的相关学校教育才能达成。而不同的学科其学科核心素养必存在学科间的差异，所以数学学科教育教学必须促使学生发展其相应的数学学科核心素养。就数学学科而言，新修订的《普通高中数学课程标准》（2017 年版）（以下简称《课标》）根据《意见》要求明确了数学学科中应促使学生发展"数学抽象""逻辑推理""数学建模""直观想象""数学运算"和"数据分析"六个具体的核心素养，所以数学教师在数学教育教学中应担负起促使学生发展这六个方面的数学学科核心素养的责任。而数学教育教学必须以数学知识为载体，以课堂教学为手段来促使学生发展其数学学科核心素养。因此，数学教师的课堂教学首先应明确《课标》中的内容标准要求（对其教学内容在发展学生数学学科核心素养方面的具体要求），其次是要弄清教材中的教学内容对学生发展数学学科核心素养的内容与处理方式以及教师教学用书对教材的编写说明和对教师的教学建议，最后精心设计其教学，才能有目的、有计划地在数学课堂教学中有效而正确地促使学生发展数学学科核心素养。因此，我们认为有必要就如何促使学生发展数学学科核心素养的教学设计进行研究。为此，通过对教师教学中所存在问题的现状分析，集体讨论决定以"基于核心素养的高中数学教学设计的研究"为题，向重庆市教育科学规划办申报了一个市级重点课题并获得批准。《基于核心素养的高中数学教学设计案例》一书便是该课题的重要研究成果之一。

一、本课题研究的主要内容

我们知道：数学教学设计是以数学学习理论、数学教学论等理论为基础，根据数学课程标准，运用系统方法分析教学内容和学生学情，确定教学目标，设计教学内容、教学策略和评价方案，以达到优化教学目的的过程。由此可见，教师课前进行教学设计的目的是优化教学过程。本课题紧紧围绕教学设计中"确定教学目标""理解教学内容"和"设计教学内容"三个主要内容进行了深入研究。对于确定教学目标，主要研究了教学目标的特点与作用、课堂教学目标与三维目标的关系、课堂教学目标确定的原则与依据、课堂教学目标设计的步骤和陈述方式；对于理解教学内容，主要研究了教材分析方法；对于设计教学内容，主要就高中数学知识的教学设计和基于核心素养的高中数学教学设计进行了研究。

二、本课题前期研究主要成果

1. 关于"课堂教学目标"的研究成果

本课题组通过对课堂教学目标的研究获得了如下结论：

（1）课堂教学目标具有灵活性、具体性和可操作性等特点，并具有导向、激励、调控和评价的作用。

（2）在构建如下图所示的数学模型的基础上，弄清了课堂教学的三维目标是一个有机的整体，它们是不可分割的，任何一个课堂教学目标都应蕴含"知识与技能""过程与方法"和"情感态度与价值观"三个维度。

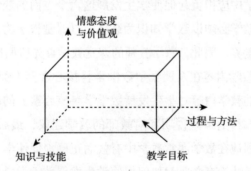

（3）课堂教学目标的设计应遵循五大基本原则：整体性原则、可操作性原则、过程性原则、激励性原则和评价性原则。

（4）课堂教学目标设计的主要依据是课标和教材。

（5）课堂教学目标设计的步骤为：第一步，确定目标领域。第二步，确定目标在其领域中应达到的水平。第三步，选择达成目标相应水平的行为动词。第四步，陈述课堂教学目标。

（6）在陈述课堂教学目标时，应选用恰当的行为动词从"行为主体""行为条件""行为过程"和"行为结果"四个方面对课堂教学目标进行具体、明确和完整的描述。

2. 关于教材分析方法的研究成果

本课题组通过对教材的研究，给出了如下研读教材的思路与方法的框架结构。

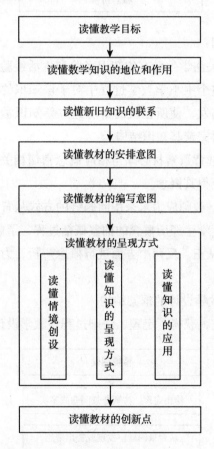

3. 关于高中数学知识教学设计的研究成果

本课题组在研究过程中，将高中数学知识划分为"概念""定理、法则""公式教学""数学方法""数学命题""例、习题"等几个不同类别的知识，并对教材中相关内容的设计进行了分类研究，给出了如下高中数学各类别知识教学设计的框架结构。

（1）概念教学设计的框架结构

本课题组通过研究，获得了概念过程性教学设计的框架结构与思路：

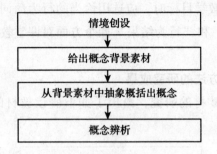

框架结构使用说明：

① 情境创设。要关注学生已有的知识经验和生活经验，对于一些数学原始概念还要了解教材在整个中小学教学过程中对于该知识的安排与处理方式，力求从学生的已有经验出发，使所创设的情境达成新知识学习的自然导入，让学生通过相应概念的学习完善其知识结构。

② 背景素材。所选背景素材必须与相应概念密切相关，能够使学生在教师的启发和引导下顺利获得其概念。

③ 抽象概括概念。教师应力求采用问题链的方式从背景素材中逐步启发和引导学生获得概念，让学生经历概念的抽象概括过程，了解概念的来龙去脉。

④ 概念辨析。应从正、反两个方面进行概念辨析，力求使学生达成对概念的透彻理解。

（2）定理、法则教学设计的框架结构

本课题组通过研究，获得了定理、法则过程性教学设计的框架结构与思路：

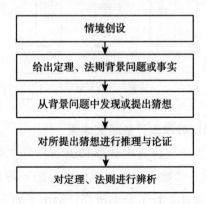

框架结构使用说明：

① 情境创设。要关注学生已有的知识经验和生活经验，力求从学生的已有经验出发，使所创设的情境达成新知识学习的自然导入。

② 背景问题或事实。必须与相应定理、法则密切相关，能够使学生在教师的启发和引导下顺利发现或提出猜想。

③ 发现或提出猜想。教师应力求采用启发和引导的方式进行教学，让学生经历定理、法则的获得过程。

④ 推理与论证。教师不要包办代替，要让学生亲自动脑、动口和动手，经历定理、法则的推理与论证过程，培养学生的推理、论证与说理能力。

⑤ 定理、法则辨析。应从形与质两个方面考虑，力求使学生达成对定理、法则的理解和掌握。

（3）公式教学设计的框架结构

本课题组通过研究，获得了公式过程性教学设计的框架结构与思路：

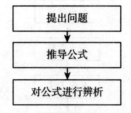

框架结构使用说明：

① 提出问题。要关注学生已有的知识经验，从学生的"最近发展区"出发，提出所要研究的问题，培养学生提出问题的能力，并且力求使问题的提出自然。

② 推导公式。教师应放手让学生亲自动手操作，经历公式的推导过程，培养学生的探索能力与推理能力。

③ 公式辨析。公式辨析应从形与质两个方面考虑，力求使学生达成对数学公式的理解和掌握。

（4）数学方法教学设计的框架结构

本课题组通过研究，获得了数学方法过程性教学设计的框架结构与思路：

框架结构使用说明：

① 创设问题情境。既要关注学生已有的知识经验，又要关注学生已有的生活经验，力求从学生所熟知的已有经验出发，提出所要研究的问题。

② 归纳或提炼方法。教师应引导学生从问题情境出发，采用特殊到一般的方法逐步归纳或提炼出数学方法，让学生经历方法的归纳与提炼过程，从中培养学生的研究数学问题的能力。

③ 方法理解。方法理解也应从形与质两个方面考虑，力求使学生达成对方法的正确理解和掌握。

（5）例、习题教学设计的框架结构

本课题组通过研究，获得了例、习题过程性教学设计的框架结构与思路：

框架结构使用说明：

① 问题提出。任何一个问题绝不是凭空出现的，它一定有一个产生的过程。学生如果能了解问题是怎么产生的，经历问题的提出过程，不仅可以深化自己对所学知识的理解，把握知识的运用，而且还可以培养提出问题和解决问题的能力。所以教师在教学中应力求让学生了解问题的产生过程。

② 分析题意。教师在讲解例、习题时，应教会学生读题、分析条件和结论，弄清条件与结论之间的关系，明确题意。

③ 寻求思路。教师在讲解例、习题时，要引导学生根据题意的分析，探寻问题解决的思路，把握问题解决的方向。

④ 确定方法。教师在讲解例、习题时，要让学生依据解题思路选择问题解决的方法，并把方法程序化，将其方法转化为具体的解题步骤。

⑤ 解决问题。在问题解决时，教师不要包办代替，应让学生自己动脑、动手和动口，经历问题的求解过程。

⑥ 解题反思。问题求解结束之后，教师可引导学生进行如下几个方面的反思：

第一，这个问题属于什么类型的问题？

第二，可否对问题解决过程进行优化？

第三，可否对问题解决方法进行优化？

第四，解决这类问题的通性通法是什么？

第五，问题可做哪些变式（包括背景、条件、结论等）？并思考变式后的问题如何求解，以及对变式前与变式后的问题的解决思路和方法进行对比分析。

三、本书能为教师解决的四个问题

由《课标》可知，高中数学教学的一个主要目标是：发展学生的数学学科核心素养。所以在《课标》的实施过程中，教师课堂教学的一个主要任务就是发展学生的数学学科核心素养。我们知道，数学学科核心素养是蕴含于数学知识之中的，每一个数学知识都对应着相应的数学学科核心素养。所以教师在教学过程中应以数学知识为载体，通过对数学知识的教学来促使学生数学学科核心素养的发展。于是，我们教师在教学某个教学内容时就必须思考如下几个问题。

问题 1：在教学某个数学知识时，应发展学生哪些数学学科核心素养？

问题 2：在教学时，对于某个数学知识所对应的数学学科核心素养应让学生达到哪个水平层次？

问题 3：在教学过程中，应该采取什么方式、方法和手段来促使学生发展相应的数学学科核心素养，并达成课标与教材的要求？

问题 4：在教学中，我们应该如何对教学过程进行设计，才能达成促使学生发展数学学科核心素养的目标？

教师通过该书中数十个教学设计案例的阅读可知道：在教学某个教学内容时，问题 1 和问题 2 可通过对《课标》中相应数学知识的教学要求和对教材的分析来解决，问题 3 则可通过对教材的教学内容编写方式和意图的分析来解决，而问题 4 则可从案例中"基于数学学科核心素养的教学设计"的阅读而有所体会和认识。

四、本书的编写体例与结构

本书中的教学设计案例采用了一种全新的方式来撰写，为使教师能更好地阅读本书。下面将本书的编写体例与结构简介如下。

1. 本书的体例结构

本书的每个课题都是我们通过对课标的"必修课程"和"选择性必修课程"的教学内容要求进行认真分析之后精心选择的重点内容，依据的教材为人教 A 版教材，其结构则是依据"2018 年 9 月使用的高中数学新教材目录及框架"按章节进行安排的。

2. 本书案例的结构

（1）案例的结构

本书中的所有案例均由五部分构成：一是课题序号及名称；二是教学内容位置、主要内容以及知识特点的简要说明；三是内容标准要求的数学学科核心素养解析；四是教材教学内容解析；五是基于数学学科核心素养的教学设计。

（2）案例结构说明

① 课题序号及名称。采用"课题序号 + 课题名称"的方式表述。

② 教学内容位置、主要内容以及知识特点的简要说明。本部分主要包含两个方面的内容：一是说明教学内容在教材中的位置和主要内容，二是对所教知识的特点进行简要说明。

③ 内容标准要求的数学学科核心素养解析。本部分旨在对《课标》中的教学要求以及教学要求中所蕴含的数学学科核心素养进行分析，让教师明确《课标》的教学要求，希望教师在教学过程中应促使学生发展哪些数学学科核心素养以及达成其核心素养的水平要求。内容主要包括两部分：一是内容标准教学要求——通过《课标》中内容标准教学要求的陈述让教师明确《课标》的教学要求；二是数学学科核心素养解析——首先通过对《课标》中内容标准教学要求中所涉及的数学学科核心素养的解读，让教师明确该教学内容应促使学生发展哪些数学学科核心素养，然后就其每一个数学学科核心素养分别从"情境与问题""知识与技能""思维与表达"和"交流与反思"四个方面进行分析，让教师明确应使学生达成其相应的数学学科核心素养的水平层次。

④ 教材教学内容解析。本部分内容主要包含两个方面的内容：一是教材教学内容结构分析——通过对教材教学内容结构的解读，让教师弄清教材为达成课标内容标准的教学要求所蕴含的数学学科核心素养是分成几部分来编写的，

并明确每一部分的主要教学任务；二是教材教学内容编写方式分析——通过对教材的编写方式和教材编写意图的分析，让教师明确教材的该部分教学内容应具体发展学生的哪些数学学科核心素养，以及教材希望教师在教学过程应如何发展学生的这些数学学科核心素养。

⑤ 基于数学学科核心素养的教学设计。本部分内容以教材中的"教学任务"为板块进行撰写，为达成其教学任务要求，每一个板块均精心设计了相应的"情境与问题"链，每一个"情境与问题"都给出了相应的数学学科核心素养分析，让教师明确其"情境与问题"主要促使学生发展哪些数学学科核心素养以及达成其相应数学学科核心素养的水平层次。

五、本书编写人员说明

本书由重庆市渝中区教师进修学院高中数学教研员、特级教师、中专研究员王跃辉给出框架结构、提纲和统稿，参与编写的人员主要是王跃辉与其名师工作室的 11 位学员：莫定勇、赵文平、袁亮、屈清勇、孙胜亮、刘强、杨昉、刘建、杨宗涛、冯攀和金晶。

本书是重庆市教育科学"十三五"规划重点课题"基于核心素养的高中数学教学设计的研究"的阶段性成果。

在本书出版之际，我们要特别感谢重庆市教育科学研究院张晓斌研究员在本书的形成过程中提供的宝贵意见！感谢重庆市渝中区名师工作室和渝中区教师进修学院的领导对本书编写工作的重视和支持！

王跃辉于重庆市渝中区桂花园路 54 号

2019 年 4 月 5 日

目录

CONTENTS

第二篇　必修（第二册）

第三篇　选择性必修（第一册）

第四篇　选择性必修（第二册）

核心素养视角下高中数学教学设计的基本要求

——以"点到直线的距离"为例

重庆市渝中区教师进修学院　　王跃辉

教育部 2015 年《关于全面深化课程改革　落实立德树人根本任务的意见》（以下简称《意见》）指出：课程改革的深化"将提出各学段学生发展核心素养体系，明确学生应具备的适应终身发展和社会发展需要的必备品格和关键能力"。《普通高中数学课程标准》（2017 年版）（以下简称《课标》）根据《意见》要求明确了数学学科核心素养为："数学抽象""逻辑推理""数学建模""直观想象""数学运算"和"数据分析"。所以数学教师在数学教育教学中必须促使学生发展这六个方面的数学学科核心素养。也就是说，随着课程改革的深化，高中数学课堂教学不仅是知识的教学，让学生理解、掌握《课标》所规定的数学知识，而且应该在教学数学知识的同时以数学知识为载体，以课堂教学为手段来促使学生发展其数学学科核心素养。因此，数学教师必须对其课堂教学做精心的设计，才能有目的、有计划地在数学课堂教学中有效而正确地促使学生发展数学学科核心素养。

数学教学设计是以数学学习理论、数学教学论等理论为基础，根据数学《课标》，运用系统方法分析教学内容和学生学情，确定教学目标，设计教学内容、教学策略和评价方案，以优化教学的过程。由此可见，教师课前进行教学设计的目的是优化教学过程，内容包含六个方面。其中"确定教学目标""理解教学内容"和"设计教学内容"显然是数学教学设计的三个主要内容。本书主要就核心素养视角下的高中数学教学设计对"确定教学目标""理解教学内容"和"设计教学内容"的基本要求做一个简要论述，并以"点到直线的距离"为例予以说明。

1. 确定教学目标必须明确《课标》中教学内容要求对数学学科核心素养的要求

《课标》是国家为教师教学制定的一个纲领性文件，教师的教学必须遵循《课标》。《课标》不仅有课程的总目标，而且还有各个教学内容的具体要求。教师教学时，只有每一个教学内容都达成了《课标》中相应的教学要求，才能最终达成课程的总目标。所以教师在进行教学设计时，确定教学目标必须明确《课标》中相应教学内容的教学要求。而课程的总目标包含数学基础知识，基本能力，数学学科核心素养和情感态度与价值观四个方面，所以一般来说，《课标》中的教学内容要求也包含了这四个方面的内容。其中数学学科核心素养是以知识为载体在数学基本能力的形成过程中获得的，而情感态度与价值观是融入数学学科核心素养之中的，所以数学学科核心素养是数学课程目标的集中体现。因此，教师的教学设计在确定教学目标时，必须明确《课标》中相应教学内容要求对数学学科核心素养的要求。也就是说，核心素养视角下的高中数学教学设计在制定课堂教学目标时，要对《课标》中的教学内容要求进行认真分析，弄清教学内容要求中要求教师通过教学促使学生发展哪些数学学科核心素养，以及各个数学学科核心素养在"情境与问题""知识与技能""思维与表达"和"交流与反思"等方面应达成的水平层次。只有弄清了《课标》中的教学内容要求对数学学科核心素养的具体要求，才能使其教学做到在发展学生的数学学科核心素养方面的目标明确。如"点到直线的距离"这个教学内容，《课标》中的教学要求是：探索并掌握平面上点到直线的距离公式。现仅从核心素养的角度对该教学要求作如下分析。

该教学内容要求包含两个方面：一是探索平面上点到直线的距离公式，即要求学生根据平面上点到直线的距离概念，利用解析法把平面上点到直线的距离公式推导出来。在这个推导过程中，学生必须依据平面上点到直线的距离的概念，通过图形直观找到求点到直线的距离的思路与方法，并按其步骤逐步进行推演才能获得点到直线的距离公式。所以，这个探索过程蕴含了"直观想象的数学学科核心素养"和"数学运算的数学学科核心素养"两个数学学科核心素养。二是掌握平面上点到直线的距离公式，即要求学生首先要会证明公式的正确性，其次是能正确理解公式，最后是会运用公式解决实际问题。而证明公式正确性的过程就是通过图形直观发现证明的思路与方法，并运用推理的方法论证公式正确的过程。运用公式解决实际问题则主要是利用公式采用数学运算的方法求出点到直线的距离。所以，掌握距离公式蕴含了"直观想象""逻辑推理"和"数学运算"等数学学科核心素养。

由此可见,《课标》中关于"点到直线的距离"的教学内容要求主要是发展学生"直观想象""逻辑推理"和"数学运算"等数学学科核心素养。下面以"逻辑推理"为例说明该教学内容要求应在数学学科核心素养的"情境与问题""知识与技能""思维与表达"和"交流与反思"四个方面达成的水平层次。

第一,情境与问题。要求学生能够从平面几何中两点间的距离、点到直线的距离,解析几何中两点间的距离去发现解析几何中的点到直线的距离,并用数学语言来表达,使学生在"情境与问题"方面达成逻辑推理的数学学科核心素养的水平二。

第二,知识与技能。要求学生能根据点到直线的距离概念或构作直角三角形斜边上的高来推导或证明点到直线的距离公式的思路,并依据其思路选择合适的计算方法正确地推导或证明出公式,同时还能用公式解决相关的实际问题,使学生在"知识与技能"方面达成逻辑推理的数学学科核心素养的水平二。

第三,思维与表达。要求学生能够理解平面几何与平面解析几何中的两点间的距离、点到直线的距离、平行线间的距离的逻辑关系,初步建立网状的距离知识结构,使学生在"思维与表达"方面达成逻辑推理的数学学科核心素养的水平二。

第四,交流与反思。在交流过程中,要求学生能够明确点到直线的距离的具体内涵,有条理地计算、推导和证明公式,并能清晰地对其过程予以说明,使学生在"交流与反思"方面达成逻辑推理的数学学科核心素养的水平二。

于是,我们可以把"点到直线的距离"这个教学内容的教学目标确定为:能根据点到直线的距离概念和两点间的距离公式推导出点到直线的距离公式,并能利用相似三角形的性质证明公式的正确性,会运用公式解决简单的实际问题,从而促使学生"数学运算""逻辑推理"和"直观想象"等数学学科核心素养的发展。

2. 理解教学内容必须明确教材教学内容落实数学学科核心素养的方式与方法

教材是国家为教师教学提供的一种基本素材,章建跃先生曾说"脱离教材的教学是无章的教学",这充分说明了教材在教学中的重要地位。从本质上讲,理解教学内容就是理解教材。而教材编写的依据是《课标》,所以《课标》中的教学内容要求所涉及的数学学科核心素养必在教材中反映出来。因此,核心素养视角下的高中数学教学设计必须认真分析教材，了解教材教学内容的结构，明确其各部分的教学任务，弄清教材教学内容落实《课标》中教学内容要求所蕴含的数学学科核心素养的方式与方法。只有清楚了教材的编写方式及其意图，明确了教材教学内容落实数学学科核心素养的方式与方法，教学设计才能使其教学有计划、有步骤地发展学生的数学学科核心素养。现就"点到直线的距离"的教材内容作如下简要分析。

从教材的内容来看，可以将教材教学内容分成如下四部分。

第一部分：教材中的思考："如图，已知点 P_0 (x_0, y_0)，直线 l：$Ax + By + C = 0$，求点 P_0 到直线 l 的距离。"其教学任务是：通过思考，让学生明确这部分内容是研究如何求点到直线的距离问题，即提出课题。教材在编写这部分内容时，标题是以"点到直线的距离"出现的，然后给出上述"思考"。教材的这种编写方式的意图是：希望教师在教学时，不要直接告知学生这部分内容是学习点到直线的距离公式，而是研究如何求点到直线的距离。

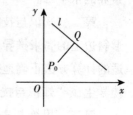

第二部分：教材中从"点 P_0 到直线 l 的距离"到"P_0Q 的长即为点 P_0 到直线 l 的距离"。其教学任务是：依据点到直线的距离概念并利用两点间的距离公式求出点到直线的距离，即推导公式。教材在编写这部分内容时，首先根据点到直线的距离的概念，给出求点到直线的距离的自然思路，然后设计了一个旁白：你能求出 |P_0Q| 吗？教材这种编写方式的意图是：要求教师在教学时，引导学生根据点到直线的距离的概念，寻求求点到直线的距离的思路，然后根据所获得的求解思路给出求点到直线的距离的方法，并依据其方法所对应的求解步骤把点到直线的距离求出来。教材的这种编写方式希望教师在教学时，通过探索点到直线的距离公式发展学生"直观想象"和"数学运算"等数学学科核心素养。

第三部分：教材中从"上述方法虽然思路十分自然"到"上述公式也成立"。其教学任务是：通过构造相似三角形，利用相似三角形的性质证明公式的正确性，即证明公式。这个教学任务所体现的过程也是教材的编写方式，它希望教师在教学时，通过公式的证明发展学生的"直观想象""逻辑推理"和"数学运算"等数学学科核心素养。

第四部分：教材中的两个例题。其教学任务是：利用公式解决简单的实际问题，即运用公式。这两个例题都是公式的简单运用，所以教材安排这两个例题的目的是希望教师在教学时发展学生的"数学运算"数学学科核心素养。

3. 设计教学内容必须注重数学学科核心素养落实的过程性

设计教学内容本质上讲就是对教学实施过程的一种预设,其目的是使其教学有效地达成课堂教学目标,发展学生的数学学科核心素养。教材是教师教学的基本素材,所以在对教学过程进行设计时,一般来说应以教材为依据,按照教材的教学内容结构及其教学任务,根据教材编写的意图将数学学科核心素养落实在过程设计之中。而发展学生的数学学科核心素养是通过学习数学的过程和应用数学解决问题的过程实现的。其中数学学习的过程本质上讲也是一个问题解决的过程,所以学生学习数学的过程和应用数学解决问题的过程包含了发现问题、提出问题、解决问题和数学应用四个方面。我们知道,每一个数学学科核心素养都包含了"情境与问题",所以核心素养视角下的数学教学过程设计必须注重"情境与问题"的设计,让学生通过各个"情境与问题"的解决逐一落实数学学科核心素养。换句话说,核心素养视角下的高中数学教学过程的设计就是一个"情境与问题"链的设计,每一个"情境与问题"都有一个发展学生数学学科核心素养的明确目标。只有这样,才能真正将数学学科核心素养落实在教学过程之中。下面给出核心素养视角下"点到直线的距离"的教学设计。

任务一:提出课题

【情境与问题1】

思考:如何求一个已知点到已知直线的距离?

教学建议:为使问题的提出自然,建议教师引导学生根据两点间的距离公式,联系初中平面几何中研究过的距离问题——"两点间的距离""点到直线的距离"和"平行线间的距离",促使学生明确在解析几何学习中有必要对"点到直线的距离"和"平行线间的距离问题"进行研究;然后引导学生对这两种距离间的关系进行分析,让学生知道对于这两种距离问题,我们首先应研究点到直线的距离问题,从而提出上述问题。

这样提出问题的特点是:从学生的最近发展区——"两点间的距离公式"出发,关注了学生初中平面几何中"两点间的距离""点到直线的距离"和"平行线间的距离"等已有知识经验,注重了新旧知识的联系,使得问题提出自然。

任务二：推导公式

【情境与问题2】

结合图思考：如何求点到直线的距离？（该情境与问题主要是发展学生直观想象的数学学科核心素养）

教学建议：建议教师引导学生根据点到直线的距离的概念画出如下图所示的求 $|P_0Q|$ 的思路框图。

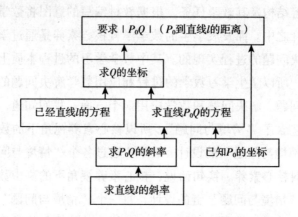

这种以框图的形式来反映问题解决思路的特点是：直观、清晰。哪些已知，哪些需要求，哪个先求，哪个后求，一目了然。

【情境与问题3】

请根据上述求解思路写出求点到直线的距离的步骤。

教学建议：建议教师引导学生将以上思路具体化为如下求 $|P_0Q|$ 的操作步骤框图。

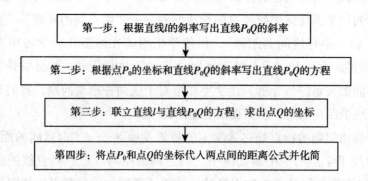

这种以流程图的形式反映解题步骤的特点是：步骤清晰，先做什么，后做什么，十分明确。

【情境与问题 4】

请按上述求点到直线的距离的步骤求点到直线的距离。（该情境与问题主要是发展学生的数学运算的数学学科核心素养）

教学建议：建议教师根据教材中旁白的要求大胆放手，让学生亲自动手按以上四步推导公式，通过实际操作经历公式的获取过程。在学生推导公式的过程中，教师应了解学生的推导情况，并有选择地针对学生的具体情况给予适当的提示或指导。

这种让学生亲自动手推导公式的方式的主要优点是：既可培养学生分析问题和解决问题的能力，又可培养学生的运算能力和推理能力，使学生养成锲而不舍的精神，并了解公式的来龙去脉。

【情境与问题 5】

请对上述公式推导过程进行反思，简化公式推导过程。（该情境与问题主要是培养学生解题后的反思习惯、批判精神和创新能力，发展学生逻辑推理的数学学科核心素养）

教学建议：建议教师引导学生结合两点间的距离公式的形式与特点对其推导过程进行分析，提出利用整体代换的思想简化推导过程，从而获得教参所给的方法，向学生渗透整体代换的数学思想方法。

任务三：证明公式

【情境与问题 6】

请根据直角三角形相似的性质证明公式的正确性。（该情境与问题主要是发展学生直观想象、数学运算和逻辑推理等数学学科核心素养）

教学建议：建议教师首先引导学生在整体代换的基础上，根据 $|P_0Q|$，$|x-x_0|$ 和 $|y-y_0|$ 的关系，结合勾股定理给出该整体代换的几何解释，进而促使学生形成"在解析几何问题的求解过程中，充分运用几何图形的性质可简化运算过程"的意识。然后大胆让学生思考：还可以如何构作三角形并利用三角形的性质来证明该公式的正确性？从而自然过渡到例 2 的教学。

这种对整体代换的几何意义的研究体现了数与形的整合，能够向学生渗透数形结合的思想方法，促使学生形成"在解析几何问题的求解过程中，充分运用几何图形的性质可简化运算过程"的意识。

任务四：运用公式

【情境与问题 7】

独立完成教材中的两个例题。（该情境与问题主要是发展学生数学运算的数

学学科核心素养）

4. 结语

本书通过对高中数学教学设计的基本要求的论述，旨在希望教师通过对《课标》中教学内容要求和教材教学内容的分析，明确《课标》中的教学内容要求对发展学生数学学科核心素养的具体要求，弄清教材是如何落实数学学科核心素养的，从而使其教学设计有计划、有步骤地发展学生的数学学科核心素养。本书中的49个教学设计案例均是按上述三个基本要求而撰写的，希望这些案例对大家的教学设计有所启迪和帮助。

第一篇

必修
（第一册）

第一章 集合与常用逻辑用语

课题一 集合的概念

"集合的概念"是人教 A 版数学必修 1 第一章集合与函数概念 1.1 集合中的第一个教学内容，主要是集合的含义。

集合是现代数学的基本语言，可以简洁、准确地表达数学内容。在高中数学中，集合的初步知识与其他内容有着密切的联系，它是学生学习后续内容和正确使用数学语言的基础。

1. 内容标准与数学学科核心素养解析

【内容标准教学要求】

通过实例，了解集合的含义，体会元素与集合的"属于"关系。

【数学学科核心素养解析】

我们知道，集合概念是一个原始概念，它只能用自然语言进行描述或解释，而不能用其他的数学概念予以严格定义，所以关于集合概念的教学主要是发展学生数学抽象的数学学科核心素养。下面我们将从数学抽象的"情境与问题""知识与技能""思维与表达"和"交流与反思"四个方面予以简要分析。

第一，情境与问题。首先要求学生通过实例认识一些具体的集合；其次要求学生通过对相互关联的已知集合的分析，明确不同的集合中的对象所满足的条件是不同的；最后希望学生能综合分析已知的集合，知道同一个集合中的所有对象都满足相同的条件，从而抽象出集合的概念。所以集合的概念的教学在"情境与问题"这方面应达成数学抽象的数学学科核心素养的水平三。

第二，知识与技能。了解集合的含义实际上包含了能举例说明哪些是集合，哪些不是集合，即要求学生能够用恰当的例子解释集合概念。所以集合的概念的教学在"知识与技能"这方面应达成数学抽象的数学学科核心素养的水平二。

第三，思维与表达。体会元素与集合的"属于"关系就是明确一个元素是否是某个集合的元素，并能用数学符号"∈"或"∉"表达元素与集合的关系。所以集合的概念的教学在"思维与表达"这方面应达成数学抽象的数学学科核心素养的水平一。

第四，交流与反思。要求学生既要能用具体的集合例子说明什么是集合，又要能用集合的概念说明哪些是集合，哪些不是集合。所以集合的概念的教学在"交流与反思"这方面应达成数学抽象的数学学科核心素养的水平二。

2. 教材教学内容解析

【教材教学内容结构分析】

集合是一个原始概念，具有高度的抽象性，学生很难对其真正理解和掌握，集合论的应用更是学生学习的难点。中小学数学教材为了解决这些问题，把集合论的知识分成了如下三个阶段。

第一阶段（小学）：主要在教材中渗透集合的思想方法，用集合的图示法让学生直观理解相关数学知识，从中体会集合思想方法的作用——运用集合思想方法理解和掌握相关数学知识。

第二阶段（初中）：在小学对集合的思想方法有了一定的感性认识和应用的基础上，教材进一步向学生介绍一些具体的集合和用集合来定义的数学概念，但不涉及集合的意义，让学生接触一些具体的集合——认识一些特殊的集合。

第三阶段（高中）：教材在小学和初中的基础上让学生对集合进行深入的研究——系统学习集合论的初步知识。

这种螺旋式上升的安排方式既考虑了各个阶段学生的年龄特点和心理特征，又考虑了学生的认知水平和认知能力，对于学生理解和掌握集合论的内容是很有好处的。

高中教材关于集合概念的内容主要包括如下三部分。

第一部分：教材中指出"在小学中，我们已经接触过一些集合"，教学的主要任务是通过学生在小学数学学习中所接触的集合图示法，提出课题。

第二部分：教材中指出"在初中，我们已接触过一些集合。例如，自然数的集合……到一条线段的两个端点距离相等的点的集合（即这条线段的垂直平分线）……"在此基础上教材又列举了 8 个集合的具体实例。教学的主要任务是通过这些集合实例的复习与举例，让学生直观认识集合，为研究什么叫集合提供研究范例。

第三部分：集合的概念。教学的主要任务是让学生用自然语言描述集合，形成集合的概念。

【教材教学内容编写方式分析】

教材在编写该内容时，首先指出，在小学和初中，我们已经接触过一些集合，并给出了初中数学学习中所认识的一些具体集合。其意图是让学生知道将要学习的集合论知识，早在小学数学学习过程中就已用集合的数学思想方法来理解和掌握相关的数学知识（如学生在小学学习数学的加法、最大公因数和最小公倍数时，就是利用集合的图示法来理解和掌握的），而在初中学习有关数学知识时我们已经认识了一些具体的集合，即让学生明确集合论的知识并不陌生，它是在小学和初中所接触的集合知识基础上的延伸、拓展和深化。然后教材给出了学生在初中数学学习中所接触的 5 个集合，同时还列举了数学学科、日常生活和生产实际中的 8 个具体集合实例。其意图是为促使学生抽象概括出集合概念提供足够的研究范例。这是由于集合的概念比较抽象且为一个原始概念，仅凭学生初中所接触的几个集合例子是不足以让学生从中抽象概括出集合的概念的。最后给出集合的概念，让学生明确到底什么叫集合。

教材的这种编写方式充分考虑了小学、初中和高中集合内容的教学衔接，希望教师在教学集合概念时，从学生小学和初中的已有集合经验出发，引导和启发学生经历集合概念的抽象概括过程，了解集合概念的来龙去脉，从而发展学生的数学运算、数学推理和数学抽象的数学学科核心素养。

3. 基于数学学科核心素养的教学设计

根据以上分析，为达成《课标》内容与教材内容要求促使学生发展数学运算、数学推理和数学抽象的数学学科核心素养的目的，集合概念的教学可依据教材教学内容所隐含的三个任务按如下几步进行设计。

任务一：提出课题

【情境与问题1】

学校先举办了一次田径运动会，某班有 8 名学生参赛，又举办了一次球类运动会，这个班有 12 名学生参赛，两次运动会都参赛的有 3 人，两次运动会中，这个班共有多少名学生参赛？

【数学学科核心素养分析】

该情境与问题的解决思路和方法主要是依据集合交集的图示法，而集合交集的图示法，学生在小学数学学习最大公约数与最小公倍数时就已接触过，并且非常熟悉。所以该情境与问题关注了学生的已有知识经验，让学生知道本节课将对这种图示法所对应的数学知识进行深入的研究，从而达成课题的自然引入——研究什么。如果学生能画出如上所示的两个圈图，说出各圈图的意义，并能根据圈图之间的关系列出算式 $8+12-3$，从而得出其结果为 17，则说明学生在"情境与问题"方面能够在熟悉的情境中了解运算对象；在"知识与技能"方面能够在熟悉的数学情境中，根据问题的特征形成合适的运算思路；在"思维与表达"方面能给出解决问题的方法并得到结果；在"交流与反思"方面能够用运算的结果说明问题。所以我们就可认为学生达成了数学运算的数学学科核心素养的水平二。

任务二：提供研究范例

【情境与问题2】

回忆初中所接触的集合实例。

在初中数学学习中，我们已经接触过"自然数的集合""有理数的集合""不等式的解的集合""到一个定点的距离等于定长的点的集合（圆）""到一条线段的两个端点距离相等的点的集合（这条线段的垂直平分线）"……

【情境与问题3】

阅读教材中所列举的 8 个集合实例。

①1～20 以内的所有质数；②我国 1991～2003 年的 13 年内所发射的所有人造卫星；③金星汽车厂 2003 年生产的所有汽车；④2004 年 1 月 1 日之前与我国建立外交关系的所有国家；⑤所有的正方形；⑥到直线 l 的距离等于定长的所有点；⑦方程 $x^2+3x-2=0$ 的所有实数根；⑧新华中学 2004 年 9 月入学的所有高一学生。

【情境与问题4】

模仿以上集合实例，在数学学科、日常生活和生产实际中列举出一些集合。

【数学学科核心素养分析】

任务二下的三个情境与问题旨在让学生知道要获得集合的概念必须从具体的集合范例入手——明确研究的对象。其中情境与问题 2 是从学生的最近发展区出发，通过学生在初中数学学习中所接触的几个具体集合让学生明确集合并不陌生；情境与问题 3 的意图是让学生了解集合知识与我们的生活和学习息息相关，进一步明确研究集合的必要性；情境与问题4的意图是让学生能够模仿【情境与问题3】中的集合实例。学生能解决这三个情境与问题，则说明学生在"情境与问题"方面能够模仿所给集合例子解决问题；在"知识与技能"方面能够理解集合例子的含义；在"思维与表达"方面对集合范例能够用语言正确表达；在"交流与反思"方面，在交流过程中能够用具体的范例表达集合。所以我们可以认为学生达成了数学抽象的数学学科核心素养的水平一。

任务三：形成集合概念

【情境与问题5】

回答下列问题：

① 集合可由哪些对象组成？②同一个集合中的对象有什么特点？试举例说明；③不同集合中的对象的特点是否相同？④请用自己的语言来描述集合。

【数学学科核心素养分析】

该情境与问题主要是让学生经历集合概念的抽象与概括过程，渗透集合概念研究的思路与方法。

问题①是要求学生明确组成集合的对象可以是数、图形、物……以及世间万事万物，甚至可以是一些更为抽象的概念（如国家等）。如果学生能回答该问题，则说明学生在"知识与技能"方面能够在熟悉的情境中抽象出数学问题。所以我们可以认为学生达成了数学抽象的数学学科核心素养的水平一。

问题②是要求学生通过对已有的各个集合中的对象特点的分析，知道同一个集合的所有对象都具有相同的特点或满足的条件相同或具体有相同的性质等。如果学生能回答该问题，则说明学生在"情境与问题"方面能在相关联的情境中抽象出数学的一般结论。所以我们可以认为学生达成了数学抽象的数学学科核心素养的水平二。

问题③是要求学生通过对所有已知集合对象特点的分析，知道不同集合中的对象具有不同的特点或不同集合中的对象满足不同的条件或不同集合中的对象具有不同的性质等。如果学生能回答该问题，则说明学生在"情境与问题"方面能在综合的情境中抽象出数学的一般结论。所以我们可以认为学生达成了数学抽象的数学学科核心素养的水平三。

问题④是要求学生通过对以上三个问题的解决，抽象出集合的概念，并会用自然语言予以描述，即集合是把具有相同条件的所有对象合在一起或集合是把满足同一条件的对象并在一起或集合是把具有相同特点的所有对象看成一个整体或集合是把具有相同性质的所有对象集在一起等。如果学生能回答该问题，则说明学生在"情境与问题"方面能在综合的情境中抽象出数学的集合概念，并能用自己的语言予以正确的表述。所以我们可以认为学生达成了数学抽象的数学学科核心素养的水平三。

【情境与问题6】

师生相互给出一些具体的自然语言描述，让学生判断哪些描述的是集合，哪些描述的不是集合，并用集合的概念予以说明。

【数学学科核心素养分析】

该情境与问题主要是以具体问题辨析概念，从而促使学生正确理解集合的概念。如果学生能顺利解决该系列问题，则说明学生在"交流与反思"方面既能结合具体情境解释集合的概念，又能用集合的概念解释具体情境。所以我们可以认为学生达成了数学抽象的数学学科核心素养的水平二。

（莫定勇）

课题二　集合的基本运算

"集合的基本运算"是人教 A 版数学必修 1 第一章集合与函数概念 1.1 集合中的第三个教学内容，主要是集合的交、并、补三种运算。

集合的基本运算是在学习集合的基本关系的基础上自然引出的知识，是集合内容的核心知识，是高考考查的重点知识，也是与其他内容交汇出题的知识点，经常作为知识的载体出现。

1. 内容标准与数学学科核心素养解析

【内容标准教学要求】

① 理解两个集合的并集与交集的含义，能求两个集合的并集与交集；②理解在给定集合中一个子集的补集的含义，能求给定子集的补集；③能使用 Venn 图（维恩图）表达集合的基本关系与基本运算，体会图形对理解抽象概念的作用。

【数学学科核心素养解析】

我们知道集合的基本运算包含两个集合的交、并、补这三种运算，要给这三种运算制定运算规则，我们就要通过典型的数学学科、日常生活中的集合实例来归纳、抽象、概括出共同的运算规律，从而得到集合基本运算的概念，并

15

运用三种运算规则解决实际问题。所以本课教学主要发展学生的数学抽象和逻辑推理的数学学科核心素养。下面我们就数学抽象和逻辑推理的数学学科核心素养的"情境与问题""知识与技能""思维与表达"和"交流与反思"四个方面进行简要分析。

（1）数学抽象

第一，情境与问题。如果学生能够在关联、典型的集合实例中归纳总结形成集合运算交、并、补的概念，那么就可以认为学生在"情境与问题"上达到了数学抽象的数学学科核心素养的水平二。

第二，知识与技能。如果学生能够理解、掌握集合的三种运算概念的运算规则，那么可以认为在"知识与技能"方面，学生达到了数学抽象的数学学科核心素养的水平二。

第三，思维与表达。如果学生能够理解集合的三种基本运算（"并"是把两个集合内的所有元素合并在一起构成一个新集合；"交"是把两个集合内的公共元素放在一起构成一个新集合，其他元素不予考虑；"补"是在一个集合内去掉它的一个子集中的所有元素，剩余的所有元素构成一个新集合，也就是这个子集的补集)，那么可以认为在"思维与表达"方面，学生达到了数学抽象的数学学科核心素养的水平二。

第四，交流与反思。学生能够结合集合的基本运算，解释一个集合与另外两个集合之间的关系，那么可以认为在"交流与反思"方面，学生达到了数学抽象的数学学科核心素养的水平一。

（2）逻辑推理

第一，情境与问题。如果学生能够在多组关联、典型的三组集合中发现一个集合与另外两个集合间的共同规律（或者是另外两个集合合并在一起构成的，或者是另外两个集合的公共元素放在一起构成的，或者是一个集合的元素去掉另一个集合中的所有元素后剩下的元素构成的)，那么可以认为在"情境与问题"方面，学生的逻辑推理的数学学科核心素养达到水平二。

第二，知识与技能。当学生计算两个集合的交、并、补时，能够通过计算、化简、整理、分析后再观察、画数轴、画维恩图来推出交集、并集、补集。那么可以认为在"知识与技能"方面，学生的逻辑推理的数学学科核心素养达到水平二。

第三，思维与表达。如果学生能够理解集合的基本运算交、并、补的逻辑是由集合 A，B 中的元素通过一定法则确定的，且能够通过集合间的关系来推导交、并、补的一般性，那么可以认为在"思维与表达"方面，学生的逻辑推理的数学学科核心素养达到水平二。

第四，交流与反思。在交流过程中，如果学生能够明确集合的基本运算的具体法则，并根据法则有条理的运算，得出正确的结论，表达自己的观点，那么可以认为在"交流与反思"方面，学生达到了逻辑推理的数学学科核心素养的水平二。

2. 教材教学内容分析

【教材教学内容结构分析】

集合的基本运算包含集合的交、并、补的概念和集合交、并、补的运算，要从自然语言、符号语言和图形语言去理解交、并、补的含义，所以本课的重点是集合的交、并、补的概念和集合交、并、补的运算；每种运算对学生来说都是初次见面，在学生已有知识体系中几乎没有建构的着力点，比较陌生和抽象，所以理解集合交、并、补的概念是学生的难点。教材为了解决这些问题，把集合的每种基本运算概念的形成过程、概念的应用和延伸、拓展分成了四个步骤：

① 观察数学学科和生活实际的特殊具体例子；②抽象概括出交、并、补的概念；③用三种语言描述交、并、补；④对交、并、补运算进行应用。

这种由特殊到一般，由具体到抽象的设计方式既考虑了知识本身的高度抽象性，又考虑了学生的年龄特点和心理特征，还考虑了学生的思维水平和认知能力，对于学生准确理解和掌握集合运算的概念是很有帮助的。

从四个步骤可以看出教材关于集合的每个基本运算的结构是：具体事例—形成概念—实际应用，三种运算并行排列：并、交、补。

【教材教学内容编写方式分析】

教材在编写该内容时，首先思考：实数有加法运算，类比实数的加法运算，集合是否也可以"相加"呢？其意图是用类比实数的加法来提出集合的"加法"，水到渠成，激发学生探究问题的兴趣，也给学生提供发现问题和提出问题的一种思路。然后列举了两个具体实例，思考每个实例中集合 C 与集合 A，B 之间的关系是什么。其意图是搭建思维阶梯，方便学生从具体实例中抽象概括出集合运算"并"的概念。然后教材给出"并"的三种语言表述，其意图是帮助学生精确理解"并"的概念，体会三种语言的精妙，特别体会图示对抽象概念理解的直观作用，同时培养学生语言转换的能力，让学生感受数学语言的抽象美、简洁美。然后教材对集合运算"并"举了两个例子进行应用，其意图是巩固和加深学生对"并"的理解和掌握。可见教材编写主要突出学生对集合运算"并"的概念的来龙去脉的理解和体验，从而发展学生数学抽象、逻辑推理和直观想象的数学学科核心素养。集合运算的"交"和"补"，教材也同样按这种方式编写。

由此可见，该教学内容的每个集合运算的教学任务主要有三个：一是研究集合运算的两个范例，二是形成集合运算的概念，三是集合运算概念的应用。

3. 基于数学学科核心素养的教学设计

根据以上分析，为达成《课标》内容的教学要求，通过对教材内容的教学，促使学生达到发展数学抽象和逻辑推理的数学学科核心素养的目的。集合的基本运算的教学可依据教材内容的三个任务按如下几步进行设计。

任务一：研究集合运算"并"

【情境与问题1】

按如下两步进行。

第一步：实数有加法运算，类比实数的加法运算，集合是否也可以"相加"呢？

第二步：观察下列各组集合，你能说出集合 C 与集合 A，B 之间的关系吗？

(1) $A = \{1, 3, 5\}$，$B = \{2, 4, 6\}$，$C = \{1, 2, 3, 4, 5, 6\}$。

(2) $A = \{x \mid x$ 是有理数$\}$，$B = \{x \mid x$ 是无理数$\}$，$C = \{x \mid x$ 是实数$\}$。

【数学学科核心素养分析】

如果学生能读懂第二步中的三个例子，则在"思维与表达"方面学生了解了概念间的关系，那么可以认为学生达成了逻辑推理的数学学科核心素养的水平一。

【情境与问题2】

回答下列问题。

(1) 分别说出下列集合 C 与集合 A，B 之间的关系：①$A = \{1, 3, 5\}$，$B = \{2, 4, 6\}$，$C = \{1, 2, 3, 4, 5, 6\}$；②$A = \{x \mid x$ 是有理数$\}$，$B = \{x \mid x$ 是无理数$\}$，$C = \{x \mid x$ 是实数$\}$。

(2) ①和②的共同点是什么？

(3) 请用数学符号表述以上共同点。

(4) 请用维恩图表示集合运算"并"。

(5) 请举例说明集合运算"并"。

【数学学科核心素养分析】

如果学生能正确完成（1）（2）（3），说明在"情境与问题"方面，学生在熟悉的情境中，能直接抽象概括出数学概念，并能用数学语言表述出来，所以可以认为学生达到了数学抽象和逻辑推理的数学学科核心素养的水平一；如果学生能顺利完成（4），说明在"思维与表达"方面学生能够用图形描述和表达熟悉的数学问题，体会数形结合思想，所以可以认为学生达到了直观想象的数学学科核心素养的水平一；如果学生能顺利完成（5），列举出与数学学科相关的集合，则说明学生能用所学概念解释具体现象，所以可以认为学生达到了数学抽象的数学学科核心素养的水平二；如果列举的是与自然或社会现象有关的例子，则说明学生能用所学原理解释自然现象和社会现象，所以可以认为学生在"交流与反思"方面达到了数学抽象的数学学科核心素养的水平三；如果学生能顺利完成（1）（2）（3）（4），还说明学生已准确理解集合运算"并"的条件和结论的逻辑关系，已准确建立起知识的网状系统，所以可以说学生达到了逻辑推理的数学学科核心素养的水平二。

【情境与问题3】

回答下列问题：

（1）设 $A = \{4, 5, 6, 8\}$，$B = \{3, 5, 7, 8\}$，求 $A \cup B$。

（2）设集合 $A = \{x \mid -1 < x < 2\}$，集合 $B = \{x \mid 1 < x < 3\}$，求 $A \cup B$。

（3）判断下列说法是否正确：①$A \cup B = B \cup A$；②$A \cup A = A$；③$A \cup \phi = A$；④$A \cup B \supseteq A$；⑤$A \cup B \supseteq B$；⑥$A \subseteq B \Leftrightarrow A \cup B = B$。

【数学学科核心素养分析】

如果学生能够回答问题（1）和（2），说明学生在"知识与技能"方面能够理解并运用数学命题的条件和结论解决问题，在"思维与表达"方面能够用数学语言表达概念、规则、推理、论证和运算求解，所以可以认为学生达到了数学抽象的数学学科核心素养的水平二。如果学生能够回答问题（3）中前四问，并能说明理由，说明学生在"知识与技能"方面能用所学知识进行有条理的推理和论证，所以可以认为学生达到了逻辑推理的数学学科核心素养的水平一，也说明学生能够理解数学结论的一般性，所以可以认为学生达到了数学抽象的数学学科核心素养的水平三；如果学生能够准确判断问题（3）中的⑤，也能正确解释，则说明在"思维与表达"方面学生能理解相关概念间的逻辑关系，所以可以认为学生达到了逻辑推理的数学学科核心素养的水平二。

任务二：研究集合运算"交"

【情境与问题4】

回答下列问题。

19

（1）分别说出下列集合 C 与集合 A，B 之间的关系：①$A = \{3, 5, 8, 12\}$，$B = \{2, 4, 6, 8, 10\}$，$C = \{8\}$；②$A = \{x \mid x$ 是新华中学 2004 年 9 月在校的高一年级同学$\}$，$B = \{x \mid x$ 是新华中学 2004 年 9 月在校的高一年级男同学$\}$，$C = \{x \mid x$ 是新华中学 2004 年 9 月在校的高一年级女同学$\}$。

（2）①和②的共同点是什么？

（3）请用数学符号语言表述以上共同点。

（4）请用维恩图表示集合运算"交"。

（5）请举例说明集合运算"交"。

【数学学科核心素养分析】

如果学生能正确完成（1）（2）（3），说明在"情境与问题"方面，学生在熟悉的数学情境中，能直接抽象概括出数学概念——"交"集，因此可以初步推断学生达到了数学抽象和逻辑推理的数学学科核心素养的水平一；若学生能顺利完成（4），表明在"思维与表达"方面，学生能够用维恩图描述熟悉问题公共部分，从而体会数形结合思想，因而可以判断学生达成了直观想象的数学学科核心素养的水平一；如果学生能顺利完成（5），列举出与数学学科相关的集合，则表明学生能用所学集合概念解释具体问题，所以认为学生达到了数学抽象的数学学科核心素养的水平二，如果列举的集合是与自然现象或社会现象有关的例子，则表示学生能用所学集合解释自然和社会的现象，所以可以认为学生在"交流与反思"方面达到了数学抽象的数学学科核心素养的水平三；若学生能完成问题（1）（2）（3）（4），则说明学生已准确理解集合运算"交"的条件和结论的逻辑关系，已准确建立起网状的知识结构，所以可以认为学生达到了逻辑推理的数学学科核心素养的水平二。

【情境与问题 5】

回答下列问题。

（1）新华中学开运动会，设 $A = \{x \mid x$ 是新华中学高一年级参加百米赛跑的同学$\}$，$B = \{x \mid x$ 是新华中学高一年级参加跳高比赛的同学$\}$，求 $A \cap B$。

（2）设平面内直线 l_1 上点的集合为 L_2，直线 l_2 上点的集合为 L_2，试用集合的运算表示 l_1，l_2 的位置关系。

（3）判断下列说法是否正确：①$A \cap B = B \cap A$；②$A \cap A = A$；③$A \cap \phi = \phi$；④$A \cap B \subseteq A$；$A \cap B \subseteq B$；⑤$A \subseteq B \Leftrightarrow A \cap B = A$。

【数学学科核心素养分析】

这个情境与问题主要是交集的应用。若学生能够回答问题（1）和（2），表明学生在"知识与技能"方面能够理解并运用交集、直线位置关系的条件和结论解决问题，在"思维与表达"方面能够用数学语言表达概念、规则、推理、论证和运算求解，故学生达到了数学抽象的数学学科核心素养的水平二。如果学生用画图来讨论回答问题（2），则在"知识与技能"方面，学生能够在熟悉的情境中借助图形的性质发现数学规律，所以可以认为学生达到了直观想象的数学学科核心素养的水平一。若学生能够回答问题（3）中前四问，并能解释缘由，表明学生在"知识与技能"方面能用交集和并集进行有条理的推理和证明，故而可以推断学生达到了逻辑推理的数学学科核心素养的水平一，也说明学生能够理解交集、并集的一般性，因此学生达到了数学抽象的数学学科核心素养的水平三；如果学生能够回答问题（3）中⑤，则说明在"思维与表达"方面学生能理解相关概念（集合交的运算与集合间的关系）间的逻辑关系，故而初步推断学生达到了逻辑推理的数学学科核心素养的水平二。

任务三：研究集合运算"补"

【情境与问题6】

（1）在研究集合运算"并"中，我们是类比实数的加法得到集合运算的"加法"——"并"的，那么实数有减法，集合也有"减法"吗？

（2）分别说出下列集合 B，C 与集合 A 之间的关系：①$C = \{1, 2, 3, 4, 5, 6\}$，$B = \{2, 4, 6\}$，$A = \{1, 3, 5\}$；②$A = \{x \mid x$ 是实数$\}$，$B \{x \mid x$ 是无理数$\}$，$C = \{x \mid x$ 是有理数$\}$。

（3）①和②的共同点是什么？

（4）请用数学符号语言表述①和②的共同点，给集合运算"补"下定义。

（5）请用维恩图表示集合运算"补"。

（6）请举例说明集合运算"补"。

（7）请给（2）中的集合 C 取个合适的名字。

【数学学科核心素养分析】

情境与问题6主要引入补集，让学生再发现补集的运算法则。如果学生能正确完成（2）（3）（4），表明在"情境与问题"方面学生在熟悉的情境中，能直接归纳、抽象、概括出数学概念——集合的基本运算"补"，因此可以推测学生达成了数学抽象和逻辑推理的数学科学核心素养的水平一；若学生能顺利完成（5），表明在"思维与表达"方面学生能够用维恩图表示熟悉问题的补集，体会数形结合思想，所以认为学生达成了直观想象的数学学科核心素养的水平一；如果学生能顺利完成（6），列举与自然或社会现象有关的例子，则说明学生能用所学原理解释自然或社会现象，所以可以认为学生在"交流与反思"方面达到了数学抽象的数学学科核心素养的水平三，如果列举与数学学科相关的例子，则说明学生能用补集解释具体问题，所以可以认为学生达到了数学抽象的数学学科核心素养的水平二。

【情境与问题7】

回答下列问题。

（1）设 $U = \{x \mid x$ 是小于9的正整数$\}$，$A = \{1, 2, 3\}$，$B = \{3, 4, 5, 6\}$，求 $C_U A$，$C_U B$。

（2）设 $U = \{x \mid x$ 是三角形$\}$，$A = \{x \mid x$ 是锐角三角形$\}$，$B = \{x \mid x$ 是钝角三角形$\}$，求 $A \cap B$，$C_U (A \cup B)$。

（3）已知 $A = \{x \mid 3 \leqslant x < 7\}$，$B = \{x \mid 2 < x < 10\}$。①求 $C_R A$，$C_R B$，$C_R A \cup C_R B$，$C_R A \cap C_R B$，$C_R (A \cup B)$，$C_R (A \cap B)$；②指出①中各式的关系，试着给出证明。

【数学学科核心素养分析】

这个情境与问题主要是补集的应用。如果学生能够回答问题（1）（2）和（3）中①，表明学生在"知识与技能"方面能够理解并运用补集的条件和结论解决相关问题，在"思维与表达"方面能够用交、并、补集表达概念、规则、推理和论证，进而运算求解，所以我们可以认为学生达到了数学抽象的数学学科核心素养的水平二。如果学生能够正确回答问题（3）中②的关系，说明学生在"情境与问题"方面能够在关联的情境中抽象出一般的数学规则，所以认为学生达到了数学抽象的数学学科核心素养的水平二；如果学生能够给出②的证明，则学生在"知识与技能"方面能够用所学知识进行有条理的推理和论证，并用数学语言表述论证过程，所以认为学生达成了逻辑推理的数学学科核心素养的水平二。如果学生借助画数轴来解答（3）中①来解释证明（3）中②的关系，表明在"思维与表达"方面学生能够用维恩图、数轴描述熟悉的数学问题，感悟数形结合思想，所以可以认为学生达到了直观想象的数学学科核心素养的水平一。

（莫定勇）

课题三　充分条件与必要条件

"充分条件与必要条件"是人教 A 版数学选修 2－1 第一章常用逻辑用语 1.2 充分条件与必要条件中的第一个教学内容，主要是充分条件与必要条件的概念。

充分条件与必要条件是在学习了四种命题间的相互关系之后，学习充要条件之前的一个知识，它是四种命题间相互关系的一个"用武之地"，也是学习充要条件必须掌握的基础知识，所以充分条件与必要条件具有承上启下的作用；数学学科中有很多命题用充分条件与必要条件来叙述；充要条件是高考的高频考点，它可与其他任何一个知识点交汇出现，可见它在高考中的地位；对它的学习有助于提高学生表达的准确性和思维的严谨性，也有助于理性思维的培养。

1. 内容标准与数学学科核心素养解析

【内容标准教学要求】

① 通过对典型数学命题的梳理，理解必要条件的意义，理解性质定理与必要条件的关系；②通过对典型数学命题的梳理，理解充分条件的意义，理解判定定理与充分条件的关系。

【数学学科核心素养解析】

我们知道命题的充分条件、必要条件、充要条件是两个命题是否能够相互推出的关系，要给充分条件、必要条件下定义，我们就要通过对典型的数学命题进行比较、归纳抽象，概括出规律，从而得到充分条件和必要条件的概念。所以本课教学主要发展学生的数学抽象和逻辑推理的数学学科核心素养。下面我们就数学抽象和逻辑推理这两个核心素养的四个方面进行简要分析。

（1）数学抽象

第一，情境与问题。如果学生能够在关联、典型的数学命题中归纳形成充分条件和必要条件的概念，那么我们就可以认为学生在"情境与问题"上达到了数学抽象的数学学科核心素养的水平二。

第二，知识与技能。如果学生能够理解充分条件、必要条件概念中的条件与结论，能够用恰当的例子解释这两个概念，那么认为在"知识与技能"方面，学生达到了数学抽象的数学学科核心素养的水平二。

第三，思维与表达。如果学生能够理解由甲命题推导出乙命题，就是甲是

23

乙的充分条件或乙是甲的必要条件，能够理解"甲是乙的充分条件"与"乙是甲的必要条件"，在逻辑意义上完全相同，那么就可以认为在"思维与表达"方面，学生达到了数学抽象的数学学科核心素养的水平二。

第四，交流与反思。在交流过程中，学生能够结合命题的实际内容，解释命题间的相互关系，所以我们可以认为在"交流与反思"方面，学生达到了数学抽象的数学学科核心素养的水平一。

（2）逻辑推理

第一，情境与问题。如果学生能够在典型、关联的数学命题中发现命题间的共同规律，并用数学语言来准确表示，那么认为在"情境与问题"方面，学生达到了逻辑推理的数学学科核心素养的水平二。

第二，知识与技能。当学生面对判断命题间的条件关系时，能够对其条件与结论进行分析，对于能够从甲推出乙的，学生能探索推出的思路，能选择合适的推出方法并予以证明；对不能从甲推出乙的，能够通过举反例说明，那么认为学生达到了逻辑推理的数学学科核心素养的水平二。

第三，思维与表达。如果学生能够理解甲是乙的充分条件的逻辑关系是由甲能够推出乙，而与乙是否能够推出甲无关；能够理解甲是乙的充分条件与乙是甲的必要条件的逻辑关系完全一致，那么可以认为在"思维与表达"方面，学生的逻辑推理的数学学科核心素养达到了水平二。

第四，交流与反思。在交流过程中，如果学生能够明确充分条件与必要条件的具体内涵，用它进行有条理的判断并做出结论，从而表达自己的观点，那么可以认为在"交流与反思"方面，学生达到了逻辑推理的数学学科核心素养的水平一。

2. 教材教学内容分析

【教材教学内容结构分析】

充分条件与必要条件包含充分条件和必要条件概念的生成及其应用。本节课的主要内容就是从具体而典型的数学命题中归纳、概括出充分条件与必要条件的概念，并理解充分条件与必要条件的意义，会判断命题的充分条件、必要条件，所以本节课的重点是充分条件、必要条件的概念，而判断命题的充分条件、必要条件需要判断一个命题能否推出另一个命题，这两个命题可以与学科内的任何一个知识点结合，所以具有一定的难度，故而本课的难点是判断命题的充分条件、必要条件。教材为了突出重点，突破难点，把充分条件与必要条件的概念由实例借助命题的真假来定义，便于学生对知识进行建构，然后举若干例子加以解释。

这种由具体到抽象的设计方式既考虑了知识本身的高度抽象性，又考虑了学生所具备的基础知识和认知水平，对于学生准确理解命题的充分条件、必要条件是很有帮助的。

从以上分析可以看出：教材关于命题的充分条件与必要条件的主要内容有三个部分：一是"若 p，则 q"形式的命题的实例，二是给"充分条件、必要条件"下定义，三是判断命题的充分条件和必要条件。所以教材的结构为具体实例—提炼定义—实际应用。

【教材教学内容编写方式分析】

教材在编写该内容时，首先判断两个命题的真假：①若 $x > a^2 + b^2$，则 $x > 2ab$；②若 $ab = 0$，则 $a = 0$。其意图是用熟悉的问题引入课题，激发学生的求知欲和数学学习的兴趣，为给命题的充分条件与必要条件下定义做好了铺垫，对解决本课重点很重要。然后把具体问题推广到一般情况，先定义"推出"，再定义"命题的充分条件与必要条件"，其意图是由浅入深，由熟到生，层层递进，便于学生对知识进行准确的建构、理解。然后教材从原命题及其逆否命题两个角度来理解必要条件，其意图是帮助学生从不同角度理解必要条件的意义。最后教材列举例 1 和例 2 对命题的充分条件与必要条件进行应用，其意图是巩固和加深学生对命题的充分条件与必要条件的理解和掌握，培养学生思维表达的逻辑性和严谨性。可见，教材编写主要突出对命题的充分条件与必要条件这一概念的理解，从而发展学生数学抽象和逻辑推理的数学学科核心素养。

由此可见，该教学内容的教学任务主要有两个：一是定义命题的充分条件与必要条件，二是充分条件与必要条件的理解和应用。

3. 基于数学学科核心素养的教学设计

根据以上分析，为达成《课标》内容的教学要求，通过对教材内容的教学，达到促使学生发展数学抽象和逻辑推理的数学学科核心素养的目的，充分条件与必要条件的教学可依据教材教学内容的两个任务按如下几步进行设计。

任务一：定义命题的充分条件与必要条件

【情境与问题1】

判断下列命题的真假：

① 若 $x > a^2 + b^2$，则 $x > 2ab$；②若我是重庆人，则我是中国人；③若 $ab = 0$，则 $a = 0$。

【情境与问题2】

定义的提炼：

①理解："若 p，则 q"为真命题，则称 $p \Rightarrow q$；②理解：若 $p \Rightarrow q$ 或 $\neg q \Rightarrow \neg p$，则称 p 是 q 的充分条件，q 是 p 的必要条件。

【情境与问题3】

定义的理解：请用自己的语言或实例解释"推出""充分"和"必要"。

【数学学科核心素养分析】

任务一下面的三个情境与问题，主要是让学生经历充分条件与必要条件的抽象概括过程，准确理解充分条件与必要条件的意义。如果学生能回答情境与问题1中的问题，则说明在"知识与技能"方面，学生能够模仿学过的数学知识和方法解决这个简单问题，所以可以认为学生达到了数学抽象的数学学科核心素养的水平一。如果学生能够正确理解情境与问题2中的"推出"和"充分条件与必要条件"的条件与结论，则在"知识与技能"方面，学生能够理解数学命题的条件结论，所以可以认为学生达到了数学抽象的数学学科核心素养的水平二。如果学生能完成情境与问题3，则在"知识与技能"方面，学生能够用恰当的例子解释抽象的数学概念和法则，所以可以认为学生达到了数学抽象的数学学科核心素养的水平二。

任务二：充分条件与必要条件的理解和应用

【情境与问题4】

下列"若 p，则 q"形式的命题中，哪些命题中的 p 是 q 的充分条件？哪些命题中的 p 是 q 的必要条件？

①若 $x = 1$，则 $x^2 - 4x + 3 = 0$；②若 $f(x) = x$，则 $f(x)$ 在 $(-\infty, +\infty)$ 上为增函数；③若 x 为无理数，则 x^2 为无理数；④若 $x = y$，则 $x^2 = y^2$；⑤若两个三角形全等，则这两个三角形的面积相等；⑥若 $a > b$，则 $ac > bc$。

【情境与问题5】

请回答：在"若 p，则 q"中，把命题 p，q 分别看作两个集合，那么充分条件、必要条件与这两个集合之间的关系有何联系？怎样用维恩图表示 q 与 p 的充分和必要关系？

【数学学科核心素养分析】

情境与问题4主要是以具体问题来辨析、运用充分条件和必要条件的概念，从而促使学生正确理解和掌握概念。情境与问题5将充分、必要条件与集合间的关系联系起来，从不同的角度理解充分、必要条件，初步建立网状的知识结构，有利于厘清充分、必要条件与集合间关系的逻辑。如果学生能正确回答情境与问题 4 中的各个问题，则说明在"知识与技能"方面，学生能够模仿充分条件与必要条件的概念来判断、解决简单的数学问题，所以可以认为学生达到了数学抽象的数学学科核心素养的水平一。如果学生能完成情境与问题 5 的第一个问题，则说明在"思维与表达"方面，学生能够理解相关概念（充分条件、必要条件，集合间的包含关系）之间的逻辑关系，初步建立网状的知识结构，所以可以认为学生达到了逻辑推理的数学学科核心素养的水平二。如果学生能完成情境与问题 5 的第二个问题，则说明在"思维与表达"方面，学生能够用几何图形来表达数学问题，用几何直观来理解数学问题，所以可以认为学生达到了直观想象的数学学科核心素养的水平一。

（莫定勇）

课题四　充要条件

"充要条件"是人教 A 版数学选修 2 - 1 第一章常用逻辑用语中 1.2 充分条件与必要条件中的第二个教学内容，主要是充要条件的概念。

充要条件是在充分条件与必要条件的基础上发展和深化的，既是充分条件与必要条件的应用，又是充分条件与必要条件的完善。数学学科中有很多命题用充要条件来叙述，如数学定义；充要条件是高考的重点知识，经常作为各考点的载体，与其他知识交汇在一起考查，可见它在高考中的地位；对充要条件的学习有助于提高学生思维表达的准确性和逻辑性，有助于理性思维和科学精神的培养。

1. 内容标准与数学学科核心素养解析

【内容标准教学要求】

通过对典型数学命题的梳理，理解充要条件的意义，理解数学定义与充要条件的关系。

【数学学科核心素养解析】

我们知道命题的充要条件是两个命题是否能够相互推出的关系，要给充要条件下定义，我们就要通过典型的数学命题进行归纳、抽象，概括出共同的规律，从而得到充要条件的概念。因此本课的教与学主要促进学生的数学抽象和逻辑推理的数学学科核心素养。下面我们就这两个核心素养的四个方面进行简单分析。

（1）数学抽象

第一，情境与问题。如果学生能够在关联、典型的数学命题中归纳形成充要条件的概念，那么就可以认为学生在"情境与问题"上达到了数学抽象的数学学科核心素养的水平二。

第二，知识与技能。如果学生能够理解充要条件概念中的条件与结论（条件是两个命题互相推出，结论是两个命题互为充要条件），能够用恰当的例子解释这个概念，那么可以认为在"知识与技能"方面，学生达到了数学抽象的数学学科核心素养的水平二。

第三，思维与表达。如果学生能够理解"既能由命题 p 推导出命题 q，又能由命题 q 推导出命题 p 时，则 p 是 q 的充要条件"，能够理解"p 是 q 的充要条件""p 是 q 的充要条件""p 等价于 q"与"p 当且仅当 q"这四种不同说法的逻辑意义是完全相同的，那么可以认为学生在"思维与表达"方面，达到了数学抽象的数学学科核心素养的水平二。

第四，交流与反思。在交流过程中，学生能够结合命题的实际内容，解释命题间的相互关系，所以可以认为在"交流与反思"方面，学生达到了数学抽象的数学学科核心素养的水平一。

（2）逻辑推理

第一，情境与问题。如果学生能够在关联的数学命题中发现命题间的共同规律——充要条件，并用数学语言来表达，那么认为在"情境与问题"方面，学生达到了逻辑推理的数学学科核心素养的水平二。

第二，知识与技能。当学生面对判断命题间的条件关系时，能够对其条件与结论进行分析，得出四种不同条件关系结果（充要条件、充分非必要条件、必要非充分条件、非充分非必要条件）；对于能够从 p 推出 q 的，学生能探索推出的思路，能选择合适的推出方法并予以证明；对于不能从 p 推出 q 的，能够通过举反例进行说明，所以可以认为在"知识与技能"方面，学生的逻辑推理的数学学科核心素养达到了水平二。

第三，思维与表达。如果学生能够理解 p 是 q 的充要条件的逻辑关系是由 p 能够推出 q，且由 q 能够推出 p，能够建立起充分条件、必要条件、充要条件相互关系的网状结构，那么可以认为在"思维与表达"方面，学生的逻辑推理的数学学科核心素养达到了水平二。

第四，交流与反思。如果学生能够明确充要条件的具体内涵，进行有条理的判断，做出条件关系的四种结论，那么可以认为学生在"交流与反思"方面达到了逻辑推理的数学学科核心素养的水平二。

2. 教材教学内容分析

【教材教学内容结构分析】

"充要条件"包含充要条件的概念和应用，本节课的主要内容就是给充要条件下定义，理解它的内涵和外延，会判断命题的充要条件，所以本节课的重点是充要条件的概念，而判断命题的充要条件需要判断"若 p，则 q"及其逆命题的真假，这两个命题可以与学科内的任何一个知识点结合，所以具有一定的难度，故而本课的难点是判断命题的充要条件。教材把充要条件的概念由实例借助充分条件与必要条件来定义，便于学生在已有知识的基础上进行有意义的建构，然后举若干例子加以解释，促进理解。

这种由形象到抽象的设计既考虑了数学知识本身的抽象性，又考虑了学生所具备的基础知识和认知能力，对于学生准确理解命题的充要条件是很有帮助的。

从以上分析可以看出教材关于充要条件的结构是：具体实例—提炼定义—实际应用。

【教材教学内容编写方式分析】

编者在编写教材时，首先设计思考问题。已知命题 p：整数 a 是 6 的倍数，q：整数 a 是 2 和 3 的倍数，那么 p 是 q 的什么条件？q 是 p 的什么条件？其意图是用熟悉的问题引入课题，激发学生的对充要条件的求知欲和学习的兴趣，让学生在旧知识的基础上建构新知，为给充要条件下定义做好了铺垫。然后把具体问题推广到一般情况，先复习充分条件、必要条件，进而定义相互推出（等价），再由等价定义命题的充要条件，其意图是由具体到抽象，由浅入深，由易到难，不断推进，便于学生建构知识，形成系统，准确理解。最后教材列举了例 3 和例 4，对命题的充要条件进行应用，其意图是巩固和加深学生对命题的充要条件的理解和掌握，培养学生逻辑性与严谨性的思维和表达能力。可见，材编写主要突出对命题的充要条件这一概念的理解，从而促进学生的数学抽象和逻辑推理的数学学科核心素养的发展。

综上所述，该教学任务主要有两个：一是定义命题的充要条件，二是充要条件的应用。

3. 基于数学学科核心素养的教学设计

根据以上分析，为达成《课标》的教学要求，通过对充要条件的教学，达到促进学生的数学抽象和逻辑推理的数学学科核心素养发展的目的，充要条件的教学可依据教材教学内容的两个任务按如下几步进行设计。

任务一：定义命题的充要条件

【情境与问题1】

思考：

已知 p：整数 a 是6的倍数，q：整数 a 是2和3的倍数，那么 p 是 q 的什么条件？q 是 p 的什么条件？

【情境与问题2】

定义的提炼：①如何理解：若既有 $p \Rightarrow q$，又有 $q \Rightarrow p$，则称 $p \Leftrightarrow q$；②如何理解：若 $p \Leftrightarrow q$，那么 p 与 q 互为充要条件。

【情境与问题3】

定义的理解：请用自己的语言或实例解释"相互推出""充要条件"。

【数学学科核心素养分析】

任务一下的三个情境与问题主要是让学生经历充要条件的抽象概括的过程，准确理解充要条件的意义。若学生能正确回答情境与问题1，则在"知识与技能"方面，学生能够模仿学过的数学方法解决简单问题，因此初步推断学生达到了数学抽象的数学学科核心素养的水平一。如果学生能够理解情境与问题2中的问题，则在"知识与技能"方面，学生能够理解定义的条件和结论，所以认为学生达到了逻辑推理的数学学科核心素养的水平一。如果学生能顺利完成情境与问题3，那么说明学生在"知识与技能"方面能够用恰当的例子解释抽象的充要条件和相互推出关系，故而可以判断学生的数学抽象的数学学科核心素养达到了水平二。

任务二：充要条件的应用

【情境与问题4】

下列各题中，p 是 q 的充要条件有哪几个？

①p：$b=0$，q：函数 $f(x) = ax^2 + bx + c$ 是偶函数；②p：$x>0$，$y>0$，q：$xy>0$；③p：$a>b$，q：$a+c>b+c$。

【情境与问题5】

已知：圆 O 的半径为 r，圆心 O 到直线 l 的距离为 d。求证：$d=r$ 是直线 l 与圆 O 相切的充要条件。

【情境与问题6】

回答：①在命题"若 p，则 q"中，有的 p 是 q 的充分条件，有的 p 是 q 的必要条件，有的 p 是 q 的充要条件，能否对于存在的各种情况进行分类？请举例说明。②在"若 p，则 q"中，把命题"p，q"分别看作两个集合，那么充要条件与这两个集合之间的关系有何联系？怎样用维恩图表示 p 是 q 的充要条件？

【数学学科核心素养分析】

如果学生能正确完成情境与问题4，则说明在"知识与技能"方面，学生能够模仿充要条件的概念进行判断，并解决简单的数学问题，所以可以认为学生达到了数学抽象的数学学科核心素养的水平一。如果学生能顺利完成情境与问题5，则说明在"知识与技能"方面，学生能够对与学过的知识有关联的数学命题，通过对其条件和结论的分析，探索论证的思路，并能用准确的数学语言表述证明过程，所以可以认为学生达到了逻辑推理的数学学科核心素养的水平二。如果学生通过画图来表达直线与圆相切的位置关系，探索证明途径，则在"知识与技能"方面，学生达到了直观想象的数学学科核心素养的水平一。如果学生能完成情境与问题6，则在"思维与表达"方面，学生能够理解相关概念（充要条件，集合间的包含关系）之间的逻辑关系，初步建立集合与充要条件的网状联系，因此可以初步推断学生的逻辑推理的数学学科核心素养达到了水平二。

（莫定勇）

第二章 一元二次函数、方程和不等式

课题一 基本不等式 $\sqrt{ab} \leqslant \dfrac{a+b}{2}$

"基本不等式 $\sqrt{ab} \leqslant \dfrac{a+b}{2}$"是人教 A 版数学必修 5 第三章不等式 3.4 基本不等式 $\sqrt{ab} \leqslant \dfrac{a+b}{2}$ 中的教学内容，主要是研究基本不等式 $\sqrt{ab} \leqslant \dfrac{a+b}{2}$ 的生成，研究其代数、几何背景及其证明和简单应用。

基本不等式 $\sqrt{ab} \leqslant \dfrac{a+b}{2}$ 是必修 5 的重点内容，在课本封面上就有体现，它是在研究"线性规划"之后对不等式的进一步探究，也是不等式证明和求最值的有力工具，而求最值是当今高考的热点；本节知识渗透了数形结合和化归与转化的数学思想，有利于培养学生良好的思维品质。

1. 内容标准与数学学科核心素养解析

【内容标准教学要求】

掌握基本不等式 $\sqrt{ab} \leqslant \dfrac{a+b}{2}$（$a$，$b \geqslant 0$）。结合实例，能用基本不等式解决简单的最大值和最小值问题。

【数学学科核心素养解析】

本课在基本不等式的生成和应用过程中，由赵爽弦图的实际例子抽象概括出图中数量的不等关系，并探寻思路予以证明，再由一般到特殊得到新的命题——基本不等式，探究证明思路并给予证明，最后是基本不等式的简单应用。所以，本课教学主要发展学生的直观想象、数学抽象和逻辑推理的数学学科核心素养。下面我们就直观想象、数学抽象和逻辑推理的数学学科核心素养进行简要分析。

（1）直观想象

第一，情境与问题。学生能够借助赵爽弦图体会图形中的数量关系（长度与面积的相等和不等关系），所以可以认为在"情境与问题"方面，学生的直观想象的数学学科核心素养达到了水平一；在探寻基本不等式的几何解释中，需要学生在关联的几何图形中，探寻线段的长度与代数式的联系，用线段的长短表示代数式的意义，所以可以认为在"情境与问题"方面，学生达到了直观想象的数学学科核心素养的水平二。

第二，知识与技能。学生能够借助赵爽弦图发现规律：正方形的面积不小于四个三角形面积之和，说明学生能够描述赵爽弦图的特有性质，所以可以认为学生的直观想象的数学学科核心素养在"知识与技能"方面达到了水平一；在圆、直角三角形、射影定理的关联情境中，探究基本不等式的几何意义，用线段的长短来表示数量的大小，说明学生能够借助图形的性质探索数学规律，解决数学问题，所以认为在"知识与技能"方面，学生的直观想象的数学学科核心素养达到了水平二。

第三，思维与表达。学生能够通过赵爽弦图直观认识 $a^2 + b^2 \geqslant 2ab$，所以可以认为在"思维与表达"方面，学生的直观想象的数学学科核心素养达到了水平一；在探究基本不等式的几何解释中，学生能够用线段的长短表示代数式，从而探索解决问题的思路，形成数形结合的思想，体会图形的直观作用，所以认为在"思维与表达"方面，学生的直观想象的数学学科核心素养达到了水平二。

第四，交流与反思。学生能用赵爽弦图解释 $a^2 + b^2$ 与 $2ab$ 的大小关系以及等号成立的条件，所以认为在"交流与反思"方面，学生的直观想象的数学学科核心素养达到了水平一；学生在探究基本不等式的几何解释中，用圆、直角三角形的直观来探讨线段的长度关系，交流 $\sqrt{ab} \leqslant \dfrac{a+b}{2}$ 的合理性以及等号成立的条件，所以认为在"交流与反思"方面，学生的直观想象的数学学科核心素养达到了水平二。

（2）数学抽象

第一，情境与问题。学生能在赵爽弦图中抽象出不等关系：$a^2 + b^2 \geqslant 2ab$，并模仿它的证明方法来证明不等式 $\sqrt{ab} \leqslant \dfrac{a+b}{2}$，所以可以认为在"情境与问题"方面，学生达到了数学抽象的数学学科核心素养的水平一。

第二，知识与技能。学生能够理解基本不等式 $\sqrt{ab} \leqslant \dfrac{a+b}{2}$ 是两个正数的和与积的大小关系，能够理解和一定时积的变化，积一定时和的变化，能够理解等号成立的确切意义和条件，从而感悟高度概括的数学知识，所以认为在"知识与技能"方面，学生的数学抽象的数学学科核心素养达到了水平三。

第三，思维与表达。学生能够理解 $\sqrt{ab} \leqslant \dfrac{a+b}{2}$ 的推理和证明，能够理解基本不等式的几何意义，从而体会到数形结合的思想，所以认为在"思维与表达"方面，学生达到了数学抽象的数学学科核心素养的水平二；如果学生能用数学语言正确描述 $\sqrt{ab} \leqslant \dfrac{a+b}{2}$，则在"思维与表达"方面，学生能够把握研究对象的数学特征，并用准确的数学语言予以表达，所以认为学生在"思维与表达"方面达到了数学抽象的数学学科核心素养的水平三。

第四，交流与反思。在交流过程中，学生能够用基本不等式解释实际问题中取最值的现象及条件，所以认为在"交流与反思"方面，学生达到了数学抽象的数学学科核心素养的水平二。

（3）逻辑推理

第一，情境与问题。学生在如下图所示的赵爽弦图中能发现正方形的面积与四个小三角形的面积和的关系，所以认为在"情境与问题"方面，学生的逻辑推理的数学学科核心素养达到了水平一的要求；学生能类比 $a^2 + b^2 \geqslant 2ab$，去发现和提出基本不等式 $\sqrt{ab} \leqslant \dfrac{a+b}{2}$，所以认为在"情境与问题"方面，学生的逻辑推理的数学学科核心素养达到了水平二。

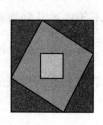
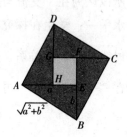

第二，知识与技能。学生能了解 $a^2 + b^2 \geqslant 2ab$ 和 $\sqrt{ab} \leqslant \dfrac{a+b}{2}$ 的条件与结论间的关系，能有条理地表达他们的论证过程，能把 $a^2 + b^2 \geqslant 2ab$ 特殊化为 $\sqrt{ab} \leqslant \dfrac{a+b}{2}$，所以认为在"知识与技能"方面，学生的逻辑推理的数学学科核心素养达到了水平一。

第三，思维与表达。学生能够理解 $a^2 + b^2 \geqslant 2ab$ 和 $\sqrt{ab} \leqslant \dfrac{a+b}{2}$ 具有相同的逻

辑关系，也能用语言准确地表达出来，所以认为在"思维与表达"方面，学生的逻辑推理的数学学科核心素养达到了水平二。

第四，交流与反思。在交流过程中，学生能够围绕基本不等式的生成、证明和等号取得的条件进行论述，条理清晰，有理有据，所以认为在"交流与反思"方面，学生的逻辑推理的数学学科核心素养达到了水平二。

2. 教材教学内容分析

【教材教学内容结构分析】

基本不等式是探究不等式 $\sqrt{ab} \leqslant \dfrac{a+b}{2}$ 的生成、证明和应用。对不等式 $\sqrt{ab} \leqslant$

$\dfrac{a+b}{2}$ 的学习，是对不等式认知的一次飞跃，教师要引导学生从数和形两个方面深入探索不等式的证明，所以用数形结合的思想理解基本不等式，从不同角度探索基本不等式的证明是本节课的重点。用不同思路证明基本不等式学生容易理解，但对"当且仅当 $a=b$ 时取等号"的真正数学内涵难以理解，所谓"当且仅当"就是"充分必要"，所以本节课的难点是理解"当且仅当 $a=b$ 时取等号"的数学内涵。为了解决这些问题，教材把基本不等式 $\sqrt{ab} \leqslant \dfrac{a+b}{2}$ 的教学分解成了四个步骤：一是用赵爽弦图引入课题；二是根据赵爽弦图探索出 a^2+b^2 $\geqslant 2ab$ 并证明；三是类比 $a^2+b^2 \geqslant 2ab$ 得到 $a+b \geqslant 2\sqrt{ab}$，并从代数和几何的角度证明；四是 $\sqrt{ab} \leqslant \dfrac{a+b}{2}$ 的实际应用。由此可见，教材的结构为：赵爽弦图引入课题—探索并证明 $a^2+b^2 \geqslant 2ab$—类比得出并证明 $\sqrt{ab} \leqslant \dfrac{a+b}{2}$—巩固应用 $\sqrt{ab}$

$\leqslant \dfrac{a+b}{2}$。

【教材教学内容编写方式分析】

在编写该内容时，教材首先提出探究：图 3.4 – 1（教材）是在北京召开的第二十四届国际数学家大会的会标……你能在这个图中找出一些相等关系和不等关系吗？其意图是让单调的数学课有文化味，用古代中国数学家的作品激励学生的民族自豪感，陶冶学生的爱国情操，激起学生对数学的热爱和学习数学的兴趣。然后教材将会标抽象成正方形的面积和三角形的面积，探索得到 a^2+ $b^2 \geqslant 2ab$ 并证明。其意图是创设情境让学生经历公式的抽象生成过程，获得数学活动经验；通过图形得到抽象的不等式，同时又给不等式一个几何解释，这样深入浅出，化抽象为具体，使学生接受和理解 $a^2 + b^2 \geq 2ab$ 更加自然，再从数学的逻辑方面给出证明。然后类比 $a^2 + b^2 \geq 2ab$ 得出 $\sqrt{ab} \leq \dfrac{a+b}{2}$，并用分析法证明，用图形解释其几何意义，其中一个意图是让学生进一步理解 $a^2 + b^2 \geq 2ab$ 中的 a，b 的任意性，$\sqrt{ab} \leq \dfrac{a+b}{2}$ 中的 a，b 的有限性（a，$b \geq 0$），另一个意图是让学生初步了解分析法证明不等式的一般思路和步骤，培养学生严谨的数学态度和分析问题的一般方法。用图形解释几何意义的目的在于帮助学生从不同侧面理解不等式，培养学生一题多解的意识和创新意识，形成数形结合的思想。最后教材给出了用基本不等式 $\sqrt{ab} \leq \dfrac{a+b}{2}$ 解决实际问题的两个例题，其意图是通过练习熟悉、巩固基本不等式，学以致用，增强学生的数学应用意识。

教材的这种编写方式充分考虑了学生的认知水平、知识间的逻辑关系、基本不等式的生成和发展，为教师教基本不等式和学生学基本不等式提供了线索和具体内容，希望教师在教学时，从数学历史文化入手，引导和启发学生经历基本不等式抽象、概括、证明、理解的过程，了解基本不等式的来龙去脉，从而发展学生的直观想象、数学抽象、逻辑推理和数学运算的数学学科核心素养。

由此可见，该教学内容的教学任务主要有三个：一是研究 $a^2 + b^2 \geq 2ab$，二是研究基本不等式 $\sqrt{ab} \leq \dfrac{a+b}{2}$（$a$，$b \geq 0$），三是基本不等式的应用。

3. 基于数学学科核心素养的教学设计

根据以上分析，为达成《课标》内容要求与教材内容，促使学生达到发展直观想象、数学抽象和逻辑推理的数学学科核心素养的目的，基本不等式的教学可依据教学内容的三个任务按如下几步进行设计。

任务一：研究 $a^2 + b^2 \geq 2ab$

【情境与问题1】

按如下三步进行。

第一步：多媒体演示赵爽弦图风车，并提问：你能找出图中的相等关系和不等关系吗？

第二步：把风车抽象成正方形，如图 3.4 - 2 所示（教材），设直角三角形的两直角边分别为 a，b，比较四个直角三角形的面积与正方形的面积的大小。

第三步：请证明 $a^2 + b^2 \geq 2ab$，说明取等号的条件。

【数学学科核心素养分析】

如果学生能顺利完成第一步，则在"知识与技能"方面，学生能够在熟悉的环境下，根据图形的性质发现数学规律（数量关系），所以认为学生达到了直观想象的数学学科核心素养的水平一。如果学生顺利完成第二步，则在"思维与表达"方面，学生能够运用运算验证简单的结论，所以认为学生达到了直观想象的数学学科核心素养的水平一。如果学生能用综合法顺利证明 $a^2 + b^2 \geqslant 2ab$，则在"知识与技能"方面，学生能选择合适的论证方法予以证明，并能用准确的数学语言表述证明过程，所以认为学生在"知识与技能"方面达到了逻辑推理的数学学科核心素养的水平二。如果学生能用分析法顺利证明 $a^2 + b^2 \geqslant 2ab$，则在"知识与技能"方面，学生对于较复杂的数学问题，能够通过构建过渡性命题，探索论证的途径解决问题，并会用严谨的数学语言表达论证过程，所以认为学生在"知识与技能"方面达到了逻辑推理的数学学科核心素养的水平三。

任务二：研究基本不等式 $\sqrt{ab} \leqslant \dfrac{a+b}{2}$（$a$，$b \geqslant 0$）

【情境与问题2】

回答如下问题。

（1）用 $\sqrt{a}$，$\sqrt{b}$ 代替 $a^2 + b^2 \geqslant 2ab$ 中的 a，b，我们将得到什么结论，并用语言描述。

（2）证明结论 $\sqrt{ab} \leqslant \dfrac{a+b}{2}$（$a$，$b \geqslant 0$）。

（3）探究 $\sqrt{ab} \leqslant \dfrac{a+b}{2}$（$a$，$b \geqslant 0$）的几何解释如下。

① 展示探究：借助探究并用图形解释 $\sqrt{ab} \leqslant \dfrac{a+b}{2}$（$a$，$b \geqslant 0$）。

在右图中，AB 是圆的直径，点 C 是 AB 上一点，$AC = a$，$BC = b$，过点 C 作垂直于 AB 的弦 DE，连接 AD、BD，你能利用这个图形，得出不等式 $\sqrt{ab} \leqslant \dfrac{a+b}{2}$（$a$，$b \geqslant 0$）的几何解释吗？

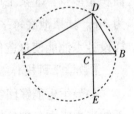

② 构造一个几何图形既要表示两个量的和，又要表示两个量的积，进一步从几何上解释 $\sqrt{ab} \leqslant \dfrac{a+b}{2}$（$a$，$b \geqslant 0$）。

【数学学科核心素养分析】

如果学生能正确得到结论 $\sqrt{ab} \leqslant \dfrac{a+b}{2}$（$a$，$b \geqslant 0$），则在"情境与问题"方面，学生在特例的基础上形成简单的数学命题，所以认为学生达到了数学抽象的数学学科核心素养的水平一，学生能用数学语言描述，所以认为学生达到了数学抽象的数学学科核心素养的水平三。如果学生能用分析法把 $a+b \geqslant 2\sqrt{ab}$ 的右边移到左边，配方后证明之，则学生对于较复杂的数学问题，能够通过构建过渡性命题（配成完全平方），探索论证的途径，并会用数学语言进行严谨的论证，最终解决问题，因此初步推断学生在"知识与技能"方面达到了逻辑推理的数学学科核心素养的水平三。如果学生能用综合法顺利证明 $a+b \geqslant 2\sqrt{ab}$，则学生能选择恰当的论证方法予以证明，并能用数学语言准确地表述，故而推断学生在"知识与技能"方面达到了逻辑推理的数学学科核心素养的水平二。如果学生顺利完成问题（3）中①，说明在"知识与技能"方面，学生能够在熟悉的情境中，根据图形的变化发现数学规律，所以认为学生达到了直观想象的数学学科核心素养的水平一；如果学生顺利完成问题（3）中②，说明在"情境与问题"方面，学生能够在关联的情境中，想象并建构相应的几何图形，所以认为学生达到了直观想象的数学学科核心素养的水平二。

任务三：基本不等式的应用

【情境与问题3】

回答下列问题：①用篱笆围成一个面积为 100m^2 的矩形菜园，这个矩形的长、宽为多少时，所用篱笆最短？最短的篱笆是多少？②一段长为 36m 的篱笆围成一个矩形菜园，问这个矩形的长、宽各为多少时，菜园的面积最大？最大面积是多少？③某工厂要建造一个长方体形无盖储水池，其容积为 4800m^3，深为 3m。如果池底每平方米的造价为 150 元，池壁每平方米的造价为 120 元，怎样设计水池能使总造价最低？最低总造价是多少？

【数学学科核心素养分析】

如果学生能够回答问题（1）（2），说明学生在"知识与技能"方面能用所学知识进行有条理的推理和论证，所以认为学生达到了逻辑推理的数学学科核心素养的水平一，也说明学生能够在熟悉的数学情境中，根据问题的特征形成合适的运算思路解决问题，所以认为学生达到了数学运算的数学学科核心素养的水平一；如果学生能够解答问题（3），说明学生在"知识与技能"方面能够选用合适的数学模型表达所要解决的数学问题，并根据模型能够针对数学问题，合理选择运算方法，设计运算程序解决问题，所以认为学生达到了数学运算的数学学科核心素养的水平二。

（莫定勇）

课题二　方程的根与函数的零点

"方程的根与函数的零点"是人教 A 版数学必修 1 第三章函数的应用 3.1 函数与方程中的第一个教学内容，主要是方程的根与函数的零点关系及函数零点的求解方法。

函数是从生活中具有依赖关系的两个变量中抽象出来的模型，弄清楚了函数模型，也就明确了变量间的关系，从而解决了生活中的问题。利用函数性质来研究函数的零点，进而研究函数所对应方程的根，这就是函数模型的重要应用之一。

1. 内容标准与数学学科核心素养解析

【内容标准教学要求】

结合二次函数的图像，判断一元二次方程根的存在性及根的个数，从而了解函数的零点与方程根的联系。

【数学学科核心素养解析】

我们知道，在解决了一元二次方程的求根公式的问题后，数学家们致力于寻求一元高次方程的求根公式，从而引入了复数概念，创立了群论等数学分支，同时对于一般方程根的求解方法探究在数学发展史上起着重要的作用，因而，学生在高中阶段学习怎样利用函数的观点去研究方程根的问题是非常必要的。初中阶段，学生学习了一元一次方程、一元二次方程根的诸多解法，也系统地学习了一元一次函数、一元二次函数的图像及性质，所以，在高中阶段教学方程的根与函数零点主要是发展学生的直观想象的数学学科核心素养。下面我们将从直观想象的"情境与问题""知识与技能""思维与表达"和"交流与反思"四个方面予以简要分析。

第一，情境与问题。让学生通过求解具体的一些一元二次方程的根以及作出相应的二次函数图像，形成一元二次函数图像与方程根的对应变化关系。所以方程的根与函数零点的教学在"情境与问题"方面应达到直观想象的数学学科核心素养的水平二。

第二，知识与技能。让学生从特殊的二次函数图像与对应的一元二次方程根的关系推广到一般的二次函数图像与对应的一元二次方程根的情形，即明确二次函数图像与 x 轴的交点横坐标等价于一元二次方程的根。所以方程的根与函数的零点的教学在"知识与技能"方面应达到直观想象的数学学科核心素养的水平二。

第三，思维与表达。让学生进一步由特殊到一般进行推广，二次函数能与一元二次方程的根建立对应关系，那么一般的函数也可与其对应方程的根建立关系，从而获得方程 $f(x)=0$ 有实数根⇔函数 $y=f(x)$ 的图像与 x 轴有交点，由此进一步明确求解一般方程根的方法——研究函数的零点。所以方程的根与函数零点的教学在"思维与表达"方面应达到直观想象的数学学科核心素养的水平三。

第四，交流与反思。要求学生既能对已知图像类型函数的零点进行判断，又能对未知图像类型函数的零点进行判断，从而得到判断函数的零点的一般方法。所以方程的根与函数零点的教学在"交流与反思"方面应达到直观想象的数学学科核心素养的水平二。

2. 教材教学内容分析

【教材教学内容结构分析】

教材的内容大致分为四部分。

第一部分：教材中列举的三个特殊的一元二次方程及其对应的二次函数。教学的主要任务是由特殊到一般体会方程的根与函数的零点间的关系。

第二部分：一般一元二次方程及其对应的二次函数。教学的主要任务是由特殊到一般归纳得到一般方程的根与函数的零点间的关系。

第三部分：探究栏目。教学的主要任务是得到函数的零点存在定理。

第四部分：例题。教学的主要任务是函数的零点存在定理的应用。

【教材教学内容编写方式分析】

教材首先给出了一个关于一元二次方程的根与对应二次函数图像的关系的思考题，并具体列举了三个一元二次方程与二次函数的图像，其目的是希望教师在教学时让学生掌握研究一个抽象复杂数学问题的方法——由抽象到具体、由一般到特殊。再引导学生通过观察函数图像发现一元二次方程的根与其对应的二次函数图像与 x 轴交点的关系，同时还可以发现函数图像的变化对方程根个数的影响。其次通过归纳，得到特殊的一元二次方程的根与其对应的二次函数的零点的关系，通过类比，得到一般方程与其对应函数的零点的关系，其意图是教师在教学时让学生掌握归纳类比的重要数学思想方法，从而得到方程 $f(x)=0$ 的根与函数 $y=f(x)$ 零点的等价关系。再次教材给出了一个关于函数的零点判断方法的探究，其意图是教师在教学时继续引导学生重复前面研究数学问题的方法。同时以探究中所提出的问题为引例，引导学生自我设问，自我检验，自我总结，从而实现学生能够充分挖掘出函数的零点存在定理中的逻辑关系。最后教材给出了一个求具体函数 $f(x) = \ln x + 2x - 6$ 零点个数的例题，其意图是学生在前面学习了对数及对数运算之后，通过这个例题使他们既可以实现对函数的零点存在定理的掌握，又可以实现对旧知识的复习巩固，例题还增加了一点难度——判断零点个数，教材利用一个问题旁白：你能给出这个函数是增函数的证明吗？引导学生对所学的知识进行串联，形成知识网络，并明确函数单调性对函数的零点个数的影响。

教材这样的编写方式既注重新旧知识的结构联系，又充分渗透了研究数学问题的方法，从学生所熟悉的问题——求解方程的根出发，让学生反复经历从一般到特殊、特殊到一般的数学思想方法，同时也在研究问题的过程中发展学生的逻辑推理、直观想象、数学运算等数学学科核心素养。

由此可见，该教学内容的教学任务主要有三个：一是利用类比得到一般方程的根与其对应函数的零点的关系；二是归纳得到函数的零点存在定理；三是函数的零点存在定理的应用。

3. 基于数学学科核心素养的教学设计

任务一：利用类比得到一般方程的根与其对应函数零点的关系

【情境与问题1】

观察下列三幅图，你能谈谈一元二次方程的根与其对应的二次函数图像有什么关系吗？

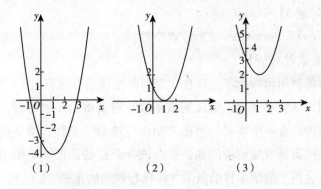

（1）　　　　　　　（2）　　　　　　　（3）

【数学学科核心素养分析】

如果学生能通过对上面三幅图的观察得出如下结论：①二次函数图像与 x 轴的交点个数与其对应的一元二次方程根的个数相同；②二次函数图像与 x 轴

的交点的横坐标就是其对应的一元二次方程的根，则在"情境与问题"方面，学生能体会图形与图形、图形与数量的关系，并能够在熟悉的情境中，用类比的方法，发现数量、图形之间的关系，所以我们就认为学生达到了直观想象、逻辑推理的数学学科核心素养的水平一。在"知识与技能"方面学生能借助图形性质解决数学问题，所以我们认为学生达到了直观想象的数学学科核心素养的水平二。

任务二：归纳得到函数的零点存在定理

【情境与问题2】

观察二次函数 $f(x) = x^2 - 2x - 1$ 的图像，指出该函数的零点所在的区间，并计算该函数在所得区间端点处的函数值符号，看有什么特点。再任意画出几个函数图像，重复刚才的步骤，看是否有相同的结果。

【数学核心素养分析】

如果学生能发现对于具体的二次函数在部分区间的端点处函数值异号，在部分区间的端点处函数值同号，并能发现一般连续函数只要满足在某个区间端点处函数值异号就一定有零点，而且函数在区间内的零点个数受函数在区间内的单调性的影响，则在"思维与表达"方面，学生能够利用图形探索解决问题的思路，并通过运算验证简单的数学结论，所以我们认为学生达到了直观想象的数学学科核心素养的水平二，数学运算的数学学科核心素养的水平一。在"知识与技能"方面，学生能够通过举反例说明某些数学结论不成立，所以我们可以认为学生达到了逻辑推理的数学学科核心素养的水平二。

任务三：函数的零点存在定理的应用

【情境与问题3】

求函数 $f(x) = \ln x + 2x - 6$ 的零点个数。

【数学核心素养分析】

如果学生能利用函数的零点存在定理判断出函数在区间 $[1, 3]$ 上的零点个数，并能利用函数单调性定义证明该函数在定义域内单调递增，从而得到该函数在定义域内只有一个零点，则在"知识与技能"方面，学生能够针对运算问题，合理选择运算方法解决问题，并能选择合适的论证方法给予证明，所以我们认为学生达到了数学运算的数学学科核心素养的水平二。

（袁　亮）

第三章　函数的概念与性质

课题一　函数的概念

"函数的概念"是人教 A 版数学必修 1 第一章集合与函数概念 1.2 函数及其表示中的第一个教学内容，内容主要是函数的概念。

函数是描述现实世界中两个变量间的依赖关系，它是高中数学的一个重要内容。函数的基础知识在现实生活、社会、经济及其他学科中有着广泛应用。其中，函数概念的形成和理解是认识函数和研究函数性质的基础。

1. 内容标准与数学学科核心素养解析

【内容标准教学要求】

通过丰富实例，进一步体会函数是描述变量之间的依赖关系的重要数学模型，在此基础上学习用集合与对应的语言来刻画函数，体会对应关系在刻画函数概念中的作用。

【数学学科核心素养解析】

我们知道，学生在初中数学学习过程中已接触过一些具体的函数，如一次函数、二次函数、正比例函数与反比例函数等，并知道了函数概念的自然语言描述。也就是说，函数的概念对于高中学生并不陌生。高中数学中函数的概念是基于集合及其对应观点下的一个数学概念，即高中数学函数的概念是用集合与对应来刻画一个数学概念的，它是对初中数学中函数概念的自然语言描述的一种数学抽象。因此，在高中数学教学中教学函数的概念主要是发展学生的数学抽象的数学学科核心素养。下面我们将从数学抽象的"情境与问题""知识与技能""思维与表达"和"交流与反思"四个方面予以简要分析。

第一，情境与问题。通过学生初中数学学习中以及学生日常生活和生产中所接触的丰富函数实例，让学生在综合的情境中抽象出函数的概念，并用数学语言予以表达。所以函数概念的教学在"情境与问题"方面应达到数学抽象的数学学科核心素养的水平三。

第二，知识与技能。让学生把各个具体函数实例中自变量和函数值的取值范围与集合建立一种联系。所以函数概念的教学在"知识与技能"方面应达到数学抽象的数学学科核心素养的水平二。

第三，思维与表达。让学生根据各个函数对应规律的不变性，用抽象符号"…，f，g，h，…"表达其对应规律。所以函数概念的教学在"思维与表达"方面应达到数学抽象的数学学科核心素养的水平二。

第四，交流与反思。要求学生既要能用具体的函数例子说明什么是函数，又要能用函数的概念说明哪些是函数，哪些不是函数。所以函数概念的教学在"交流与反思"方面应达到数学抽象的数学学科核心素养的水平二。

2. 教材教学内容分析

【教材教学内容结构分析】

在高中阶段，函数概念是用集合语言来定义的。学生第一次接触这种用数学语言定义的数学概念，其数学的抽象性比较强，学生学习时往往很难理解和掌握。中学数学教材为了解决这些问题，把函数的概念知识分成了如下两个阶段来安排。

第一阶段（初中）：用自然语言来描述函数，并让学生接触一些具体的函数。

第二阶段（高中）：用数学语言来刻画函数，让学生比较系统地学习函数知识。

这种螺旋式上升的处理方式既考虑了各个阶段学生的年龄特点和心理特征，又考虑了学生的认知水平和认知能力，对于学生理解和掌握函数的概念是很有好处的。

高中教材关于函数的概念主要包括如下三个部分。

第一部分：教材指出"在初中我们已经学习过函数的概念，并且知道可以用函数描述变量之间的依赖关系"。教学的主要任务是通过对初中函数概念的复习，提出课题。

第二部分：教材根据函数表示的三种方式，给出了三个具体的函数实例。教学的主要任务是用初中函数的观点明确这三个实例所表示的都是函数，知道函数的表现形式主要有三种：一是解析式，二是图像法，三是表格式。

第三部分：函数概念。教学的主要任务是用数学语言定义函数，形成函数的概念。

【教材教学内容编写方式分析】

教材在编写函数的概念这个内容时，首先指出，在初中我们已经学习过函数的概念，并知道可以用函数描述变量之间的依赖关系。其意图是希望教师在教学时，引导学生回忆初中所学过的函数概念，并通过对初中的函数概念分析，明确用自然语言来描述的函数概念所存在的问题（如不精确、使用不方便等），从而知道需要进一步学习用数学语言来刻画函数概念的必要性。接着从函数的解析式、图像法和表格式三种表示法的角度以"炮弹的飞行轨迹""臭氧层空洞的形成"和"恒量生活质量的恩格尔系数"为例给出了三个函数的具体实例。其意图主要有两个：一是希望教师在教学时，引导学生从初中所学的函数概念的角度来理解这三个都是有关函数的问题。二是希望教师在教学时，让学生明确要研究如何用数学语言来刻画函数的概念，应采用从特殊到一般的方法进行研究，即通过对具体的不同函数的特点研究，找出它们共同的数学本质特征，才能抽象概括出函数的概念。然后指出，归纳以上三个实例，我们看到，三个实例中变量之间的关系都可以描述为：对于数集 A 中的每一个 x，按照某种对应关系 f，在数集 B 中都有唯一确定的 y 和它对应，记作 $f:A→B$。最后再给出函数概念的数学语言定义。其意图是希望教师在教学时，要引导学生从三个方面进行思考：一是三个函数的定义域与集合有什么关系；二是三个函数的值域与集合有什么关系；三是各个函数的对应关系有什么特点，这个特点可否用一个符号来表示。通过这三个问题的研究引导学生给出函数的数学语言定义。

教材的这种编写方式充分考虑了初中和高中函数概念的教学衔接，希望教师在教学函数的概念时，从学生初中已有函数概念的经验出发，引导和启发学生经历高中用数学语言来定义的函数概念的抽象概括过程，了解函数概念的来龙去脉，从而发展学生的数学推理和数学抽象的数学学科核心素养。

3. 基于数学学科核心素养的教学设计

任务一：提出课题

【情境与问题1】

在初中我们已经学习过函数的概念，并知道可以用函数描述变量之间的依赖关系。请大家回答如下问题：①请举一个具体函数的例子，并说明其函数的定义域和值域；②思考：在初中数学学习中，我们是如何定义函数的？

【数学学科核心素养分析】

学生在初中学习过函数的概念的自然语言定义，并在此基础上，研究过"一次函数""二次函数"和"反比例函数"等一些基本初等函数。如果学生能解决这两个问题，则说明在"知识与技能"方面，学生能够解释、理解函数的概念，并能将函数具体化，所以我们可以认为学生达到了数学抽象的数学学科核心素养的水平一。

任务二：提供研究函数实例

【情境与问题2】

阅读教材中的三个实例，并回答如下问题：①请根据初中函数的概念，说明它们反映的都是一种函数关系，分别说明这三个函数的定义域和值域，并指出这些函数的定义域和值域都是用什么表示的。②请分别说出这三个函数的对应规律是什么。想一想：同一个函数的对应规律有什么特点？

【数学学科核心素养分析】

如果学生能够回答问题①，则在"知识与技能"方面，学生能够理解函数的概念。所以我们可以认为学生达到了数学抽象的数学学科核心素养的水平一。

如果学生能够回答问题②的前半部分，则在"知识与技能"方面，学生能够通过解析式、图形和表格的直观性认识函数的对应规律。所以我们可以认为学生达到了直观想象的数学学科核心素养的水平一。如果学生能够回答问题②的后半部分，则说明在"思维与表达"方面，学生了解熟悉的函数的概念和提炼出解决问题的一般数学方法。所以我们可以认为学生达到了数学抽象的数学学科核心素养的水平二和逻辑推理的数学学科核心素养的水平一。

其中，问题①中的后半部分"函数的定义域和值域都可以用非空数集来表示"的认识和问题②的后半部分在对"同一函数的对应规律具有不变性"的理解的基础之上，学生能在教师的启发和引导下，认识到任何一个函数的对应规律都可用某一符号（如 $f，g，h，\cdots$）表示，是学生从"用自然语言描述函数的概念"向"用数学语言刻画函数的概念"转化的两个关键点。它使学生在"情境与问题"方面能够在综合的情境中，抽象出函数的概念，并用数学语言进行表达，从而促使学生达到数学抽象的数学学科核心素养的水平三。

任务三：形成函数的概念

【情境与问题3】

请根据"情境与问题2"的回答，用数学语言来给函数下定义。

【数学学科核心素养分析】

如果学生能够在教师的引导下解决该问题，则在"情境与问题"方面，学生能够在综合情境中归纳、抽象出函数的概念，并用符号和文字语言予以表达。因此我们初步判定学生的数学抽象的数学学科核心素养达到了水平三。而在"知识与技能"方面学生能够通过对三个具体函数实例特点的分析，抓住其本质特征，归纳得到函数的概念的数学语言定义，故表明学生的逻辑推理的数学学科核心素养达到了水平二。

【情境与问题4】

师生相互给出一些例子，让学生判断哪些是函数，哪些不是函数，并用函数的概念予以说明。

【数学学科核心素养分析】

该情境与问题主要是以具体问题辨析概念，从而促使学生正确理解函数的概念。如果学生能顺利解决该系列问题，则说明学生在"交流与反思"方面既能结合具体情境解释函数的概念，又能用函数的概念解释具体问题。因此我们推断学生达到了数学抽象的数学学科核心素养的水平二。

（莫定勇）

课题二 函数的单调性

"函数的单调性"是人教 A 版必修 1 第一章集合与函数概念 1.3 函数的基本性质中的第一个教学内容，主要包括函数的单调性概念及其应用。

用数学语言对数学概念加以严格定义，学生第一次接触的是函数的概念，函数的单调性概念则是学生第二次接触。因此，函数的单调性的定义是学生学习的一个难点。它既是学生进一步理解和掌握用数学语言对数学概念严格定义的思想和方法，又是学生学习函数的其他性质和函数的导数的基础。

1. 内容标准与数学学科核心素养解析

【内容标准教学要求】

通过已学过的函数特别是二次函数，理解函数的单调性及其几何意义。

【数学学科核心素养解析】

函数的性质是函数研究的一个主要任务，而学生在初中数学函数的学习过程中，尽管没有研究过函数的性质，但学生通过一次函数、二次函数、正比例函数和反比例函数的学习，对函数所具有的一些基本性质已有了一个初步的直观体会。真正认识和研究函数的性质则是在高中数学中从本部分函数的单调性开始的。单调性不仅是函数众多基本性质之一，而且还是研究函数其他性质的基础，所以学生对函数的单调性概念的理解和掌握对学好函数其他性质起着至关重要的作用。我们知道，函数的单调性的概念是基于它的几何直观性"当函数的图像单调上升时，随着自变量 x 的增大，相应的 $f(x)$ 的值也随着增大；当函数的图像单调下降时，随着自变量 x 的增大，相应的 $f(x)$ 的值反而减小"而抽象出来的一个数学概念，所以在高中数学中教学函数的单调性的概念主要是发展学生的直观想象和数学抽象的数学学科核心素养。下面我们就直观想象和数学抽象的"情境与问题""知识与技能""思维与表达"和"交流与反思"四个方面予以简要分析。

（1）直观想象

第一，情境与问题。学生能够借助已知函数的图形，了解图形的变化趋势，直观认识单调递增和单调递减。所以函数的单调性的教学在"情境与问题"这方面应达到直观想象的数学学科核心素养的水平二。

第二，知识与技能。学生能够借助函数单调性的直观认识，发现图形的变化规律：图形呈上升趋势，函数单调递增；图形呈下降趋势，函数单调递减。所以函数的单调性的教学在"知识与技能"这方面应达到直观想象的数学学科核心素养的水平一。

第三，思维与表达。学生能够用自然语言准确表达函数单调递增和单调递减的变化规律："当函数的图像单调上升时，随着自变量 x 的增大，相应的 $f(x)$ 的值也随着增大；当函数的图像单调下降时，随着自变量 x 的增大，相应的 $f(x)$ 的值反而减小。"所以函数的单调性的教学在"思维与表达"这方面应达到直观想象的数学学科核心素养的水平三。

第四，交流与反思。要求学生既能用具体的函数例子说明函数在什么时候单调上升或单调下降，又能用函数单调性的概念说明哪些函数具有单调性，哪些函数不具有单调性，并明确是单调递增还是单调递减。所以函数的单调性的教学在"交流与反思"这方面应达到直观想象的数学学科核心素养的水平二。

（2）数学抽象

第一，情境与问题。学生能够根据函数的单调性的变化规律，抽象出函数单调性的概念，并会用数学语言予以表达。所以函数的单调性的教学在"情境与问题"这方面应达到数学抽象的数学学科核心素养的水平三。

第二，知识与技能。学生能够解释函数单调性的含义，同时还要能用具体的函数单调性例子解释函数的单调性概念。所以函数的单调性的教学在"知识与技能"这方面应达到数学抽象的数学学科核心素养的水平二。

第三，思维与表达。学生能够理解用数学语言表达函数的单调性的概念，并会用函数单调性的概念进行简单的推理和论证。所以函数的单调性的教学在

"思维与表达"这方面应达到数学抽象的数学学科核心素养的水平二。

第四，交流与反思。在交流过程中，学生既能结合具体的函数例子解释函数单调性的概念，又能用函数单调性的概念解释具体的函数例子。所以函数的单调性的教学在"交流与反思"这方面应达到数学抽象的数学学科核心素养的水平二。

2. 教材教学内容分析

【教材教学内容结构分析】

教材内容大致分为四部分。

第一部分：教材中的文字语言和三幅函数图像。教学的主要任务是整体把握函数的性质，提出课题。

第二部分：一次函数和二次函数单调性的研究。教学的主要任务是促成学生用自然语言描述函数的单调性。

第三部分：思考题。教学的主要任务是让学生用数学语言描述函数的单调性，定义单调函数。

第四部分：例题。教学的主要任务是促使学生正确理解和用单调函数的概念解决一些简单的实际问题。

【教材教学内容编写方式分析】

教材首先给出三幅函数图像，其意图是希望教师在教学时，让学生通过对这三幅函数图像的观察，直观认识和了解函数的性质大致有单调性、极值性、最值性、奇偶性和零点等，并希望教师引导学生通过对函数的这些性质之间的关系分析，知道函数的单调性是所有性质的基础，明确在研究函数的性质时应首先研究函数的单调性。其次给出一次函数 $f(x)=x$ 和二次函数 $f(x)=x^2$ 的图像研究函数的单调性，其意图是希望教师在教学时要引导学生通过对图像的观察，用自然语言来描述函数的单调性，即当函数的图像单调上升时，随着自变量 x 的增大，相应的 $f(x)$ 的值也随着增大；当函数的图像单调下降时，随着自变量 x 的增大，相应的 $f(x)$ 的值反而减小。再次给出思考题：如何利用函数解析式 $f(x)=x^2$ 描述"随着 x 的增大，相应的 $f(x)$ 随着减小""随着自变量 x 的增大，相应的 $f(x)$ 的值也随着增大"？其意图是希望教师在教学时，引导学生思考就具体函数 $f(x)$，应如何用数学语言来描述其单调性。又次给出函数单调性的定义，其意图是希望教师在教学时要引导学生从特殊到一般，将根据具体函数 $f(x)=x^2$ 所得的单调上升的数学定义给出一般性的函数单调上升概念，再用类比的方法给出一般函数单调下降的定义。最后给出两个例题，其意图是：例1是希望教师在教学时引导学生利用函数单调性的定义根据图像直观性判断函数在某个区间上究竟是单调上升还是单调下降，以达成对函数单调性概念的准确理解，并知道函数的单调性是一个局部性质；例2是希望教师在教学时让学生学会用函数的单调性的定义证明函数所具有的单调性，并了解函数单调性证明的一般思路与方法。

　　教材这样编写的意图是希望教师在教学函数的概念时，要注重初高中数学知识的联系，从学生已有的知识经验出发，首先从函数图像的走势直观地让学生认识函数的单调性，并在此基础上用自然语言来描述这种走势（单调性）。最后给出函数单调性的概念，让学生经历函数的单调性概念的抽象概括过程，了解其概念的来龙去脉，从而发展学生的直观想象、数学运算、逻辑推理和数学抽象的数学学科核心素养。

3. 基于数学学科核心素养的教学设计

任务一：整体上认识函数的性质

【情境与问题1】

观察下列各图，说说函数可能有哪些性质。

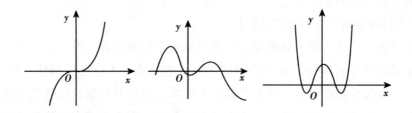

【数学学科核心素养分析】

　　如果学生能通过对三幅图的观察得出如下结论：①函数的图像可能上升或下降（单调性），并与区间有关；②函数的图像可能与 x 轴相交（零点）；③函数的图像可能关于原点对称（奇函数）；④函数的图像可能关于 y 轴对称（偶函数）；⑤函数的图像可能在整个定义域内达到最高点或最低点（函数取最大或最小值）；⑥函数的图像可能在某个局部范围内达到最高点或最低点（函数取极大或极小值），则在"知识与技能"方面，学生能够描述简单图形的位置关系及其特有性质，并能在熟悉的情境中，借助图形的性质归纳形成数学结论，所以我们可以认为学生达到了直观想象、数学抽象的数学学科核心素养的水平一；在"情境与问题"方面，学生能够在关联的情境中，发现并提出数学结论，因此我们可以初步推断学生逻辑推理的数学学科核心素养达到了水平二。

任务二：用自然语言描述函数的单调性

【情境与问题2】

观察函数 $f(x) = x^2$ 的图像，说说函数在哪个区间上单调上升，在哪个区间上单调下降，并思考函数单调上升或单调下降具有什么特点。

【数学学科核心素养分析】

如果学生能回答该问题，并能用"随着 x 的增大，相应的 $f(x)$ 随着减小"和"随着 x 的增大，相应的 $f(x)$ 随着增大"来描述其特点，则在"思维与表达"方面，学生能借助函数图像直观认识数学问题并能用数学语言描述问题。故而我们可以得出结论：学生达到了直观想象的数学学科核心素养的水平一。

任务三：用数学语言刻画函数的单调性

【情境与问题3】

观察函数 $f(x) = x^2$ 的图像，思考：如何利用解析式 $f(x) = x^2$ 描述"随着 x 的增大，相应的 $f(x)$ 随着减小"和"随着 x 的增大，相应的 $f(x)$ 随着增大"？

【数学学科核心素养分析】

如果学生能够对于二次函数 $f(x) = x^2$ 做出如下描述：①在区间 $(0, +\infty)$ 上，随着 x 的增大，相应的 $f(x)$ 随着增大就是在区间 $(0, +\infty)$ 上，任取两个数 x_1，x_2，得到 $f(x_1) = x_1^2$，$f(x_2) = x_2^2$，当 $x_1 < x_2$ 时，有 $f(x_1) < f(x_2)$；②在区间 $(-\infty, 0)$ 上，随着 x 的增大，相应的 $f(x)$ 随着减小就是在区间 $(-\infty, 0)$ 上，任取两个数 x_1，x_2，得到 $f(x_1) = x_1^2$，$f(x_2) = x_2^2$，当 $x_1 < x_2$ 时，有 $f(x_1) > f(x_2)$，并在辨析的基础上说明上述描述是正确的，则在"思维与表达"和"情境与问题"方面，学生能够借助函数图像直观认识数学问题并能用数学语言描述问题。所以我们可以认为学生达到了直观想象、数学抽象、逻辑推理的数学学科核心素养的水平二。

【情境与问题4】

请给出函数单调上升或单调下降的定义。

【数学学科核心素养分析】

如果学生能给出这两个概念的正确定义，则在"情境与问题"方面，学生能够在综合的情境中，利用图形与图形之间的关系理解单调函数，抽象出数学结论，并用数学语言予以表述。所以我们可以认为学生达到了直观想象、数学抽象的数学学科核心素养的水平三。

任务四：函数单调性概念的运用

【情境与问题5】

完成教材中所给的两个例题。

【数学学科核心素养分析】

如果学生能完成例题1，则在"知识与技能"方面，学生能够理解数学概念，并通过数学直观认识数学问题。所以我们可以认为学生达到了直观想象、数学抽象的数学学科核心素养的水平一。

如果学生能够完成例题2，则在"知识与技能"方面，学生能够在新的情境中选择相应的数学方法，针对运算问题，合理选择运算方法，设计运算程序解决问题，并能用准确的数学语言表述证明过程。所以我们可以认为学生达到了直观想象、数学抽象和数学运算的数学学科核心素养的水平二。

（莫定勇）

课题三　函数的奇偶性

"函数的奇偶性"是人教 A 版数学必修 1 第一章集合与函数概念 1.3 函数的基本性质中的第二个教学内容，主要是函数的奇偶性。

函数的奇偶性是描述函数的图像关于坐标原点 O 和纵轴 y 对称的性质，它既是函数的又一个重要性质，也是研究其他函数性质（如三角函数的对称性）的基础。

1. 内容标准与数学学科核心素养解析

【内容标准教学要求】

结合具体的函数，了解奇偶性的含义。

【数学学科核心素养解析】

奇偶性是学生继函数的单调性性质学习之后学习的函数的又一个重要性质。我们知道，奇函数或偶函数所对应图像分别是中心对称和轴对称图形，所以函数的奇偶性是一些特殊的中心对称和轴对称图形的数学化，它是以刻画一个函数的图像为中心对称或轴对称的数学概念。因此，函数的奇偶性是对函数的图像具有中心对称和轴对称特点的一种数学抽象，而函数中心对称和轴对称的数学抽象表述式蕴含了数学运算，所以在高中数学中教学函数奇偶性的概念主要是发展学生的直观想象、数学运算和数学抽象的数学学科核心素养。下面我们就直观想象、数学抽象和数学运算的"情境与问题""知识与技能""思维与表达"和"交流与反思"四个方面予以简要分析。

（1）直观想象

第一，情境与问题。学生能够借助函数图像关于 y 轴对称或关于坐标原点 O 对称，认识函数的奇偶性。所以函数的奇偶性的教学在"情境与问题"这方面应达到直观想象的数学学科核心素养的水平二。

第二，知识与技能。学生能够借助函数图像关于 y 轴对称或关于坐标原点 O 对称，识别函数的奇偶性。所以函数的奇偶性的教学在"知识与技能"这方面应达到直观想象的数学学科核心素养的水平二。

第三，思维与表达。学生能够形成数形结合的思想，体会利用函数的图像在判别函数奇偶性中的意义和作用。所以函数的奇偶性的教学在"思维与表达"这方面应达到直观想象的数学学科核心素养的水平二。

第四，交流与反思。学生既能利用函数图像关于 y 轴对称或关于坐标原点 O 对称的直观进行交流，又能在交流过程中通过函数图像的直观想象探讨函数的奇偶性。所以函数的奇偶性的教学在"交流与反思"这方面应达到直观想象的数学学科核心素养的水平二。

（2）数学抽象

第一，情境与问题。能够通过若干个函数图像关于 y 轴对称或关于坐标原点 O 对称的直观抽象出奇偶函数数学表达式 $f(-x) = -f(x)$ 或 $f(-x) = f(x)$。所以函数的奇偶性的教学在"情境与问题"这方面应达到数学抽象的数学学科核心素养的水平二。

第二，知识与技能。能够用恰当的函数例子解析数学表达式 $f(-x) = -f(x)$ 或 $f(-x) = f(x)$。所以函数的奇偶性的教学在"知识与技能"这方面应达到数学抽象的数学学科核心素养的水平二。

第三，思维与表达。能够用数学语言 $f(-x) = -f(x)$ 或 $f(-x) = f(x)$ 表示函数的奇偶性，并能用它进行函数的奇偶性的推理论证。所以函数的奇偶性的教学在"思维与表达"这方面应达到数学抽象的数学学科核心素养的水平二。

第四，交流与反思。在交流过程中学生既能用具体的函数实例解释数学表达式 $f(-x) = -f(x)$ 或 $f(-x) = f(x)$，又能用该表达式说明函数的奇偶性。所以函数的奇偶性的教学在"交流与反思"这方面应达到数学抽象的数学学科核心素养的水平二。

（3）数学运算

第一，情境与问题。在综合的情境（比较复杂的函数表达）中判断函数的奇偶性时，能够确定运算对象和运算方向。所以函数的奇偶性的教学在"情境与问题"这方面应达到数学运算的数学学科核心素养的水平三。

第二，知识与技能。能够在熟悉的情境中，根据问题的特征形成合理的运算思路，利用 $f(-x) = -f(x)$ 或 $f(-x) = f(x)$ 判断函数的奇偶性。所以函数的奇偶性的教学在"知识与技能"这方面应达到数学运算的数学学科核心素养的水平一。

第三，思维与表达。能够运用运算验证简单的函数奇偶性，体会利用数学表达式 $f(-x) = -f(x)$ 或 $f(-x) = f(x)$ 证明函数的奇偶性几个步骤的意义和作用。所以函数的奇偶性的教学在"思维与表达"这方面应达到数学运算的数学学科核心素养的水平二。

第四，交流与反思。既能够用数学表达式 $f(-x) = -f(x)$ 或 $f(-x) = f(x)$ 验证的结果说明函数的奇偶性，又能用其运算探讨函数的奇偶性。所以函数的奇偶性的教学在"交流与反思"这方面应达到数学运算的数学学科核心素养的水平二。

2. 教材教学内容分析

【教材教学内容结构分析】

教材内容大致分为如下三大部分。

第一部分：该部分分为两个内容。一是教材中的思考题1——认识偶函数。教学的主要任务是通过函数的图像直观认识偶函数。二是偶函数的概念。教学的主要任务是用数学语言描述偶函数，给偶函数下定义。

第二部分：该部分分为两个内容。一是教材中的观察。教学的主要任务是通过函数的图像直观认识奇函数。二是奇函数的概念。教学的主要任务是用数学语言描述奇函数，给奇函数下定义。

第三部分：教材中的思考题2与例题。教学的主要任务是通过思考题和例题的解决掌握应用奇偶函数概念解决一些简单问题的方法，即奇偶函数概念的应用。

【教材教学内容编写方式分析】

（1）奇偶函数概念

教材就奇偶函数概念的编写方式采取的都是如下三个步骤。

第一步：认识奇函数。以思考题的形式，给出学生在初中所学的两个函数的图像，并结合函数值对应表，让学生回答两个函数的共同特征以及在函数值对应表中是怎样反映该特征的。教材这样编写的意图是希望教师在教学时，学生可以通过图形直观了解什么叫偶函数或奇函数，并让学生通过对函数值对应表的观察，直观获得偶函数或奇函数的函数值的数值关系：在定义域内任取一对相反数 x，如果是偶函数，则对应的两个函数值相同；如果是奇函数，则对应的两个函数值互为相反数。为后面第二步将偶函数或奇函数的函数值的数值关系数学化奠定基础。

第二步：研究奇偶函数的特点。以两个函数中的某个函数为例，用数学关系式表达函数值对应表中反映的偶函数或奇函数的特征。教材这样编写的意图是希望教师在教学时，要让学生明确：数学概念必须用数学语言来加以严格定义，才能使数学概念精确、简洁，便于运用。所以对于上面所给偶函数或奇函数的描述仅仅是停留在自然语言上，应该加以数学化。因此，用数学关系式反映偶函数或奇函数的特征是其概念数学化的基础。

第三步：奇偶函数或奇函数的定义。这样编写教材主要着眼于初高中函数概念的教学衔接，教师在教学这一部分内容时，应当考虑学生已有的知识经验，首先通过图形直观认识偶函数或奇函数，然后再通过图表直观获得偶函数或奇函数的函数值之间的关系，并将这种关系数学化，最后给出偶函数或奇函数的概念，让学生经历这两个概念的抽象概括过程，了解其概念的来龙去脉，从而发展学生的直观想象、数学运算、逻辑推理和数学抽象的数学学科核心素养。

（2）奇偶函数概念的应用

教材对于奇偶函数概念的应用主要是以混合的形式予以处理的，分为两部分：首先以思考题形式让学生理解奇偶函数的概念，然后再让学生通过例题的解决掌握运用奇偶函数的概念判断已知函数的奇偶性的方法。

3. 基于数学学科核心素养的教学设计

现仅以偶函数为例做如下设计（奇函数可做类似设计）。

任务一：直观认识偶函数

【情境与问题1】

观察下面两图并思考：这两个函数的图像有什么共同特征？

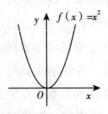 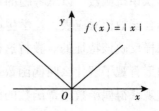

【数学学科核心素养分析】

如果学生能回答这个问题，这两个函数的图像都关于 y 轴对称，则在"知识与技能"方面，说明学生能够描述图形的位置关系及其特有性质。由此可以认定学生达到了直观想象的数学学科核心素养的水平一。

任务二：直观获取偶函数的函数值之间的关系

【情境与问题2】

观察下面两表并回答：相应的两个函数值对应表是如何体现上述特征的？

x	-3	-2	-1	0	1	2	3
$f(x) = x^2$	9	4	1	0	1	4	9

x	-3	-2	-1	0	1	2	3
$f(x) = \lvert x \rvert$	3	2	1	0	1	2	3

【数学学科核心素养分析】

如果学生能够回答这个问题，当自变量 x 取一对相反数时，相应的两个函数值相同，并能结合对应图表进行解释，则在"知识与技能"方面，学生能够借助图表发现数学规律。由此可以认为学生达到了直观想象的数学学科核心素养的水平一。

任务三：研究偶函数的特点

【情境与问题3】

请利用函数解析式 $f(x) = x^2$ 的函数值表示方法表示偶函数的函数值之间的关系。

【数学学科核心素养分析】

如果学生能够给出 $f(-3) = 9 = f(3)$，$f(-2) = 4 = f(2)$，$f(-1) = 1 = f(1)$ 三个等式和对于 **R** 内任意的一个 x，都有 $f(-x) = x^2 = f(x)$ 的一般结论，则说明在"情境与问题"方面，学生能够在熟悉的情境中直接抽象出数学结论，而在"知识与技能"方面，表明学生能够采用归纳推理的方法对特殊函数 $f(x) = x^2$ 给出一般结论。所以我们可以认为学生达到了数学抽象和逻辑推理的数学学科核心素养的水平一。

任务四：抽象概括出偶函数的数学定义

【情境与问题4】

请根据以上讨论，给偶函数 $f(x)$ 下一个定义。

【数学核心素养分析】

若学生对于特殊的函数 $f(x) = x^2$ 和 $f(x) = |x|$ 能够给出：如果对于函数 $f(x)$ 的定义域内的任意的一个 x，都有 $f(-x) = x^2 = f(x)$，那么函数 $f(x)$ 叫作偶函数，则说明在"知识与技能"方面，学生能够采用归纳推理的方法给出偶函数的一般定义。所以我们可以认为学生达到了逻辑推理的数学学科核心素养的水平一。

任务五：偶函数或奇函数定义的应用

【情境与问题5】

例：判断下列函数的奇偶性：① $f(x) = x^4$；② $f(x) = x^5$；③ $f(x) = x + \dfrac{1}{x}$；④ $f(x) = \dfrac{1}{x^2}$。

【数学学科核心素养分析】

如果学生能够写出这四个问题解答的完整过程，则说明在"知识与技能"方面，学生能够选择合适的论证方法（奇偶函数的定义）解决问题，用准确的数学语言表达解答过程，并能够针对运算问题，合理选择运算方法、设计运算程序以解决问题，那么我们可以认为学生达到了逻辑推理和数学运算的数学学科核心素养的水平二。

（赵文平）

第四章 指数函数与对数函数

课题一　对数与对数运算

"对数与对数运算"是人教 A 版数学必修 1 第二章基本初等函数（Ⅰ）2.2 对数函数中的第一个教学内容，主要是对数的概念及运算。

对数是一种重要运算，即是在方程 $a^x = N$ 中知二求一的运算，所以对数的研究是一种必然，同时对数也是一种沟通生活与其他自然学科的语言，所以对数的研究是一种必需。

1. 内容标准与数学学科核心素养解析

【内容标准教学要求】

理解对数的概念及其运算性质，知道用换底公式能将一般对数转化成自然对数或常用对数；通过阅读材料，了解对数的发现历史及其对简化运算的作用。

【数学学科核心素养解析】

我们知道，任何数学运算符号的产生都是为了使得数学运算方便，如学生在初中所学习的分式符号：$\dfrac{1}{3}$ 表示 1 除以 3 的结果；根式符号：$\sqrt{2}$ 表示 2 开方的结果。所以学生学习对数概念及运算前已有了对对数符号的认识，只是对新的运算较为陌生，特别是对数运算比指数运算的运算性质更为丰富。因此，在高中数学中教学对数与对数运算主要是发展学生的逻辑推理和数学运算的数学学科核心素养。下面我们就逻辑推理和数学运算的"情境与问题""知识与技能""思维与表达"和"交流与反思"四个方面予以简要分析。

（1）逻辑推理

第一，情境与问题。学生能够在关联的情境中提出问题，利用新的数学符号来表达指数式中已知底数和幂求指数的运算结果，并能把对数符号与其他运算符号相类比，使引入对数符号更加合理。所以对数与对数运算的教学在"情境与问题"这方面应达到逻辑推理的数学学科核心素养的水平二。

第二，知识与技能。学生能实现指数式与对数式之间的互化，同时能够通过类比的方法，利用指数运算性质推导出对数运算的性质。所以对数与对数运算的教学在"知识与技能"这方面应达到逻辑推理的数学学科核心素养的水平二。

第三，思维与表达。让学生明确对数源于指数，对数运算与指数运算互为逆运算，因此解决指数问题可借助对数，解决对数问题也可借助指数。所以对数与对数运算的教学在"思维与表达"这方面应达到逻辑推理的数学学科核心素养的水平二。

第四，交流与反思。在交流过程中让学生明确对 $(a^m)^n = a^{mn}$ 进行不同的对数式变形，可得到不同的对数运算性质，其中包括换底公式，并理解换底公式的作用。所以对数与对数运算的教学在"交流与反思"这方面应达到逻辑推理的数学学科核心素养的水平一。

（2）数学运算

第一，情境与问题。学生能够在熟悉的情境中，知道运算对象是在指数式中已知底数和幂求解指数，并能提出解决办法。所以对数与对数运算的教学在"情境与问题"这方面应达到数学运算的数学学科核心素养的水平一。

第二，知识与技能。让学生在推导对数运算性质时，能明确选择指数的运算性质，并能理解对数运算与指数运算的互逆性。所以对数与对数运算的教学在"知识与技能"这方面应达到数学运算的数学学科核心素养的水平二。

第三，思维与表达。学生能通过应用指数运算性质进行不同的对数变形，得到更加丰富的对数运算性质，从中体会到引入对数运算的意义和作用。所以对数与对数运算的教学在"思维与表达"这方面应达到数学运算的数学学科核心素养的水平一。

第四，交流与反思。在交流过程中，学生既能利用对数运算解决问题，也能用指数运算解决同一问题，并从中体会指数、对数运算的优劣。所以对数与对数运算的教学在"交流与反思"这方面应达到数学运算的数学学科核心素养的水平二。

2. 教材教学内容分析

【教材教学内容结构分析】

对数在高中阶段是一个全新的概念和运算，教材为了让学生更好地掌握对数运算，在初中阶段就重点学习了根式、整数指数幂的运算及运算律，在高中阶段学习对数前，又把指数从整数推广到了实数，且对指数进行了更全面、更深入的学习。这种层层递进的处理方式既关注到了各个阶段学生的年龄特点和心理特征，又考虑到了学生的认知水平和认知能力，对于学生理解和掌握对数是很有好处的。

本节教材内容大致分为四部分。

第一部分：思考题。教学的主要任务是引出对数的概念。

第二部分：第一个探究栏目。教学的主要任务是对数的运算及运算性质。

第三部分：第二个探究栏目。教学的主要任务是对数运算中的换底公式。

第四部分：例题。教学的主要任务是对数运算的应用举例。

【教材编写内容方式分析】

教材首先提出了一个人口增长模型 $y = 13 \times 1.01^x$，已知幂 y 的值 18（亿），求 x（年份）的思考题，其意图是希望教师在教学时让学生发现对数与指数之间的联系，并引导学生观察关系式中是已知 y 求 x。在指数运算中是已知 x 求 y，在根式运算中是已知指数、幂，求底数，因而对数的运算就是方程 $a^x = N$ 中的知二求一的一种情况，它的研究是一种必然。然后给出了一个由指数的运算性质类比对数的运算性质的探究栏目，其意图是希望教师在教学时引导学生首先回顾指数所具有的运算性质，再通过指数式化对数式转化为对数的运算性质，这里复习巩固了指数运算，又熟悉了对数运算的来源，让对数由"新"变"旧"。教材接着又给出了一个让学生推导换底公式的探究栏目，其意图是希望教师在教学时引导学生通过指数运算性质化对数运算可以多样化，不同的转化方式可得到不同的结果，这样才能让指数与对数的关系更加紧密化、透明化，同时也让学生充分体会类比方法所带来的魅力。最后教材给出了两个例题，其意图是：第一个例题是希望教师在教学时让学生明确对数在生活中的很多运算中是非常常见的，同时让学生了解地震的常识，引导学生更好地学习，掌握更多的知识技能以服务于生活；第二个例题是希望教师在教学时引导学生明确知识不仅可以预知未来，还可以还原过去，知古通今，让学生有更强烈的学习热情。

教材的这种编写意图是希望教师在教学本节内容时，要注重知识的来龙去脉，让学生温故知新，从学生已有的知识经验出发，去发现对数运算所解决的本质问题，并充分地让学生经历知识发展的过程，不突兀，不矛盾，让学生的探知欲指引自己前进，自然且自愿，让学生的学习没有阻碍，从而发展学生的数学运算、逻辑推理、数学抽象的数学学科核心素养。

3. 基于数学学科核心素养的教学设计

任务一：引出对数的概念

【情境与问题1】

计算下列各式中 x 的值。

① $x^3 = 27$；② $x^5 = 5$；③ $x = 4^{\frac{3}{2}}$；④ $x = 64^{-\frac{2}{3}}$；⑤ $3^x = 81$；⑥ $3^x = 18$。

【数学学科核心素养分析】

如果学生能解决①②两个问题，那么说明学生对前面所学习的根式已经掌握。如果学生能解决③④两个问题，那么说明学生对指数运算已经掌握。如果学生能解决问题⑤，那么说明学生对特殊底数的整数幂运算已经掌握。对于问题⑥，虽然绝大多数学生不能使用对数形式表示结果，但如能对结果估算到区间（2，3），甚至是区间（2.5，3），这样的结果也是非常有用的，这对后期估算对数值很有必要，起到了铺垫作用，则在"情境与问题"方面，学生能够在综合的情境中确定运算对象，明确运算方向，能够在新的情境中选择和运用数学方法解决问题，则我们就认为学生达到了数学运算、数学抽象的数学学科核心素养的水平二；在"知识与技能"方面，学生能够在熟悉的数学情境中，根据问题的特征形成合适的运算思路，则我们就认为学生达到了数学运算的数学学科核心素养的水平一。

任务二：推导出对数的运算性质

【情境与问题2】

指数的运算性质有哪些？挑选其一，把其中的指数式化为对数式，看看能得到什么样的对数运算性质。

【数学学科核心素养分析】

学生回顾三个指数的运算性质较为容易，如果学生在指数式化对数式时能比较明确地使用换元法，则说明学生对对数的概念及指对数的互化掌握得较为牢固。学生得到对数的前两个运算性质，即 $\log_a(M \cdot N) = \log_a M + \log_a N$ 和 $\log_a \frac{M}{N} = \log_a M - \log_a N$（$a > 0$ 且 $a \neq 1$，$M > 0$，$N > 0$）不算难，但对于 $\log_a M^n = n\log_a M$ 公式的获得就不那么一致了。如果在学生的自主探究下，能得到包括对数运算性质的推广形式 $\log_{a^m} M = \frac{1}{m}\log_a M$（$a > 0$ 且 $a \neq 1$，$m > 0$，$M > 0$）和换底公式，那么学生就能更深刻地体会到对数运算的重要性，也说明对数运算更加灵活，从而激发学生的学习热情。在"思维与表达"方面，学生能够理解运算是一种演绎推理，能够理解用数学语言表达法则、推理和论证，则我们认为学生达到了数学运算、数学抽象的数学学科核心素养的水平二；在"知识与技能"方面，学生对于新的数学问题，能够提出不同的方法，推断出结论，并能够针对运算问题，合理选择运算方法解决问题，则我们认为学生达到了逻辑推理的数学学科核心素养的水平三，数学运算的数学学科核心素养的水平二。

【情境与问题3】

与周围同学所得到的对数运算性质对比，看看不同的有哪些，相互交流运算性质的推导过程，并逐个给对数运算性质命名。

【数学学科核心素养分析】

学生通过相互对比，则可以得出所有的对数运算性质，同时在学生的交流过程中让学生厘清每个公式的由来，如果学生能够将 $\log_a M^n = n\log_a M$ 和 $\log_{a^m} M = \dfrac{1}{m}$ $\log_a M$ 合成一个 $\log_{a^m} M^n = \dfrac{n}{m}\log_a M$（$a>0$ 且 $a\neq 1$，m，n，M，$N>0$），则说明学生对公式的结构进行了更加细致的观察和掌握。对于换底公式，学生不一定能得出标准形式，采用 $\log_a b \cdot \log_a c$（$a>0$ 且 $a\neq 1$，$c>0$ 且 $c\neq 1$，$b>0$）形式也未尝不可，这个形式依然方便记忆和运用。在"交流与反思"方面，学生能够在交流过程中始终围绕主题，观点明确，能够用运算的结果说明问题，则我们认为学生达到了逻辑推理的数学学科核心素养的水平二，数学运算的数学学科核心素养的水平一。

任务三：对数运算的应用举例

【情境与问题4】

仔细阅读并完成教材中的两个例子，感受对数运算在生活中的应用。

【数学学科核心素养分析】

如果学生能够比较准确地计算出两个例题的结果，则在"思维与表达"方面，学生能够在运算过程中体会运算法则的意义和作用，所以我们就认为学生达到了数学运算的数学学科核心素养的水平一。

（赵文平）

课题二　对数函数及其性质

"对数函数及其性质"是人教 A 版数学必修 1 第二章基本初等函数（Ⅰ）2.2 对数函数中的第二个教学内容，主要是对数函数及其性质。

对数运算是一种特殊的运算，研究它是一种必然，对数函数性质的研究也就是一种自然。通过对对数函数性质的研究，使学生能进一步理解和掌握研究其他函数的一般方法和策略，也为学生的后续学习打下更好的基础。

1. 内容标准与数学学科核心素养解析

【内容标准教学要求】

通过具体实例，直观了解对数函数模型所刻画的数量关系，初步理解对数函数的概念，体会对数函数是一类重要的函数模型；能借助计算器或计算机画出具体对数函数的图像；探索并了解对数函数的单调性与特殊点，知道指数函数 $y=a^x$（$a>0$，$a\neq1$）与对数函数 $y=\log_a x$（$a>0$，$a\neq1$）互为反函数。

【数学学科核心素养解析】

我们知道，对数函数是一类常见的函数模型，在函数的学习中，我们较为系统全面地从理论的角度学习了函数的诸多性质，同时也结合了具体的一次函数、二次函数等函数的图像来直观地对函数性质进行了应用。在单调性中，直线和曲线的变化快慢不同，曲线和曲线的变化快慢也不尽相同，所以通过函数图像研究函数的性质更为必要。因此，在高中数学中教学对数函数及其性质主要是发展学生的直观想象的数学学科核心素养。下面我们就直观想象的数学学科核心素养的"情境与问题""知识与技能""思维与表达"和"交流与反思"四个方面予以简要分析。

第一，情境与问题。让学生在相关联的情境中了解对数函数模型所刻画的数量变化关系，并能根据数量变化关系想象对数函数的基本图像。所以对数函数及其性质的教学在"情境与问题"这方面应达到直观想象的数学学科核心素养的水平二。

第二，知识与技能。让学生在利用列表、描点、连线作图法作具体的对数函数图像时，可以明确所取点横坐标的特殊性——可计算对数值，并能在所作对数函数的图像中，清晰地体现出对数函数单调性变化的"陡"与"缓"。所以对数函数及其性质的教学在"知识与技能"这方面应达到直观想象的数学学科核心素养的水平二。

第三，思维与表达。让学生在利用描点法作出 $y=\log_2 x$ 的图像后，对比 $y=\log_{\frac{1}{2}} x$ 的图像，发现两个函数图像具有关于 x 轴对称的性质，并能通过对数运算性质进行证明。所以对数函数及其性质的教学在"思维与表达"这方面应达到直观想象的数学学科核心素养的水平二。

第四，交流与反思。要求学生既能通过特殊的对数函数图像，归纳得到一般对数函数的图像，进而获得对数函数的性质，又能把对数函数 $y = \log_a x$ 的图像与相对应的指数函数 $y = a^x$（$a > 0$，$a \neq 1$）的图像相联系，发现它们的图像关于直线 $y = x$ 对称，互为反函数。所以对数函数及其性质的教学在"交流与反思"这方面应达到直观想象的数学学科核心素养的水平二。

2. 教材教学内容分析

【教材教学内容结构分析】

教材内容大致分为五部分。

第一部分：教材中的文字语言。教学任务主要是引出对数函数概念。

第二部分：函数 $y = \log_2 x$ 与 $y = \log_{\frac{1}{2}} x$ 的图像研究。教学任务主要是把握对数函数的图像变化。

第三部分：第一个探究栏目。教学任务主要是一般对数函数的图像及其性质。

第四部分：例题。教学任务主要是对数函数性质的运用。

第五部分：第二个探究栏目。教学任务主要是反函数的概念。

【教材内容编写方式分析】

教材以上一小节的例题引出对数函数概念，其意图是希望教师在教学时引导学生发现数学问题的研究都有着一定的实际意义，且对数函数自变量在正实数中的取值是连续的。接着教材给出了函数 $y = \log_2 x$ 与 $y = \log_{\frac{1}{2}} x$ 的图像，其意图是希望教师在教学时引导学生研究一个复杂数学问题的重要思想——由抽象到具体，由一般到特殊，并让学生在作函数 $y = \log_2 x$ 图像的过程中发现对数函数单调性变化的快慢，充分理解渐近线的作用，也进一步引导学生发现函数 $y = \log_{\frac{1}{2}} x$ 的图像可直接通过函数 $y = \log_2 x$ 的图像对称变换得到，从而对知识进行串联。然后教材给出了一个在同一坐标系下作不同对数函数的图像，归纳对数函数性质的探究栏目，其意图是希望教师在教学时让学生明确类比、归纳也是重要的数学思想。之后教材给出了三个关于对数函数性质应用的例题，其意图是：例 7 希望教师在教学时引导学生注意讨论函数问题时应该优先考虑定义域，并明确求各类函数定义域的一般方法；例 8 是希望教师在教学时让学生明确函数的单调性主要是应用在与函数有关的不等式关系中，并进一步让学生熟悉分类讨论的基本原则和方法；例 9 是希望教师在教学时让学生深入地体会知识来源于生活，也服务于生活。最后教材给出了反函数概念的探究栏目，其意图是希望教师在教学时引导学生构建知识网络：指数运算与对数运算互为逆运算，指数函数与对数函数互为反函数。这也是对数函数具有指数函数相似性质的本质，也为后期学生的自主学习指明了方向。

教材这样编写的意图是希望教师在教学时要注重知识的框架结构，建立起知识间的联系，根据学生的"最近发展区"，让学生的学习先易后难，由浅入深，循序渐进，让学生自己去经历知识的发展过程，从而发展学生的直观想象、数学抽象、逻辑推理等数学学科核心素养。

3. 基于数学学科核心素养的教学设计

任务一：引出对数函数的概念

【情境与问题1】

考古学家通过提取附着在出土文物、古遗址上死亡生物体的残留物，利用关系式 $t = \log_{5730\sqrt[5730]{\frac{1}{2}}} P$ 估算出土文物或古遗址的年代，其中 P 为碳14的含量，t 为年代，关系式 $t = \log_{5730\sqrt{\frac{1}{2}}} P$ 是一个函数关系吗？如果是，那么这个函数的自变量和函数值分别是什么？

【数学学科核心素养分析】

如果学生能够判断出关系式是一个函数，则说明学生对函数概念把握得较为清楚，学生若再能由此得到对数函数的一般形式，则说明在"情境与问题"方面，学生能够在熟悉的情境中，直接抽象出数学概念，我们就可认为学生达到了数学抽象的数学学科核心素养的水平一。

任务二：归纳对数函数的图像及性质

【情境与问题2】

分别作出函数 $y = \log_2 x$ 与 $y = \log_{\frac{1}{2}} x$ 的图像，说说它们的图像特点及性质。

【数学学科核心素养分析】

如果学生能指出对数函数图像的渐近线，且观察出函数图像变化是先陡后缓，则说明学生对描点作图法的步骤实现了掌握。如果学生还能利用对数运算性质证明两个函数具有对称性，即 $y = \log_{\frac{1}{2}} x = -\log_2 x$，则说明学生能很好地进行类比，能透过现象观察到本质，说明在"情境与问题"方面，学生能在关联的情境中，理解归纳、类比是发现问题的重要途径，并体会图形与图形、图形与数量之间的关系，则我们认为学生达到了逻辑推理、直观想象的数学学科核心素养的水平二；在"知识与技能"方面，学生能够掌握研究图形与图形、图形与数量之间关系的基本方法，并能对学过的有关联的数学命题，通过对其条件与结论的分析，探索论证的思路，则我们认为学生达到了逻辑推理、直观想象的数学学科核心素养的水平二。

【情境与问题3】

再在同一平面直角坐标系中分别作出函数 $y = \log_3 x$，$y = \log_4 x$，$y = \log_{\frac{1}{3}} x$，$y = \log_{\frac{1}{4}} x$ 的图像，观察图像，你能将它们分类并归纳出一般对数函数的图像及性质吗？

【数学学科核心素养分析】

如果学生能够根据所得函数图像把对数函数分为底数 $a > 1$ 与 $0 < a < 1$ 两类，则说明学生对函数图像的异同掌握得较为清楚，这也为进一步对一般对数函数的图像及性质的归纳做好了铺垫。如果学生能根据前面的经验由底数 $a > 1$ 的对数函数类比得到底数 $0 < a < 1$ 的对数函数，则说明学生掌握了讨论一般数学问题的方法——归纳、类比，且如果学生能够根据图形归纳得到对数函数的性质，于此则在"思维与表达"方面，学生能够用图形探索解决问题的思路，我们认为学生达到了直观想象的数学学科核心素养的水平二；在"知识与技能"方面，学生能通过熟悉的例子理解归纳、类比推理的基本形式，则我们认为学生达到了逻辑推理的数学学科核心素养的水平一。

任务三：对数函数性质的应用

【情境与问题4】

完成教材中所给的三个例题。

【数学学科核心素养分析】

如果学生能完成例7、例8，则在"知识与技能"方面，学生能够理解相关数学知识之间的联系，则我们认为学生达到了数学抽象的数学学科核心素养的水平一。

如果学生能完成例9，则在"知识与技能"方面，学生能够对学过的有关联的数学命题，通过对其条件与结论的分析，探索出新思路，所以我们认为学生达到了逻辑推理的数学学科核心素养的水平二。

任务四：反函数的概念

【情境与问题5】

在指数函数 $y = 2^x$ 中，x 是自变量，y 是因变量，如果把 y 当成自变量，x 当成因变量，那么 x 是 y 的函数吗？如果是，那么对应关系是什么？如果不是，说明理由。

【数学学科核心素养分析】

如果学生能判断出对于函数 $y=2^x$ 反过来也满足函数的定义，则说明学生对函数的概念掌握得比较牢固，且思维具有逆向性，对数学符号有一定的认识。如果学生既能联系指数函数 $y=2^x$ 与对数函数 $y=\log_2 x$ 的图像，还能联系指数式与对数式的关系，则说明学生理解到了反函数概念的本质，在"思维与表达"方面，学生能够提炼出解决一类问题的教学方法，理解其中的数学思想，并能够理解相关概念、命题之间的逻辑联系，则我们认为学生达到了数学抽象、逻辑推理的数学学科核心素养的水平二。

【情境与问题6】

在同一直角坐标系中观察函数 $y=2^x$ 与函数 $y=\log_2 x$ 的图像，再在同一直角坐标系中观察函数 $y=\left(\dfrac{1}{3}\right)^x$ 与函数 $y=\log_{\frac{1}{3}} x$ 的图像，你能发现什么？还可结合函数的各个性质进行对比观察，总结一下你的发现。

【数学学科核心素养分析】

如果学生能发现互为反函数的两个函数图像关于直线 $y=x$ 对称，且两个函数的定义域、值域之间有着紧密的"反"关系，说明在"知识与技能"方面，学生能够借助图形性质探索数学规律，解决数学问题，对于新的数学问题，能够提出不同的假设前提，推断结论，形成数学命题，则我们认为学生达到了直观想象、逻辑推理的数学学科核心素养的水平三。

（袁　亮）

第五章　三角函数

课题一　三角函数的诱导公式

"三角函数的诱导公式"是人教版数学必修4第一章三角函数1.3诱导公式中的内容。诱导公式在三角函数的求值、化简与恒等式的证明中都有着重要的作用。

诱导公式是三角函数的主要性质。前面学生已经学习了任意角的三角函数值的定义，在此基础上，继续学习诱导公式，为以后的三角函数求值、化简、简单证明以及三角函数的图像和性质等打好基础，它体现了三角函数之间的内在联系，是定义的延伸与应用。诱导公式在本章中起着承上启下的作用。

1. 内容标准与数学学科核心素养解析

【内容标准教学要求】

掌握三角函数的诱导公式，能正确运用公式解决一些三角函数求值、化简和证明的问题。

【数学学科核心素养解析】

三角函数的诱导公式利用单位圆的对称性，让学生自主发现终边分别关于原点或坐标轴对称的角的三角函数值之间的关系，使得诱导公式（数）与单位圆（形）得到紧密结合，成为一个整体。正确运用诱导公式求任意角的三角函数值以及进行简单三角函数式的化简与恒等式证明，从中体会未知到已知、复杂到简单的转化过程。所以三角函数的诱导公式的教学主要是发展学生数学抽象的数学学科核心素养。下面我们将从数学抽象的"情境与问题""知识与技能""思维与表达"和"交流与反思"四个方面予以简要分析。

第一，情境与问题。借助图形让学生观察、发现、探究、抽象出诱导公式，学生能够体会数形结合思想和转化思想在解决数学问题中的作用。所以三角函数的诱导公式的教学在"情境与问题"这方面应达到数学抽象的数学学科核心素养的水平二。

第二，知识与技能。探究出诱导公式后学生能够恰当地运用公式解决简单的三角函数化简问题。所以三角函数的诱导公式的教学在"知识与技能"这方面应达到数学抽象的数学学科核心素养的水平一。

第三，思维与表达。通过探究、证明、推导，学生能够用抽象的符号语言和自然语言准确描述三角函数的诱导公式。所以三角函数的诱导公式的教学在"思维与表达"这方面应达到数学抽象的数学学科核心素养的水平二。

第四，交流与反思。要求学生能够类比公式二的推导，自行完成公式三、公式四的推导，并能够概括三角函数诱导公式的特点和内在联系，能够判断哪些三角函数的问题可以用三角函数诱导公式来解决。所以三角函数的诱导公式的教学在"交流与反思"这方面应达到数学抽象的数学学科核心素养的水平三。

2. 教材教学内容分析

【教材教学内容结构分析】

在初中阶段学生学习过特殊角的三角函数值，高中阶段将角的范围从锐角扩大到了任意角。而诱导公式则有将任意角通过缩小范围"收回"到锐角的作用。教材内容大致分为三部分。

第一部分：探究诱导公式。主要的教学任务是通过探究一个给定的角 α 与变换之后的角的终边的关系，得出诱导公式二至公式四。

第二部分：推导诱导公式。主要的教学任务是利用单位圆与坐标系角的交点，得出诱导公式五、公式六。

第三部分：公式的应用。主要的教学任务是通过例1、例2巩固诱导公式一至公式四，通过例3、例4巩固诱导公式五、公式六。

【教材教学内容编写方式分析】

三角函数的诱导公式是单位圆对称性的"代数表示"，因此，用数形结合的思想，从单位圆关于坐标轴、直线 $y = x$、原点等的对称性出发研究诱导公式，是一个自然的思路。教材根据"思考"和"探究"的关系，使得诱导公式（数）与单位圆（形）得到紧密结合，成为一个整体，不仅大大简化了诱导公式的推导过程，缩减了认识、理解诱导公式的时间，而且有利于学生对公式的记忆，减轻了学生的记忆负担。

（1）诱导公式二至公式四，这部分内容共设置了两个"思考"，一个"探究"，目的是让学生通过自主思维活动，形成利用单位圆的对称性讨论三角函数性质的思想方法，进而发现和证明诱导公式。诱导公式的具体证明并不困难，难的是用联系的观点看问题，从单位圆的对称性发现三角函数的诱导公式，因此教材通过"思考""探究"来启发学生的思维，引导他们利用单位圆的对称性，通过对单位圆上对称点的坐标关系的探究而发现诱导公式，并在具体推导过程中给学生留出了较多的自主活动空间。因此，利用教材的"探究"和"思考"紧扣其中的问题，可以让学生从中心对称图形和轴对称图形这两个重要的几何性质出发，认识"角 $\pi+\alpha$ 的终边与角 α 的终边关于原点对称"等图形特征，从而得出它们的终边与单位圆的交点关于原点对称等数量关系。然后，利用关于 x 轴、y 轴、原点对称的两点坐标间的关系写出点 P 的坐标，最后用三角函数的定义得出相应的正弦值、余弦值之间的关系。诱导公式应当在理解的基础上记忆，而且应当使学生学会利用单位圆帮助记忆。教材对诱导公式的特点进行了概括，教学中要留有时间让学生思考、讨论、归纳，引导学生建立各组公式与相应图形的联系，并对各个公式的异同进行比较，以此加深对诱导公式的理解。

（2）诱导公式五、公式六与诱导公式二至公式四的推导一样，教材也是从对称性出发，根据三角函数的定义得到公式五、公式六。

教材的这种编写方式，"循循善诱、层层推进"，不仅能充分发挥学生的自主探究学习能力，还能够发展学生的数学抽象、数学建模的数学学科核心素养。

3. 基于数学学科核心素养的教学设计

根据以上分析，为达到《课标》内容要求与教材内容促使学生发展数学运算、逻辑推理和数学抽象的数学学科核心素养的目的，三角函数的诱导公式的教学可依据教材教学内容所隐含的三个任务按如下几步进行设计。

任务一：探究公式

【情境与问题1】

你能找出 $\pi+\alpha$ 与角 α 终边的位置关系吗？$\pi-\alpha$，$-\alpha$ 与 α 的终边关系吗？

任务二：证明公式

【情境与问题2】

① 角 $\pi+\alpha$ 与角 α 的终边关于原点对称，有：

（公式二）$\sin(\pi+\alpha) = -\sin\alpha$，$\cos(\pi+\alpha) = -\cos\alpha$，$\tan(\pi+\alpha) = \tan\alpha$。

② 角 $-\alpha$ 与角 α 的终边关于 x 轴对称，有：

（公式三）$\sin(-\alpha) = -\sin\alpha$，$\cos(-\alpha) = \cos\alpha$，$\tan(-\alpha) = -\tan\alpha$。

③ 角 $\pi-\alpha$ 与角 α 的终边关于 y 轴对称，有：

（公式四）$\sin(\pi-\alpha) = \sin\alpha$，$\cos(\pi-\alpha) = -\cos\alpha$，$\tan(\pi-\alpha) = -\tan\alpha$。

上面的公式一至公式四都称为三角函数的诱导公式。

【数学学科核心素养分析】

针对任务一和任务二下的情境与问题，因为角 $\pi+\alpha$ 与角 α 是终边关于原点对称的角，学生能利用这种对称关系，得到它们的终边与单位圆的交点的纵坐标相等，横坐标互为相反数。于是就得到了角 $\pi+\alpha$ 与角 α 的三角函数值之间的关系，进而得到研究三角函数诱导公式的路线图：角间关系—对称关系—坐标关系—三角函数值间关系。对诱导公式的探求，可以培养学生的探索能力、钻研精神和科学态度。学生能够通过探究找出相应的关系并给出简单的证明，我们可以认为学生达到了逻辑推理的数学学科核心素养的水平二。

任务三：诱导公式的简单应用

【情境与问题2】

教材例题。

【数学学科核心素养分析】

通过熟悉诱导公式的使用，让学生感悟在解决问题的过程中，如何合理地使用这几组公式。此外，引导学生注意同一个三角函数的求值问题可以采用不同的诱导公式，启发学生发现这些公式的内在关系和联系，体会数学方法的多样性。学生能熟练利用公式，将例题中的情形转化为公式模型，则达到了数学建模的数学学科核心素养的水平三。学生能够准确地计算出结果，我们可以认为其达到了数学运算的数学学科核心素养的水平四。

（屈清勇）

课题二　正弦函数、余弦函数的性质

"正弦函数、余弦函数的性质"是人教 A 版数学必修 4 第一章三角函数 1.4 正弦函数、余弦函数的性质中的内容，学生学习了正弦函数、余弦函数的定义和图像之后，需进一步学习正弦函数、余弦函数的性质。

正弦函数、余弦函数的性质的知识和方法将为后续内容的学习打下基础，有承上启下的作用，是数形结合思想方法的良好素材。通过对数形结合思想的进一步认识，可以改进学习方法，增强学生学习数学的自信心和兴趣。另外，三角函数的曲线性质也体现了数学的对称之美、和谐之美。

1. **内容标准与数学学科核心素养解析**

【内容标准教学要求】

掌握并能应用正弦函数、余弦函数的性质。

【数学学科核心素养解析】

该内容主要是探究正弦函数、余弦函数的定义域、值域（最值）和周期性、奇偶性、对称性和单调性。正弦函数、余弦函数的图像和性质是三角函数里的重要内容，也是高考重点考查的内容之一。学习过程中，数形结合的思想方法贯穿了本节内容的始终，利用图像研究性质，反过来再根据性质进一步认识函数的图像，充分体现了数形结合的数学思想方法。所以关于正弦函数、余弦函数的性质的教学主要是发展学生直观想象的数学学科核心素养。下面我们将从直观抽象的数学学科核心素养的"情境与问题""知识与技能""思维与表达"和"交流与反思"四个方面予以简要分析。

第一，情境与问题。学生能够根据已学的正弦函数与余弦函数的图像的变化规律，直观认识正弦函数与余弦函数的周期性、奇偶性和单调性。所以正弦函数、余弦函数的性质的教学在"情境与问题"这方面应达到直观想象的数学学科核心素养的水平二。

第二，知识与技能。学生能够根据正弦函数与余弦函数的图像得出周期，并能够根据三角函数图像的变换以及三角函数的诱导公式计算一般三角函数的周期，能够根据正弦曲线和余弦曲线判断出正弦函数是奇函数，余弦函数是偶函数，能够根据正弦函数、余弦函数局部的变化规律及周期性得出单调区间。所以正弦函数、余弦函数的性质的教学在"知识与技能"这方面应达到直观想象的数学学科核心素养的水平三。

第三，思维与表达。学生能够用自然语言准确地表述正弦函数、余弦函数的周期性、奇偶性、单调性。所以，正弦函数、余弦函数的性质的教学在"思维与表达"这方面应达到直观想象的数学学科核心素养的水平一。

第四，交流与反思。要求学生能够利用正弦函数、余弦函数的图像和性质，解决求三角函数最值、比较三角函数值的大小、求单调区间等一系列问题。所以正弦函数、余弦函数的性质的教学在"交流与反思"方面应达到直观想象的数学学科核心素养的水平三。

2. **教材教学内容分析**

【教材教学内容结构分析】

教材内容大致分为四部分。

第一部分：正弦函数的周期及相应的例题和练习。教学的主要任务是让学生根据图像直观地感受函数的周期性。

第二部分：正、余弦函数的奇偶性。教学的主要任务是让学生观察正弦曲线和余弦曲线，根据它们的对称性以及诱导公式，得出正弦函数和余弦函数的奇偶性。

第三部分：正、余弦函数的单调区间。教学的主要任务是根据正弦函数局部图像上的单调性，结合函数的周期性，得出正弦函数的单调区间，类比正弦函数，得出余弦函数的单调区间。

第四部分：例题。教学的主要任务是促使学生理解与运用正弦函数和余弦函数性质的相关公式解决数学问题。

【教材教学内容编写方式分析】

对于函数性质的研究，学生已有一些经验。其中，通过观察函数的图像，从图像的特征获得函数的性质是一个基本方法，也是数形结合思想的应用。三角函数是刻画周期变化现象的数学模型，也是三角函数不同于其他类型函数的最重要的地方，而且对于周期函数，只要认识清楚它在一个周期的区间上的性质，那么它的性质也就完全清楚了，因此，教材把对周期性的研究放在了首位。其意图是让学生先理解局部与整体的关系。另外，教材通过"旁白"，指出研究三角函数性质"就是要研究这类函数具有的共同特点"，其意图是对数学思考方向的一种引导。

① 周期性。教材从数、形两个方面指出正弦函数值具有"周而复始"的变化规律。引导学生观察正弦线的变化规律，再让他们描述这种规律如何体现在正弦函数的图像上，即描述正弦函数图像是如何体现这种"周而复始"的变化规律的，最后再让学生思考诱导公式 $\sin(x+2k\pi) = \sin x$ 又是怎样反映函数值的"周而复始"的变化的（用日常语言叙述公式）。通过对图像的特点、函数解析式的特点的描述，使学生建立比较牢固的理解周期性的认知基础，然后再引导学生了解"周而复始"的变化规律的代数刻画，给出周期性的概念。再根据三角函数诱导公式给出正弦函数的周期。②其他性质与研究周期性的方法一样，根据正弦函数、余弦函数图像及函数解析式，同样可以直观地看出这两个函数的奇偶性、单调性、最大（小）值等性质。因此，教材在编写上没有过多的引入和铺垫。值得注意的是，对于周期函数性质的讨论，只要认清它在一个周期内的性质，就可以得到它在整个定义域内的性质。正弦函数、余弦函数的奇偶性，无论是由图像观察还是由诱导公式进行

证明，都很容易，所以，这一性质的研究可以交给学生自主完成。正弦函数、余弦函数的单调性，教材只要求由图像观察，不要求证明。这种注重"数"与"形"的转换和结合的编写方式，能帮助学生用数学语言和图形语言描述正弦函数、余弦函数的性质，有效地发展了学生的直观想象、数学抽象、数学建模的数学学科核心素养。

3. 基于数学学科核心素养的教学设计

根据以上分析，为达到《课标》内容的要求与教材内容促使学生发展数学建模、直观想象和数学抽象的数学学科核心素养的目的，正弦函数与余弦函数的性质的教学可依据教材教学内容所隐含的四个任务按如下几步进行设计。

任务一：认识和理解正余弦函数的周期性

【情境与问题1】

从前面的学习中我们已经看到，正弦函数值具有"周而复始"的变化规律，这一点可以从正弦线的变化规律中看出，还可以从诱导公式 $\sin(x+2k\pi)=\sin x$ 中得到反映，即当自变量 x 的值增加 2π 的整数倍时，函数值重复出现。数学上，用周期性这个概念来定量地刻画这种"周而复始"的变化规律。

【情境与问题2】

根据周期函数的定义以及诱导公式，结合正弦函数的图像，探索正弦函数的周期。

【数学学科核心素养分析】

任务一下的情境与问题主要是让学生利用正弦函数的图像的变化规律，理解"周而复始"的意义，并能够用诱导公式进行证明。让学生根据函数周期以及最小正周期的定义，探索出正弦函数的周期。如果学生能够在"知识与技能"方面归纳出周期性的定义，理解并证明正弦函数的周期，则说明学生具备了数学抽象的数学学科核心素养的水平一。如果学生能够根据正弦函数的变化规律图像，理解正弦函数的周期性，则说明学生在"交流与反思"方面具备了直观想象的数学学科核心素养的水平二。

任务二：理解正余弦函数的奇偶性

【情境与问题3】

观察正弦曲线与余弦曲线，可以看到正弦曲线关于原点 O 对称，余弦曲线关于 y 轴对称，从图像直观感受正弦函数为奇函数，余弦函数为偶函数。再利用诱导公式证明正余弦函数的奇偶性。

【数学学科核心素养分析】

该情境与问题主要是让学生认真观察正弦曲线与余弦曲线的对称性，结合所学奇函数与偶函数的图像性质，如果学生能够直观得出正弦函数是奇函数，余弦函数是偶函数，则说明学生具备了直观想象的数学学科核心素养的水平一。学生能够根据诱导公式以及证明函数奇偶性的方法和步骤，证明正弦函数与余弦函数的奇偶性，则说明学生具备了数学建模的数学学科核心素养的水平一。

任务三：理解正余弦函数的单调性

【情境与问题4】

教师引导学生画出正弦函数一个周期内的图像，根据图像上升和下降的趋势，讨论它在一个周期内的单调性。

【情境与问题5】

得出一个周期内的单调性以后，结合前面学习的周期性，启发学生思考正弦函数在整个定义域之内的单调性。

【情境与问题6】

根据正弦函数的单调性、周期性，引导学生思考正弦函数的最值问题，引导学生开展讨论合作，完成教材上关于正弦函数与余弦函数的最大值和最小值以及所对应的 x 的集合的相关问题。

【数学学科核心素养分析】

针对任务三下的情境与问题，可以得到以下分析：情境与问题4，如果学生能够根据正弦函数在一个周期内的图像，观察出随着 x 的变化，y 的变化规律，找出正弦函数在这个周期内的单调递增区间和单调递减区间，并准确地描述出来，则说明学生在"知识与技能"方面能够根据三角函数的图像，准确地找出单调区间，又能进行准确的表达。所以我们可以认为，学生达到了直观想象的数学学科核心素养的水平一。情境与问题5，如果学生能够根据正弦函数在一个周期内的单调性，结合正弦函数的周期，理解并能表述正弦函数在整个定义域之内的单调性，则说明学生在"交流与反思"方面能准确描述正弦函数的单调区间，所以我们认为学生达到了数学抽象的数学学科核心素养的水平三。情境与问题6，如果学生能够根据正弦函数的单调性解决正弦函数的最值问题，则说明学生在"知识与技能"方面能够利用正弦函数的单调性来解决问题，所以我们认为学生达到了直观想象的数学学科核心素养的水平三。

任务四：知识应用

【情境与问题7】

完成课本上例2至例5。

【数学学科核心素养分析】

针对任务四可以分析出：例2是求函数的周期性问题，要求学生利用周期函数的定义求出所给例题的函数周期。例3求函数的最值问题，并求出最大值和最小值所对应的 x 的集合。例4利用三角函数的单调性，比较数的大小。如果学生能够通过三角函数的周期性、单调性、最值等性质和公式，正确地解决上述几个例题，则说明学生在"知识与技能"方面能够利用所学的公式和性质解决相关的数学问题，所以我们可以认为学生达到了数学抽象的数学学科核心素养的水平三和数学运算的数学学科核心素养的水平二。

（屈清勇）

课题三　两角差的余弦公式

"两角差的余弦公式"是《课标》实验教材人教 A 版数学必修 4 第三章三角恒等变换 1.1 两角差的余弦公式中的内容。前两章学生已经学习了任意角的三角函数和平面向量等知识，对三角函数有了一定的认识，这有利于学生接受两角差的余弦公式。

作为本章的第一节课，重点是引导学生通过合作、交流，探索两角差的余弦公式，为后续简单的恒等变换的学习打好基础。本课中丰富的生活实例引导学生用数学的眼光看待生活，体验用数学知识解决实际问题，有助于增强学生的数学应用意识。

1. 内容标准与数学学科核心素养解析

【内容标准教学要求】

了解两角差的余弦公式的证明，掌握两角差的余弦公式。

【数学学科核心素养解析】

对本节课来说，学生最大的困惑在于如何得到公式。学生学习了同角三角函数的变换及平面向量的知识，对应用举反例的方法推翻猜想，运用单位圆、向量解决三角问题已经有了一定的基础，因此，本课的教学应创设问题情境，调动学生已有的认知结构，激发学生的问题意识，展开提出问题、分析问题、解决问题的学习活动，让学生体会从特殊到一般的探究过程。所以关于两角差的余弦公式的教学主要是发展学生数学抽象的数学学科核心素养。下面我们将从数学抽象的"情境与问题""知识与技能""思维与表达"和"交流与反思"四个方面予以简要分析。

第一，情境与问题。究竟该如何计算 $\cos(\alpha - \beta)$。对于求角的余弦值这种问题有哪些方法？学生能够通过特殊角的三角函数值对所猜想的公式进行验证，所以两角差的余弦公式的教学在"情境与问题"这方面应达到数学抽象的数学学科核心素养的水平一。

第二，知识与技能。两角差的余弦公式的证明是本节课的难点，教师应引导学生利用单位圆上的三角函数线或向量的知识，用合理的方法进行证明。并且能够应用两角差的余弦公式来解决简单的数学问题。所以两角差的余弦公式的教学在"知识与技能"这方面应达到数学抽象的数学学科核心素养的水平二。

第三，思维与表达。能够用数学的语言和符号，描述两角差的余弦公式，并能够进行简单的应用。所以两角差的余弦公式的教学在"思维与表达"的方面应达到数学抽象的数学学科核心素养的水平二。

第四，交流与反思。要求学生能够熟练掌握两角差的余弦公式，并能够判断哪些数学问题可以用两角差的余弦公式来进行解决。所以两角差的余弦公式的教学在"交流与反思"这方面应达到数学抽象的数学学科核心素养的水平二。

2. 教材教学内容分析

【教材教学内容结构分析】

教材内容大致分为如下三大部分。

第一部分：让学生猜想探究两角差的余弦公式，并用特殊的三角函数值来进行验证。教学的主要任务是引导学生进行猜想和验证。

第二部分：利用单位圆上的三角函数线和向量的知识，来证明两角差的余弦公式。教学的主要任务是通过带有指向性的问题，使学生意识到向量方法可能是解决问题的工具，引导学生创造向量使用的数学环境，并最终能够采用合适的方法证明并掌握两角差的余弦公式。

第三部分：教材的两道例题和思考题。教学的主要任务是通过思考题和例题的解决掌握两角差的余弦公式的应用。

【教材教学内容编写方式分析】

过去教材曾用余弦定理证明两角和的余弦公式，虽能对学生进行思维训练，但过程烦琐，不易被学生接受。由于向量工具的引入，新教材选择了将两角差的余弦公式作为基础，这样处理使得公式的得出成为一个纯粹的代数运算，大大地降低了思考的难度，也更易于学生接受。从知识产生的角度来看，在学习了同角三角函数的变换及向量这些知识后再学习由这些知识推导出的新知也更符合知识产生和人们认知的规律。从知识的应用价值来看，重视数学知识的应用是教材的显著特点。课本中丰富的生活实例使学生用数学的眼光看待生活、体验生活即数学理念，体验用数学知识解决实际问题，有助于增强学生的数学应用意识。

教材在本节内容的编写上可分为三部分，即引入两角差的余弦公式的探索、证明及初步应用。教材以一个实际问题作为引子，目的在于从中提出问题，引出本章的研究课题。引导学生通过主动参与，独立探索得出结果是本节的难点。教材首先明确提出了探索课题：如何用任意角 α、β 的正弦、余弦值来表示 $\cos(\alpha-\beta)$ 呢？

凭直觉得出 $\cos(\alpha-\beta)=\cos\alpha-\cos\beta$ 是学生经常出现的错误，通过讨论可以知道它不是对任意角都成立的（当然，它也不是对任意角 α、β 都不成立的），从而进一步明确"恒等"的意义。统一对探索目标的认识，也为以此公式为基础去推导其他和差公式做了准备。联系已经学过的三角函数知识探索有关三角函数的问题是很自然的。鉴于学生独立地运用单位圆上的三角函数线进行探索存在一定的困难，教材采用"夹叙夹议"的方式，把探索的过程写进教材以引导学生在感受教材的探索过程中，对公式的结构特征进行直观感知，使他们对公式有一个基本了解，并引起学生寻求适当方法推出公式的欲望，这个过程比较困难、复杂。教材提示了三个要点：①在回顾求角的余弦有哪些方法时，联系向量知识，体会向量方法的作用；②结合有关图形，完成运用向量方法推导公式的必要准备；③探索过程不应追求一步到位，应先不去理会其中的细节，抓住主要问题及其讨论线索进行分析，然后再做反思，予以完善（这也是处理一般探索性问题应遵循的原则）。其中完善的过程既要运用分类讨论的思想，又要用到诱导公式，让学生经历猜想、验证、证明、计算的过程，从而发展学生的直观想象、数学运算、逻辑推理和数学抽象的数学学科核心素养。

3. 基于数学学科核心素养的教学设计

根据以上分析，为达到《课标》要求与教材内容促使学生发展数学抽象和数学运算的数学学科核心素养的目的，本节的教学可依据教材教学内容所隐含的三个任务按如下几步进行设计。

任务一：探究两角差的余弦公式

【情境与问题1】

探究如何用角 α、β 的正弦和余弦值来表示。探究的过程可以分为两个步骤：第一步，探究表示结果，并用特例来验证所探究的结果；第二步，对结果的正确性加以证明。

【数学学科核心素养分析】

该情境与问题的解决思路和方法主要是利用教材的探究问题，调动学生主动思考并联系所学过的特殊的三角函数值进行猜想、验证。当猜想的结果不正确时，引导学生联系已学过的其他知识来获得相应的表达式。学生能够想出两角差的余弦的一个表达式，并能够用特例进行验证，我们可以认为学生在"交流与反思"方面达到了数学抽象的数学学科核心素养的水平二。

任务二：两角差的余弦公式的探究和证明

【情境与问题2】

在平面直角坐标系中作单位圆，以 x 轴非负半轴为始边作角 α、β，它们的终边与单位圆 O 的交点分别为 A、B，则 $A(\cos\alpha, \sin\alpha)$，$B(\cos\beta, \sin\beta)$；试用 A，B 两点的坐标表示 $\angle AOB$ 的余弦值。计算 $\overrightarrow{OA} \cdot \overrightarrow{OB}$，得到 $\overrightarrow{OA} \cdot \overrightarrow{OB} = \cos\alpha\cos\beta + \sin\alpha\sin\beta$；另一方法是从定义式计算 $\overrightarrow{OA} \cdot \overrightarrow{OB} = \cos(\alpha-\beta)$，进而得出结论 $\cos(\alpha-\beta) = \cos\alpha\cos\beta + \sin\alpha\sin\beta$。

【数学学科核心素养分析】

该情境与问题引导学生经历用单位圆上的三角函数线和向量方法探索求 $\cos(\alpha-\beta)$，结合图形，明确应如何作出三角函数线，选择哪几个向量，它们怎么用坐标表示？怎样利用数量积计算公式得到推导结果？在教师的引导下，通过求两个已知向量的夹角问题以及三角函数定义的应用得出新的结论，使学生体会和认识严格的推导过程是获取数学结论的方法。如果学生能够顺利地理解和解决该问题，则说明学生在"知识与技能"方面既能够进行公式的推导，又能利用所学的知识进行证明，所以我们可以认为学生达到了数学抽象的数学学科核心素养的水平三。

任务三：例1、例2和思考题的解决

【情境与问题3】

利用差角余弦公式求 $\cos 15°$ 的值，并思考如何求 $\sin 75°$ 的值。

【数学学科核心素养分析】

学生在掌握了两角差的余弦公式后，如果能够熟练应用，算出某些特殊角的三角函数值，并且能够根据两个角的正弦值和余弦值求出两角差的余弦值，则说明学生在"知识与技能"方面既能够牢固记忆两角差的余弦公式，又能够用来解决数学问题，所以我们可以认为学生达到了数学运算的数学学科核心素养的水平二。

（屈清勇）

第二篇

必 修

（第二册）

第六章 平面向量

课题一 平面向量的基本定理

"平面向量的基本定理"是人教 A 版数学必修 4 第二章平面向量 2.3 平面向量的基本定理中的内容。平面向量的基本定理属于概念性知识。

平面向量基本定理是在向量知识体系中占有核心地位的定理。一方面，平面向量基本定理是平面向量正交分解及坐标表示的基础，坐标表示使平面中的向量与它的坐标建立起了一一对应的关系，这为通过"数"的运算处理"形"的问题搭建了桥梁；另一方面，平面向量基本定理是共线向量基本定理由一维到二维的推广，揭示了平面向量的结构特征，将来还可以推广为空间向量基本定理。因此，平面向量基本定理在向量知识体系中起着承上启下的重要作用。

1. **内容标准与数学学科核心素养解析**

【内容标准教学要求】

理解平面向量基本定理及其意义。

【数学学科核心素养解析】

在本节前教材介绍了向量的基本概念、线性运算以及平行向量基本定理等知识。向量的分解是对向量线性运算法则的逆用，教材在本节首先通过若干组实例猜想抽象出平面向量基本定理，并作图进行验证，最后解释定理中的"任意性""唯一性"。所以在高中数学教学中平面向量基本定理概念的教学主要是发展学生的逻辑推理和数学抽象的数学学科核心素养。下面我们就逻辑推理和数学抽象的"情境与问题""知识与技能""思维与表达"和"交流与反思"四个方面予以简要分析。

（1）逻辑推理

第一，情境与问题。学生能通过回忆数乘向量的几何意义，建立两个向量与它们的和向量之间的关系。所以平面向量的基本定理的教学在"情境与问题"这方面应达到逻辑推理的数学学科核心素养的水平一。

第二，知识与技能。学生能够借助向量加法法则和数乘向量法则描述平面内任意向量和给定两向量的关系。所以平面向量的基本定理的教学在"知识与技能"这方面应达到逻辑推理的数学学科核心素养的水平一。

第三，思维与表达。学生能够用自然语言准确表达平面向量基本定理：如果e_1、e_2是同一平面内的两个不共线向量，那么对于这一平面内的任意向量a，存在唯一一对实数λ_1、λ_2，使$a = \lambda_1 e_1 + \lambda_2 e_2$。所以平面向量的基本定理的教学在"思维与表达"这方面应达到逻辑推理的数学学科核心素养的水平二。

第四，交流与反思。要求学生从定性研究到定量研究，使学生体会科学研究的一般思路；验证完平面向量基本定理后再反思定理中的任意性和唯一性。所以平面向量的基本定理的概念教学在"交流与反思"这方面应达到逻辑推理的数学学科核心素养的水平二。

（2）数学抽象

第一，情境与问题。学生能够具体地思考思考栏中的例子，抽象出平面向量的基本定理的内容，并会用数学语言予以表达。所以平面向量基本定理的教学在"情境与问题"这方面应达到数学抽象的数学学科核心素养的水平一。

第二，知识与技能。学生能够根据猜想，作图验证平面向量基本定理。所以平面向量的基本定理的教学在"知识与技能"这方面应达到数学抽象的数学学科核心素养的水平二。

第三，思维与表达。学生能够理解用数学语言表达的平面向量基本定理，并会用作图法进行简单的推理和论证。所以平面向量的基本定理的教学在"思维与表达"这方面应达到数学抽象的数学学科核心素养的水平二。

第四，交流与反思。在交流过程中，学生既能结合具体的例子猜想平面向量基本定理的内容，又能用平面向量基本定理的概念解决具体的例子。所以平面向量的基本定理的教学在"交流与反思"这方面应达到数学抽象的数学学科核心素养的水平二。

2. 教材教学内容分析

【教材内容结构分析】

高中教材关于平面向量基本定理的内容主要包括三个部分：第一部分是思考栏目——猜想平面向量基本定理，第二部分是定理叙述——验证平面向量基本定理，第三部分是一个例题——平面向量基本定理的运用。

由此可见，教材结构为猜想平面向量基本定理—验证平面向量基本定理—平面向量基本定理的运用。

【教材内容编写方式分析】

教材在编写平面向量基本定理这个内容时，首先从一个思考栏开始，学生已经学习过共线向量定理，运用共线向量定理解决这里的问题应该不难，这也是为了与上节课形成呼应，引导学生提出和思考新的问题，引起学生学习的兴趣，激起学生的求知欲，发展学生的数学应用意识。紧接着教材在探究栏目让学生通过该实例猜想平面向量基本定理，使学生经历直观感知、观察发现的过程，理解从特殊到一般的数学思想和归纳的数学方法。随后教材验证了猜想，得出了平面向量基本定理，深化了对定理的理解，培养了学生的严谨意识，也培养了学生观察、概括及表达的能力。最后通过对典型例题的板演，让学生明确如何利用平面向量基本定理作图，突出本节课的重点，培养学生规范的表达能力，并形成严谨的科学态度。

教材的这种编写方式充分考虑了学生的学情，希望教师在教学平面向量基本定理时，从学生已有的向量知识出发，引导和启发学生经历平面向量基本定理猜想、验证、运用的过程，了解平面向量基本定理的来龙去脉，从而主要发展学生的逻辑推理、数学抽象的数学学科核心素养。

由此可见，该教学内容的教学任务主要有三个：一是猜想平面向量基本定理，二是验证平面向量基本定理，三是平面向量基本定理的运用。

3. 基于数学学科核心素养的教学设计

任务一：猜想平面向量基本定理

【情境与问题1】

如右图所示，平行四边形 $ABCD$ 的两条对角线相交于点 M，点 N 为线段 AD 的中点，设 $\overrightarrow{AB} = \boldsymbol{a}$，$\overrightarrow{AD} = \boldsymbol{b}$，用向量 $\boldsymbol{a}$，$\boldsymbol{b}$ 的线性运算来表示向量 $\overrightarrow{MN}$，$\overrightarrow{MA}$，$\overrightarrow{MB}$。

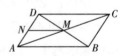

【数学学科核心素养分析】

学生已经学完向量的线性运算，感受到用平面内两个给定向量的线性运算可以表示出许多不同的向量。如果学生能用向量 $\boldsymbol{a}$，$\boldsymbol{b}$ 的线性运算来表示向量 $\overrightarrow{MN}$，$\overrightarrow{MA}$，$\overrightarrow{MB}$，那就说明学生在"情境与问题"方面能够在熟悉的情境中了解运算对象；在"知识与技能"方面能够在熟悉的数学情境中根据问题的特征形成合适的运算思路并解决问题；在"交流与反思"方面能够用运算的结果说明问题。所以我们就可认为学生达到了数学运算的数学学科核心素养的水平一。

【情境与问题2】

我们发现通过平面内两个给定向量的线性运算可以表示出许多不同的向量。

那么想通过线性运算表示这些向量，必须给定两个向量吗？

【数学学科核心素养分析】

如果学生能通过回忆数乘向量的几何意义，并指出一个非零向量只能表示与之共线的向量，无法表示与之不共线的向量，因此至少需要两个向量，则在"思维与表达"方面认为学生达到了逻辑推理的数学学科核心素养的水平一。

【情境与问题3】

通过平面内两个给定向量的线性运算可以表示多少个向量，是有限个、无数个，还是任意一个？

【数学学科核心素养分析】

如果学生能指出当给定的两个不全为零的向量共线的时候，只能表示与它们共线的向量；当给定的两个向量不共线时，只能表示与它们共面的向量；能区别"无数个"与"任意一个"，并表述猜想：通过同一平面内两个不共线向量的线性运算可以表示这一平面内任意一个向量，则在"思维与表达"方面认为学生达到了逻辑推理的数学学科核心素养的水平二。

任务二：验证平面向量基本定理

【情境与问题4】

教师给定一组不共线向量 e_1、e_2（由向量的可平移性，不妨让这两个向量共起点），给出待分解的向量 a，请学生到黑板上作图，并说明作图过程及能够用 e_1、e_2 的线性运算来表示的原因。

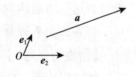

【数学学科核心素养分析】

如果学生逆用三角形法则或者平行四边形法则对向量 a 进行分解，得到成功验证，则在"知识与技能"方面，学生能够理解数学概念，并通过数学直观认识数学问题。所以我们可以认为学生达到了直观想象、数学抽象的数学学科核心素养的水平一。

【情境与问题5】

第一步：当向量 a 可以用不共线向量 e_1、e_2 的线性运算进行表示时，不改变向量的方向，只改变向量的大小，验证分解的存在性。

第二步：使向量 a 绕其起点旋转，随着旋转，向量 a 的分解方法会有什么不同吗？都有哪些情况呢？

【数学学科核心素养分析】

如果学生能从形入手，可以想象得到分解的情况，从数入手，由平行向量基本定理，与向量 a 方向相同的向量一定可以写成 ma，既然 $a = \lambda_1 e_1 + \lambda_2 e_2$，那么 $ma = m\lambda_1 e_1 + m\lambda_2 e_2$。经过上述两个步骤，猜想得到了验证，并能用符号语言总结得到的结论：

如果 e_1、e_2 是同一平面内的两个不共线向量，那么对于这一平面内的任意向量 a，存在实数 λ_1、λ_2，使 $a = \lambda_1 e_1 + \lambda_2 e_2$，则认为学生达到了直观想象、数学抽象的数学学科核心素养的水平二。

【情境与问题6】

我们定性地说明了满足要求的实数 λ_1、λ_2 存在，那么到底存在多少组呢？

【数学学科核心素养分析】

从定性研究到定量研究，使学生体会科学研究的一般思路；对唯一性的论证，一方面从形的角度用作图方法证明，贴近学生思维，培养学生论证表达能力；另一方面从数的角度用同一法、反证法证明，培养学生逻辑思维能力，同时使学生进一步体会向量是集数形于一体的数学概念；如果学生在基底选定后，得出平面内的任意向量与有序实数对（λ_1，λ_2）一一对应，并完善平面向量基本定理：如果 e_1、e_2 是同一平面内的两个不共线向量，那么对于这一平面内的任意向量 a，存在唯一一对实数 λ_1、λ_2，使 $a = \lambda_1 e_1 + \lambda_2 e_2$，则说明学生在"思维与表达"方面达到了逻辑推理的数学学科核心素养的水平二。

任务三：平面向量基本定理的运用

【情境与问题7】

如右图所示，已知向量 e_1、e_2，求作向量 $-2.5e_1 + 3e_2$。

【数学核心素养分析】

如果学生能够利用平面向量基本定理作出向量 $-2.5e_1 + 3e_2$，则我们可以认为在"知识与技能"方面学生达到了直观想象的数学学科核心素养的水平一。

（刘　强）

课题二　向量加法运算及其几何意义

"向量加法运算及其几何意义"是人教 A 版数学必修 4 第二章平面向量 2.2 平面向量的线性运算中的第二个教学内容，主要是向量的运算。

向量理论具有深刻的数学内涵、丰富的物理背景。向量既是代数研究对象，也是几何研究对象，是沟通几何与代数的桥梁。向量是描述直线、曲线、平面、曲面以及高维空间数学问题的基本工具，是进一步研究其他数学领域问题的基础，在解决实际问题中发挥着重要作用。

1. 内容标准与数学学科核心素养解析

【内容标准教学要求】

掌握平面向量加法运算及运算规则，理解其几何意义。

【数学学科核心素养解析】

向量加法运算主要是向量加法的三角形法则和平行四边形法则，主要发展学生数学运算的数学学科核心素养。下面我们将从数学运算的"情境与问题""知识与技能""思维与表达"和"交流与反思"四个方面予以简要分析。

第一，情境与问题。首先要求学生通过实例，在物理背景下理解向量加法的几何意义及运算法则，体会向量加法的三角形法则和平行四边形法则，能在关联的情境中确定运算对象，提出运算问题。所以向量加法运算及其几何意义的教学在"情境与问题"这方面应达到数学运算的数学学科核心素养的水平二。

第二，知识与技能。学生能够了解运算法则及其适用范围，正确进行运算。所以向量加法运算及其几何意义的教学在"知识与技能"这方面应达到数学运算的数学学科核心素养的水平一。

第三，思维与表达。学生能够在向量加法的运算过程中，体会运算法则的意义和作用。所以向量加法运算及其几何意义的教学在"思维与表达"这方面应达到数学运算的数学学科核心素养的水平一。

第四，交流与反思。要求学生能够借助运算，联系初中物理相关知识，在综合运用运算方法解决问题的过程中体会运算法则。所以向量加法运算及其几何意义的教学在"交流与反思"这方面应达到数学运算的数学学科核心素养的水平二。

2. 教材教学内容分析

【教材内容结构分析】

向量加法运算及其几何意义具有丰富的物理背景和几何意义，因此在引进向量的加法运算后总是要考察一下它的几何意义，而在小学、初中阶段已经从运算角度和物理背景下进行了铺垫，为向量加法概念形成奠定了基础，向量加法运算及其几何意义一节的知识形成经历了如下三个阶段。

第一阶段（小学）：我们首先接触了数及数的运算。事实上引入一个新的量后，考查它的运算及运算律，是数学研究中的基本问题，这也为向量加法运算及运算律的学习提供了方法和思路。

第二阶段（初中）：在初中我们学习了向量的物理背景、几何背景，在物理中引入了"既有大小，又有方向的量——矢量"，并在物理中学习了位移、力等具体的矢量实例。

第三阶段（高中）：类比数的运算，向量也能够进行运算，运算引入后，向量的工具作用才能得到充分发挥。向量的加法运算是通过类比数的加法，以位移、力的合成等两个物理模型为背景引入的，探究得到向量加法的三角形法则和平行四边形法则。

教材层层递进的处理方式，便于学生更好地理解和掌握向量的加法运算。

高中教材关于向量的加法运算这部分的内容主要包括三个方面：一是探究橡皮筋在两个力的作用下的合力，二是根据物理意义和几何意义得到两向量相加的三角形法则及平行四边形法则，三是利用向量的加法法则解决一些简单的实际问题——掌握向量的加法运算。教材以实例分析—形成方法—实际运用为结构编写。

【教材内容编写方式分析】

前面已指出，向量不但有大小，而且有方向，那么向量能否相加？如果能，那么两个向量相加后所得向量的大小、方向应该怎样定义？教材以学生熟悉的位移的合成和力的合成为背景，通过"探究"引导学生进行实验，使学生形成如下感知："既有大小，又有方向"的量可以相加，并且可以依据三角形法则来进行。在此基础上，教材给出了向量加法的定义。在教学中，教师要引导学生认真回忆物理中关于位移合成、力的合成的知识，使学生对向量加法运算充分感知。

教材的这种编写方式充分考虑了小学、初中和高中向量内容的教学衔接，希望教师在教学向量加法运算时，从学生已有知识出发，引导和启发学生经历向量加法运算的抽象概括过程，了解向量加法运算的来龙去脉，从而发展学生的数学运算、数学推理和数学抽象的数学学科核心素养。

由此可见，该教学内容的教学任务主要有三个：一是物理中位移、力的合成的回顾；二是探索出向量加法的两种运算法则；三是解决简单向量加法问题并运用举例。

3. 基于数学学科核心素养的教学设计

任务一：物理中位移、力的合成的回顾

【情境与问题1】

教材探究（见下图）。

【数学学科核心素养分析】

在初中我们学习了位移和力的合成，如果学生能描述出图中所示位移的几何意义，并能根据位移的意义说出其性质特征，根据教师引导引申出向量的定义，那就说明学生在"知识与技能"方面能够结合学过的有关联的数学命题，通过对条件和结论的分析，探索论证的思路，在"思维与表达"方面能够用数学语言表达概念，在"交流与反思"方面始终围绕主题，观点明确，所以我们可以认为学生达到了逻辑推理的数学学科核心素养的水平二。

任务二：探索出向量加法的两种运算法则

【情境与问题2】

请根据物理学科中物体位移的合成和力的合力给出两向量和的解法。

【数学学科核心素养分析】

如果学生能在已有物理位移、力的合力运算基础上，通过逻辑推理，画出向量的和向量，并指出其几何意义，那就说明学生在"情境与问题"方面能够在关联情境中发现并提出数学问题，且用数学语言予以表达。所以我们可以认为学生达到了逻辑推理的数学学科核心素养的水平二。

如果学生能够大胆实验探究，探索出向量加法的三角形法则和平行四边形法则，那就说明学生在"情境与问题"方面能够在关联情境中抽象出一般的数学概念和法则，在"思维与表达"方面能够用数学语言表达概念，所以我们可以认为学生达到了数学抽象的数学学科核心素养的水平二。

任务三：解决简单向量加法问题并运用举例

【情境与问题3】

例1：如图所示，已知 a、b，作出 $a+b$。

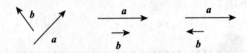

学生通过例1会看到三角形法则对共线向量的求和仍然是适用的，反映了三角形法则具有广泛的适用性。

例2：根据下图填空。

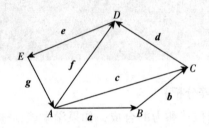

(1) $a+b=$ _____；

(2) $c+d=$ _____；

(3) $a+b+d=$ _____；

(4) $\overrightarrow{DE}+\overrightarrow{CD}+\overrightarrow{AC}=$ _____；

(5) $\overrightarrow{AB}+\overrightarrow{BC}+\overrightarrow{CD}+\overrightarrow{DE}=$ _____。

在训练三角形法则的同时，使同学注意到三角形法则推广到 n 个向量相加的形式，即 $\overrightarrow{A_0A_1}+\overrightarrow{A_1A_2}+\overrightarrow{A_2A_3}+\cdots+\overrightarrow{A_{n-1}A_n}=\overrightarrow{A_0A_n}$。

例3：长江两岸之间没有大桥的地方，常常通过轮渡进行运输。一艘船从长江南岸 A 点出发，以每小时 4 千米的速度向垂直于对岸的方向行驶，同时江水的速度为向东每小时 3 千米。

试用向量表示江水速度、船速以及船实际航行的速度。（保留两位有效数字）

求船实际航行的速度大小与方向。（用与江水速度间的夹角表示，精确到度）

【数学学科核心素养分析】

如果学生能够回答例1、例2的问题，能够熟练作出向量加法运算的图像，则说明学生在"知识与技能"方面能够了解运算法则及其适用范围，正确进行运算。所以我们可以认为学生达到了数学运算的数学学科核心素养的水平一。

如果学生能回答例 2 的问题，并推广到 n 个向量相加的运算法则，则在"知识与技能"方面，对于新的数学问题，学生能够提出不同的假设前提，推断出结论，形成数学问题。所以我们可以认为学生达到了逻辑推理的数学学科核心素养的水平三。

如果学生能解决例 3 的问题（把例 3 的实际模型转化为数学模型并正确地求解出结果），则在"知识与技能"方面，学生能选择合适的数学模型来表达所要解决的数学问题，并理解模型中各参数的意义，知道如何确定参数，建立模型进行求解。所以我们可以认为学生达到了数学建模的数学学科核心素养的水平二，在"知识与技能"方面能了解运算法则及适用范围，正确进行运算。所以我们可以认为学生达到了数学运算的数学学科核心素养的水平一。

（杨　昉）

课题三　平面向量数量积的坐标表示、模、夹角

"平面向量数量积的坐标表示、模、夹角"是人教 A 版数学必修 4 第二章平面向量 2.4 平面向量数量积的第二个教学内容，主要是向量的运算。

平面向量的数量积是继向量的线性运算之后的又一重要运算。平面向量数量积的坐标表示，就是运用坐标这一量化工具表达向量的数量积运算，为研究平面中的距离、垂直、角度等问题提供了全新的手段。它把向量的数量积与坐标运算两个知识点紧密联系起来，是全章的重点之一。

1. 内容标准与数学学科核心素养解析

【内容标准教学要求】

能用坐标表示平面向量的数量积，会表示两个向量的夹角。

【数学学科核心素养解析】

在引进平面向量的数量积后，自然要考虑其坐标表示。而平面向量的数量积涉及的向量的模、夹角也要与向量的坐标表示联系起来。所以平面向量数量积的坐标表示、模、夹角的教学主要是发展学生数学运算和直观想象的数学学科核心素养。下面我们将从"情境与问题""知识与技能""思维与表达"和"交流与反思"四个方面予以简要分析。

（1）数学运算

第一，情境与问题。首先要求学生能用坐标表示向量的数量积，能在关联情境中确定运算对象，并提出运算问题。所以平面向量数量积的坐标表示、模、夹角的教学在"情境与问题"这方面应达到数学运算的数学学科核心素养的水平二。

第二，知识与技能。学生能够了解向量的数量积的运算法则以及模和夹角的坐标表示，并正确进行运算。所以平面向量数量积的坐标表示、模、夹角的教学在"知识与技能"这方面应达到数学运算的数学学科核心素养的水平一。

第三，思维与表达。学生能够在运算过程中体会运算法则的意义和作用。所以平面向量数量积的坐标表示、模、夹角的教学在"思维与表达"这方面应达到数学运算的数学学科核心素养的水平一。

第四，交流与反思。在交流的过程中，学生能通过运算的结果说明问题。所以平面向量数量积的坐标表示、模、夹角的教学在"交流与反思"这方面应达到数学运算的数学学科核心素养的水平一。

（2）直观想象

第一，情境与问题。首先要求能将所学的平面向量数量积、模、夹角与坐标表示联系起来，能够在关联情境中想象并构建相应的几何图形。所以平面向量数量积的坐标表示、模、夹角的教学在"情境与问题"这方面应达到直观想象的数学学科核心素养的水平二。

第二，知识与技能。掌握平面向量数量积的坐标表示，能够研究图形与数量之间的关系，探索图形的规律。所以平面向量数量积的坐标表示、模、夹角的教学在"知识与技能"这方面应达到直观想象的数学学科核心素养的水平二。

第三，思维与表达。掌握平面向量数量积的坐标表示，能作出坐标系并正确运算，形成数形结合的思想，体会几何直观的作用和意义。所以平面向量数量积的坐标表示、模、夹角的教学在"思维与表达"这方面应达到直观想象的数学学科核心素养的水平二。

第四，交流与反思。能够在交流过程中利用直观想象的数学学科核心素养探讨数学问题。所以平面向量数量积的坐标表示、模、夹角的教学在"交流与反思"这方面应达到直观想象的数学学科核心素养的水平二。

2. 教材教学内容分析

【教材内容结构分析】

前面教材以受力做功为背景，引出向量数量积的概念。向量的数量积是过去学习中没有遇到过的一种新的乘法，与数的乘法既有区别，又有联系。有了平面向量坐标表示以及运算的经验，在引进数量积后，自然要考虑它的坐标表示。因此，中小学教材在平面向量数量积的坐标表示、模、夹角的知识形成过程经历了以下三阶段。

第一阶段（初中）：在初中学习了平面直角坐标系，从而把几何问题代数化，把由几何推导的问题变为代数运算的问题。向量的几何性质决定了它同样可以通过建立直角坐标系进行代数运算。

第二阶段（高中）：前面章节学习了向量的数量积、模、夹角的定义，并从几何方面对相关知识进行了研究。

第三阶段（高中）：有了平面向量的坐标表示以及运算的经验，又由于平面向量的数量积涉及向量的模和夹角，因此在实现向量数量积的坐标表示后，向量的模、夹角也都可以与向量的坐标联系起来。

教材采取层层递进、由浅入深的逻辑结构，帮助学生理解和掌握向量平面向量数量积的坐标表示的本质，让学生从根本上理解其运算法则。

高中教材关于平面向量数量积的坐标表示、模、夹角这部分的内容主要包括两个方面：一是探究两向量数量积的坐标表示；二是根据平面向量数量积的坐标表示、模、夹角，掌握向量的数量积的运算。教材以方法探究——实际运用为结构编写。

【教材内容编写方式分析】

前面我们学习了平面向量的坐标表示以及坐标运算，紧接着我们又引进了平面向量数量积，两者结合起来，自然要考虑平面向量数量积的坐标运算，又因为平面向量数量积涉及向量的模、夹角，所以在实现平面向量数量积的坐标表示后，向量的模、夹角可以与向量的坐标联系起来。

教材在编写这一部分内容时，先通过提问的方式借助向量的坐标表示探究向量数量积的坐标表示，让学生通过讨论探究，体验把关联的知识联系起来得到新知识的过程。然后再以两个例子来夯实基础，其中通过例 5 引出向量夹角的定义以及向量夹角的余弦公式。最后再配以 3 道练习题对所学知识进行巩固提升。

教材的这种编写方式让知识的形成过程自然、水到渠成，促使学生把新知和旧知有效地结合起来学习，培养学生的逻辑推理能力。

由此可见，该教学内容的教学任务主要有两个：一是探究坐标表示下两向量的数量积、模、夹角公式；二是运用举例。

3. 基于数学学科核心素养的教学设计

任务一：讨论探究

【情境与问题1】

教材探究，已知两个非零向量 $a = (x_1, y_1)$，$b = (x_2, y_2)$，怎样用 a，b 的坐标表示 $a \cdot b$ 呢？

【数学学科核心素养分析】

在前面学习了平面向量的坐标表示以及向量数量积的运算之后，如果学生能根据前面所学内容，通过小组讨论，探究出向量数量积的坐标表示，在"知识与技能"方面，我们认为学生能够结合已学过的知识有关联的数学命题，通过对其条件与结论的分析，探索论证思路，所以我们可以认为学生达到了逻辑推理的数学学科核心素养的水平二。如果学生能根据向量的数量积，联系到向量模、夹角的坐标运算并加以论证，说明在"情境与问题"方面能够在综合的情境中，用数学的眼光找到合适的研究对象，提出有意义的数学问题。所以我们可以认为学生达到了逻辑推理的数学学科核心素养的水平三。

任务二：运用举例

【情境与问题2】

教材例5，已知 $A(1, 2)$，$B(2, 3)$，$C(-2, 5)$，试判断 $\triangle ABC$ 的形状，并给出证明。

【数学学科核心素养分析】

如果学生不仅能解决问题，并能描述出其几何意义，这就说明学生在"情境与问题"方面能够在关联的情境中想象并构建相应的几何图形；在"知识与技能"方面能够结合图形性质探索数学规律；在"思维与表达"方面能够形成数形结合的思想，体会几何直观的作用和意义。所以我们可以认为学生达到了直观想象的数学学科核心素养的水平二。

【情境与问题3】

教材例6，设 $a = (5, 7)$，$b = (-6, -4)$，求 $a \cdot b$ 及 a，b 间的夹角 θ（精确到1°）。

【数学学科核心素养分析】

如果学生能准确运算出答案，那就说明学生在"情境与问题"方面能够在熟悉的环境中了解运算对象，提出运算问题；在"知识与技能"方面了解运算法则及其适用范围，正确进行运算。所以我们可以认为学生达到了数学运算的数学学科核心素养的水平一。

（杨　昉）

第七章 复数

课题一 复数代数形式的加减运算及其几何意义

"复数代数形式的加减运算及其几何意义"是人教 A 版数学选修 2 - 2 第三章数系的扩充与复数的引入 3.2 复数代数形式的四则运算的第一个教学内容，主要是复数的加减运算。

复数是一类重要的运算对象，主要是为了解决一些方程在实数系中无解的问题，其在大学数学的研究中也有广泛的应用。在高中数学中，复数的引入是数系的又一次扩充，让学生对数的概念有一个初步的、完整的认识，为进一步的学习打下基础。

1. 内容标准与数学学科核心素养解析

【内容标准教学要求】

掌握复数表示式的加减运算，了解复数加减运算的几何意义。

【数学学科核心素养解析】

复数代数形式的加减运算及其几何意义主要是为了帮助学生求解在实数系下无解的方程，所以关于复数代数形式的加减运算及其几何意义的教学主要是发展学生数学运算的数学学科核心素养。下面我们将从数学运算的"情境与问题""知识与技能""思维与表达"和"交流与反思"四个方面予以简要分析。

第一，情境与问题。首先要求学生通过实例，联想到数系扩充后，在实数系中规定的加减运算在复数系中是否也适用，明确不同数系扩充后运算的一致性，从而自然给出复数代数形式的加减运算的法则，并明确运算方向。所以复数代数形式的加减运算及其几何意义的教学在"情境与问题"方面应达到数学运算的数学学科核心素养的水平三。

第二，知识与技能。掌握复数的加减运算并能正确解决问题，即要求学生能够在熟悉的教学情境中，根据问题的特征形成合适的运算思路并解决问题。所以复数代数形式的加减运算及其几何意义的教学在"知识与技能"方面应达到数学运算的数学学科核心素养的水平一。

第三，思维与表达。能够在复数的运算过程中，体会运算法则的意义和作用。所以复数代数形式的加减运算及其几何意义的教学在"思维与表达"方面应达到数学运算的数学学科核心素养的水平一。

第四，交流与反思。要求学生能够借助运算，探讨数系扩充的过程和运算的一致性。所以复数代数形式的加减运算及其几何意义的教学在"交流与反思"方面应达到数学运算的数学学科核心素养的水平二。

2. 教材教学内容分析

【教材教学内容结构分析】

复数的引入是为了解决$x^2+1=0$这样的方程在实数系中无解的问题，而数系的每一次扩充都是与实际需求紧密相关的。

第一阶段（小学）：主要从整数的加减运算到有理数的加减运算。

第二阶段（初中）：为了解决$x^2-2=0$这样的方程在有理数中无解以及正方形对角线度量等问题，我们把有理数扩充到了实数，学习了实数的加减运算。

第三阶段（高中）：教材在小学和初中的基础上为了解决$x^2+1=0$这样的方程在实数系中无解的问题，我们把实数扩充到了复数，学习复数的加减运算。

教材从小学到初中知识上的层层铺垫，对于学生在高中阶段理解和掌握复数四则运算的内容是很有好处的。

高中教材关于复数代数形式的加减运算及其几何意义这部分内容主要包括如下三部分。

第一部分：教材规定复数加法法则，探究复数加法是否满足交换律和结合律，并讨论复数加法的几何意义。

第二部分：教材类比实数集中的减法，规定复数减法是加法的逆运算，并探究减法的几何意义。

第三部分：用一道巩固复数加减运算的题目，让学生看到复数代数形式的加减运算与多项式的加减运算是类似的。

【教材教学内容编写方式分析】

教材在编写该部分内容时：

（1）首先规定了复数的加法法则，同时满足交换律和结合律，然后明确这个规定的合理性：①当$b=0$，$d=0$时，与实数加法法则一致；②实数加法的交换律、结合律在复数集C中仍然成立。

（2）紧接着探究复数加法的几何意义，就是复数的加法可以按照向量的加法来进行，让学生对复数加法与向量加法是怎样联系起来并得到统一的过程做探究。

（3）教材类比实数的减法规定复数的减法是加法的逆运算，即用加法定义两个复数的差，然后依据复数的加法、复数相等的条件就可以得到复数减法的法则。

（4）教材以一道复数加减混合运算的例题巩固学生对所学知识的理解和运用。

教材的这种编写方式充分考虑了初高中知识之间的联系，希望教师在教学复数代数形式的加减运算及其几何意义时，从学生已有实数运算的经验出发，通过类比讨论，掌握复数代数形式的加减运算并了解其几何意义，从而发展学生的数学运算和数学推理的数学学科核心素养。

由此可见，该教学内容的教学任务主要有三个：一是规定复数加法运算法则，二是推理探究其几何意义，三是通过实例巩固知识提升能力。

3. 基于数学学科核心素养的教学设计

任务一：规定法则

【情境与问题1】

证明复数的加法交换律和结合律。

【数学学科核心素养分析】

该情境与问题的解决思路和方法主要是依据数学运算的一致性，让学生体会在数系扩充过后运算法则的延续，即复数系中仍然满足交换律和结合律。如果学生能类比分析出复数运算也满足交换律和结合律，并能进行简单的证明，则说明学生在"知识与技能"方面能够在熟悉的数学情境中根据问题的特征形成合适的运算思路；在"思维与表达"方面能够理解运算是一种演绎推理。所以我们就可认为学生达到了数学运算的数学学科核心素养的水平二。

任务二：推理探究

【情境与问题2】

复数加法的几何意义。

【数学学科核心素养分析】

复数与复平面内的向量有一一对应的关系，我们谈论过向量加法的几何意义，你能由此出发讨论复数加法的几何意义吗？

若学生能探究出复数加法可以按照向量加法来进行，并能作出图形，解决简单问题，我们则认为学生在"情境与问题"方面能够在关联情境中通过类比发现并提出数学问题；在"知识与技能"方面能够结合已学过的知识有关联的数学命题，通过对其条件结论的分析，探索论证思路。所以我们就可认为学生达到了逻辑推理的数学学科核心素养的水平二。

【情境与问题3】

复数是否有减法？如果有，如何理解复数的减法？指出复数减法的几何意义。

【数学学科核心素养分析】

学习复数的减法，学生首先类比实数的减法，规定复数的减法是加法的逆运算，即用加法定义两个复数的差，然后只要依据复数的加法、复数相等的条件就可以得到复数减法的法则。若学生能理解并说出这里使用的实际上是待定系数法，总结出它是确定复数的一个一般方法，并指出复数减法的几何意义就是按照向量的减法来进行，我们则认为学生在"情境与问题"方面能够在关联的情境中确定运算对象；在"知识与技能"方面能够对运算问题，构造运算程序，解决问题；在"思维与表达"方面能够理解运算是一种演绎推理；在"交流与反思"方面能够用程序思想理解和解释问题。所以我们就可认为学生达到了数学运算的数学学科核心素养的水平三。

任务三：巩固提升

【情境与问题4】

例：计算 $(5-6i) + (-2-i) - (3+4i)$。

【数学学科核心素养分析】

本题是一道巩固复数加减法运算法则的题目，且是一道加减混合运算题，若学生能总结出复数代数形式的加减法形式上与多项式的加减法是类似的，则认为学生在"知识与技能"方面能够在了解运算法则及其适用范围基础上，正确进行运算，所以我们就可认为学生达到了数学运算的数学学科核心素养的水平一。

（杨　昉）

课题二 复数代数形式的乘除运算

"复数代数形式的乘除运算"是人教 A 版数学选修 2－2 第三章数系的扩充与复数的引入 3.2 复数代数形式的四则运算的第二个教学内容,主要是复数的乘除运算。

引入复数后,自然会探究其运算法则,前面已学习了复数代数形式的加减运算,本节主要定义复数代数形式的乘除运算,并与实数的运算法则和多项式的运算法则进行对比学习。

1. 内容标准与数学学科核心素养解析

【内容标准教学要求】

掌握复数表示式的乘除运算。

【数学学科核心素养解析】

复数代数形式的乘除运算主要是为了让学生掌握复数系下的乘除运算法则,所以关于复数代数形式的乘除运算的教学主要是发展学生数学运算的数学学科核心素养。下面我们将从数学抽象的"情境与问题""知识与技能""思维与表达"和"交流与反思"四个方面予以简要分析。

第一,情境与问题。首先规定在复数系下复数的乘除法则,类比实数系下的乘除法则和多项式的乘除法则,明确在数系扩充后运算的一致性,从而理解复数的乘除运算法则的合理性。我们认为学生能在关联的情境中确定运算对象,提出运算问题,所以复数代数形式的乘除运算的教学在"情境与问题"方面应达到数学抽象的数学学科核心素养的水平二。

第二,知识与技能。掌握复数的乘除运算并能正确解决问题。要求学生能够在熟悉的教学情境中,根据问题的特征形成合适的运算思路并解决问题。所以复数代数形式的乘除运算的教学在"知识与技能"方面应达到数学抽象的数学学科核心素养的水平一。

第三,思维与表达。能够在复数的乘除运算过程中,类比多项式的运算,体会运算法则的合理性和一致性。所以复数代数形式的乘除运算的教学在"思维与表达"方面应达到数学抽象的数学学科核心素养的水平一。

第四,交流与反思。要求学生能够借助运算,探讨数系扩充后运算法则的意义和作用。所以复数代数形式的乘除运算的教学在"交流与反思"方面应达到数学抽象的数学学科核心素养的水平二。

2. 教材教学内容分析

【教材教学内容结构分析】

我们在学习复数的乘除运算法则时，教材已做了如下铺垫。

第一阶段（小学）：主要从整数的乘除运算法则到有理数的乘除运算法则。

第二阶段（初中）：我们把有理数扩充到了实数，学习了实数的乘除运算法则。

第三阶段（高中）：教材在小学和初中的基础上学习了多项式的乘法和除法，类比多项式的运算法则学习复数的乘除运算法则。

教材让学生在学习中经历数系扩充的过程，对于学生理解和掌握复数的内容是很有好处的。

高中教材关于复数代数形式的乘除运算这部分内容主要包括如下四个部分：一是教材规定复数代数形式的乘法法则，探究复数代数形式的乘法法则是否满足交换律、结合律及乘法对加法的分配律。二是通过例2、例3熟悉复数的乘法法则，让学生知道在实数系中的乘法公式在复数系中也是成立的，运用乘法公式可以简化运算过程。同时了解共轭复数的一些性质，为学习复数的除法做准备。三是类比实数的除法，联系复数减法法则的引入过程，探究复数除法的法则。四是复数除法的计算题，目的是让学生熟悉复数除法的操作。

【教材教学内容编写方式分析】

教材在编写该内容时，首先规定复数代数形式的乘法法则，它与复数加减法一样，可按与多项式相乘类似的办法进行，探究并证明复数代数形式的乘法运算是否满足交换律、结合律及乘法对加法的分配律。其次利用例2、例3熟悉复数的乘法法则，接着引入共轭复数的概念，为学习复数的除法做准备。接着教材类比实数的除法，探究复数除法的法则。最后例4是复数除法的计算题，目的是让学生熟悉复数除法的运算。

由此可见，该教学内容的教学任务主要有四个：一是规定乘法运算法则，二是通过实例巩固乘法法则运用，三是类比猜想得到除法法则，四是通过实例巩固除法法则运用。

3. 基于数学学科核心素养的教学设计

任务一：规定法则

【情境与问题1】

探究复数的乘法是否满足交换律、结合律以及乘法对加法的分配律。

101

【数学学科核心素养分析】

通过对数学运算律的探究，让学生体会在数系扩充过后运算法则的延续，即复数的乘法法则仍然满足交换律和结合律及乘法对加法的分配律。如果学生能类比分析出复数运算也满足交换律和结合律及乘法对加法的分配律，并能进行简单的证明，则说明学生在"情境与问题"方面能够在综合的情境中把问题转化为运算问题，确定运算对象和运算法则，明确运算方向，并通过运算对定理予以证明。所以我们就可认为学生达到了数学运算的数学学科核心素养的水平三。

任务二：实例运用、夯实基础

【情境与问题2】

例1：计算 $(1-2i)(3+4i)(-2+i)$。

例2：计算 (1) $(3+4i)(3-4i)$；(2) $(1+i)^2$。

【数学学科核心素养分析】

例1、例2的主要目的是熟悉复数乘法的法则，为引出共轭复数的概念提供实例支持，并通过计算和思考，了解共轭复数的一些性质，为复数的除法做准备。若学生能探究出实数系中的乘法公式在复数系中也是成立的，运用乘法公式可以简化运算过程，我们则认为学生在"知识与技能"方面能够结合已学过的知识有关联的数学命题，通过对其条件结论的分析，探索论证思路。所以我们就可认为学生达到了逻辑推理的数学学科核心素养的水平二。

任务三：类比猜想，探究除法

【情境与问题3】

教材类比实数的除法，联系复数减法法则的引入过程，探究复数除法的法则。

【数学学科核心素养分析】

教材规定复数的除法是乘法的逆运算，联系复数减法法则的引入过程，探究复数除法法则。若学生能在进行复数运算时，类比根式的除法，即先把两个复数相除写成分数形式，然后把分子与分母都乘分母的共轭复数，使分母"实数化"，最后再化简，我们则认为学生在"知识与技能"方面能够针对运算问题，构造运算程序，以解决问题。所以我们就可认为学生达到了数学运算的数学学科核心素养的水平三。

任务四：实例运用、夯实基础

【情境与问题4】

例：计算 $(1+2i) \div (3-4i)$。

【数学学科核心素养分析】

本题是一道复数除法计算题，目的是让学生熟悉操作上述除法的简便过程，若学生能正确运算出结果，则认为学生在"情境与问题"方面能够在熟悉的情境中了解运算对象，提出运算问题；在"知识与技能"方面能够了解运算法则及其适用范围，正确进行运算。所以我们就可认为学生达到了数学运算的数学学科核心素养的水平一。

（杨　昉）

第八章 立体几何初步

课题一 直线与平面平行的判定

"直线与平面平行的判定"是人教 A 版数学必修 2 第二章点、直线、平面之间的位置关系 2.2 直线与平面平行的判定及其性质的第一个教学内容,主要包括直线与平面平行的判定定理的探究及初步应用。

直线与平面平行的判定定理是学生学习的一个难点。它既是学生进一步理解和掌握用数学语言判定直线与平面平行的前提,又是学生学习直线与平面平行的性质定理及平面与平面平行的判定定理的基础。

1. 内容标准与数学学科核心素养解析

【内容标准教学要求】

以直线与平面平行的定义为基础,借助直线与平面平行无交点的直观图形语言,逐步发现、探索、刻画出直线与平面平行的数学符号语言。

【数学学科核心素养解析】

我们知道,学生在之前的学习中已经知道了直线与平面平行的定义,可以直观地感受直线与平面平行无交点的直观图形语言。本节课需要逐步发现、探索,最后刻画出直线与平面平行判定的数学符号语言,这是一个从直观到抽象的过程。因此,直线与平面平行判定的教学主要是发展学生的直观想象、数学抽象和逻辑推理的数学学科核心素养。下面我们将从直观想象和逻辑推理的"情境与问题""知识与技能""思维与表达"和"交流与反思"四个方面予以简要分析。

（1）直观想象

第一,情境与问题。学生能够通过观察封面 AB 所在直线与桌面所在平面是平行关系等直观情景,发现图形与图形的关系,探索图形的运行规律。所以直线与平面平行的判定的教学在"情境与问题"方面应达到直观想象的数学学科核心素养的水平二。

第二,知识与技能。学生能够掌握研究图形与图形之间关系的基本方法,借助图形性质探究数学规律，从而解决数学问题。所以直线与平面平行的判定的教学在"知识与技能"方面应达到直观想象的数学学科核心素养的水平二。

第三，思维与表达。学生能够在脑海中形成一定的画面，从而直观认识数学问题并能用数学语言描述问题或对问题进行直观表达，进而形成直线与平面平行判定的符号语言。所以直线与平面平行的判定的教学在"思维与表达"方面应达到直观想象的数学学科核心素养的水平三。

第四，交流与反思。学生能直观感受的同时，还能不断反思与逻辑推理，能够体会几何直观的作用和意义，能够在交流过程中利用直观想象的数学学科核心素养探讨数学问题。所以直线与平面平行的判定的教学在"交流与反思"方面应达到直观想象的数学学科核心素养的水平二。

（2）逻辑推理

第一，情境与问题。学生能够在关联的情境中发现并提出数学问题，用数学语言予以表达。所以直线与平面平行的判定的教学在"情境与问题"方面应达到逻辑推理的数学学科核心素养的水平二。

第二，知识与技能。学生能对较复杂的数学问题，通过构建过渡性假设命题，探索论证的途径，从而解决问题。所以直线与平面平行的判定的教学在"知识与技能"方面应达到逻辑推理的数学学科核心素养的水平二。

第三，思维与表达。学生能够解释直线与平面平行的本质，能够用恰当的例子解释抽象的数学概念，能够理解数学命题的条件与结论。所以直线与平面平行的判定的教学在"思维与表达"方面应达到逻辑推理的数学学科核心素养的水平二。

第四，交流与反思。学生能够在交流过程中，明确所研究的直线与平面平行的内涵，有条有理地表达观点。所以直线与平面平行的判定的教学在"交流与反思"方面应达到逻辑推理的数学学科核心素养的水平一。

2. 教材教学内容分析

【教材教学内容结构分析】

教材内容大致分为四部分：第一部分，回顾直线与平面平行的定义，启发证明的切入点；第二部分，联系生活实际情境，初步感知直线与平面平行的判定路径；第三部分，探寻直线与平面平行判定定理的文字内容及数学符号语言的逻辑推理；第四部分，直线与平面平行判定定理的初步运用。所以，教材内容的结构为：回顾—感知—探究—运用。

【教材教学内容编写方式分析】

教材首先指出在直线与平面的位置关系中，平行是一种非常重要的关系，其意图是除了让学生明白本节在知识内容上的重要性，还希望教师在本节课的教法上注意渗透分析和解决问题的思路与方法，为后面研究直线与平面的其他位置关系的判定打下基础。其次通过回顾直线与平面平行的定义，引导学生发现判定直线与平面是否平行，只需要判定直线与平面是否有公共点即可。其意图是引导学生找到判定直线与平面平行的切入口。随后创设翻开硬皮封面的情境，问学生封面边缘 AB 所在直线与桌面所在平面是否平行，其意图是让每个学生都可以很快进行现场操作，也便于学生在观察中直观感受直线与平面平行的条件，为后面探究直线与平面平行做准备。然后给出图 2.2 – 2 和图 2.2 – 3（教材），问学生直线 a 与平面 α 平行吗？其意图是希望学生能通过对图像的观察，形成初步判断，并能借助已有知识做出论证及反思，对自己的初步判断进行再判断，进而培养学生的空间想象能力和思维完整性。再次通过探究形成直线与平面平行的判定定理，并给出该判定的数学符号语言。其意图是希望教师在教学时，能引导学生去证明该判定定理以及能让学生发现该判定定理从本质上是把直线与平面平行的判定转化成了证明直线与直线的平行，即只需要在该平面内找出一条直线与已知直线平行，就可判断已知直线与该平面平行。这种转化是把空间问题转化成平面问题，这种转化与化归思想为学生学习直线与平面平行的性质定理及平面与平面平行的判定定理打下坚实的基础。最后教材给出一个例题，其意图是让学生通过初步运用所学的定理，进一步加深对定理的理解，同时也增加学生的成功体验，激发学习兴趣。

教材这样编写的意图是在本节教学内容比较抽象的背景下，希望教师教学时注重从实际出发创设情境，增加学生体验、直观感知和空间想象，加强培养学生逻辑推理的严密性，并使学生学会定理的初步运用。

3. 基于数学学科核心素养的教学设计

任务一：回顾直线与平面的位置关系

【情境与问题1】

请回答如下问题：①直线与平面有哪些位置关系？②直线与平面的这些位置关系是怎么定义的？

【数学学科核心素养分析】

如果学生能得出直线与平面的位置关系有直线在平面内，直线与平面相交、平行，并说明理由，则在"思维与表达"方面，学生能在脑海中形成一定的画面与直观认识，并能用语言描述数学问题。所以我们可以认为学生达到了直观想象的数学学科核心素养的水平一。

任务二：探究直线与平面平行的判定方法

【情境与问题2】

如何理解直线与平面没有交点？

【数学学科核心素养分析】

如果学生能根据直线与平面的几何特征来回答该问题，并能通过阅读教材进行解释，在"思维与表达"方面学生能借助直线无限延长、平面无限延展的直观想象的数学学科核心素养来认识数学问题，并能用语言描述问题。所以我们可以认为学生达到了直观想象的数学学科核心素养的水平二。

任务三：探究直线与平面平行的本质特征

【情境与问题3】

左图中的直线 a 与平面 α 平行吗？右图中，若平面内有直线 b 与直线 a 平行，那么直线 a 与平面 α 的位置关系如何？是否可以保证直线 a 与平面 α 平行？

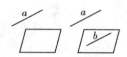

【数学学科核心素养分析】

对于左图，如果学生能够依据直线可以无限延长，平面可以无限延展来说明不能保证直线 a 与平面平行；对于右图，如果学生能说明直线 a 可能与平面平行，直线 a 也有可能在平面内，这就说明学生能在直观感受的同时，还能不断地进行反思与逻辑推理。所以我们可以认为学生达到了直观想象的数学学科核心素养的水平二。

任务四：形成直线与平面平行的判定定理

【情境与问题4】

你认为在图2（教材）的基础上，再增加什么限制条件就可以确保直线 a 与平面 α 平行？

【数学学科核心素养分析】

如果学生能给出增加直线 a 在平面 α 外，就能确保直线 a 与平面 α 不相交，从而保证直线 a 与平面 α 平行，由此给出直线与平面平行的判定定理，则在"情境与问题"方面，学生能够在关联的情境中发现并提出数学问题。所以我们可以认为学生达到了逻辑推理的数学学科核心素养的水平二。

任务五：知识运用

【情境与问题 5】

完成教材 P. 55 例 1。

求证：空间四边形相邻两边中点的连线平行于经过另外两边所在的平面。

【数学学科核心素养分析】

学生如果能根据题意画出图形，并比较规范地证明该问题，则在"知识与技能"方面，学生能够选择合适的论证方法予以证明，并能用准确的数学语言表述证明过程。所以我们可以认为学生达到了逻辑推理的数学学科核心素养的水平二。

（刘　建）

课题二　直线与平面平行的性质

"直线与平面平行的性质"是人教 A 版数学必修 2 第二章点、直线、平面之间的位置关系 2.2 直线、平面平行的判定及其性质中的第三个教学内容，主要包括直线与平面平行的性质定理的探究及初步应用。

本节虽然是学生学习直线、平面平行的性质的第一个内容，但随着前两节内容的学习，学生已经对直线、平面的位置模型有了不错的空间想象能力，对直线与平面平行的性质定理的学习有积极作用。

1. 内容标准与数学学科核心素养解析

【内容标准教学要求】

通过丰富的实物，进一步体会和感知直线与平面平行的位置关系模型，在此基础上学习和探寻用数学符号语言来刻画直线与平面平行的性质。

【数学学科核心素养解析】

我们知道，学生在初中数学学习过程中已经学习过一些平面上有关平行的性质，加之对前面内容的学习，学生已构建起空间中直线、平面的位置模型。直线与平面平行的性质定理是基于直线、平面平行位置关系下的一个数学命题。因此，在高中数学中直线与平面平行性质的教学主要是发展学生的直观想象和逻辑推理的数学学科核心素养。下面我们将从直观想象和逻辑推理的"情境与问题""知识与技能""思维与表达"和"交流与反思"四个方面予以简要分析。

（1）直观想象

第一，情境与问题。学生能够借助教室模型，过已知直线构造平面与已知平面产生交线，通过直观想象的数学学科核心素养发现已知直线与交线的平行关系。所以直线与平面平行的性质的教学在"情境与问题"方面应达到直观想象的数学学科核心素养的水平二。

第二，知识与技能。学生能够借助直线间平行或异面关系，发现图像上直线间的数学规律：已知直线与任意一条交线平行。所以直线与平面平行的性质的教学在"知识与技能"方面应达到直观想象的数学学科核心素养的水平一。

第三，思维与表达。学生能够用自然语言准确表达已知直线与交线之间的位置关系。所以直线与平面平行的性质的教学在"思维与表达"方面应达到直观想象的数学学科核心素养的水平三。

第四，交流与反思。要求学生既能在具体的例子中运用直线与平面平行的性质定理判断直线的平行关系，又能通过直线与平面平行的性质定理构造平行直线。所以直线与平面平行的性质的教学在"交流与反思"方面应达到直观想象的数学学科核心素养的水平二。

（2）逻辑推理

第一，情境与问题。学生能够在关联的实物模型情境中，发现并提出数学问题，用数学语言予以表达。所以直线与平面平行的性质的教学在"情境与问题"方面应达到逻辑推理的数学学科核心素养的水平二。

第二，知识与技能。学生能对较复杂的数学问题，通过构建过渡性假设命题，探索论证的途径，解决问题，并会用严谨的数学语言论证相关例题，掌握知识结论的初步应用。所以直线与平面平行的性质的教学在"知识与技能"方面应达到逻辑推理的数学学科核心素养的水平二。

第三，思维与表达。学生能够理解直线与平面平行性质的生成过程，并且能够用恰当的例子解释抽象的数学概念，理解数学命题的条件与结论。所以直线与平面平行的性质的教学在"思维与表达"方面应达到逻辑推理的数学学科核心素养的水平二。

第四，交流与反思。学生能够明确所研究的直线与平面平行的性质内涵，有条理地表达观点。所以直线与平面平行的性质的教学在"交流与反思"方面应达到逻辑推理的数学学科核心素养的水平一。

2. 教材教学内容分析

【教材教学内容结构分析】

教材内容大致分为三部分：第一部分，提出思考引发学生探索直线与平面平行的性质的兴趣和切入点；第二部分，对已知直线与平面内直线的位置关系的分析推理，探索研究得出直线与平面平行的性质；第三部分，直线与平面平行的性质定理的初步运用。

【教材教学内容编写方式分析】

教材首先提出两个问题引发学生思考：①如果一条直线与一个平面平行，那么这条直线与这个平面内的直线有哪些位置关系？②教室内日光灯管所在直线与地面平行，如何在地面上作一条直线与灯管所在的直线平行。第一个问题的意图是直接引导学生从研究已知直线与平行平面内直线的位置关系出发。第二个问题的意图是为性质定理中已知平面内目标直线的生成创设情境。其次通过分析，发现已知直线与平面内的直线只有异面或者平行的可能，再借助过已知直线作一个平面与已知平面相交，生成直线，排除异面的可能性，从而得出这两条直线平行的结论，进而提炼出直线与平面平行的性质定理。最后教材给出两个例题，其意图是让学生通过两个例题反复体会定理中通过已知直线作平面与已知平面相交生成目标直线，以进一步加深对直线与平面平行的性质定理的条件创设的理解。

教材这样编写的意图是在本节教学内容比较抽象的背景下，希望教师教学时注重从学生已有的知识经验出发，以问题链的方式创设问题情境，增加学生的直观感知和空间想象，加强培养学生逻辑推理的严密性。

3. 基于数学学科核心素养的教学设计

任务一：提出课题

【情境与问题1】

完成教材 P.58 的思考题。

【数学学科核心素养分析】

如果学生能给出如下回答：

第一，由直线与平面平行的定义可知，这条直线与平面没有公共点，则该直线与平面内的所有直线都没有公共点，所以这条直线与平面内的直线不可能相交。故这条直线与平面既可能是平行，也可能是异面的位置关系，则在"思维与表达"方面，学生能直观认识数学问题并能用语言进行问题描述。所以我们可以认为学生达到了直观想象和逻辑推理的数学学科核心素养的水平二。

第二，如果学生能借助教室模型，天花板墙角线与地面对应墙角线平行，或者投影仪的升降等直观抽象出过灯管所在直线作一个平面与地面所在平面相交，交线即为所需要的线，则我们认为在"知识与技能"与"交流与反思"方面学生能够借助图形，通过直观想象的数学学科核心素养探究数学问题。所以我们可以认为学生达到了直观想象的数学学科核心素养的水平二。

任务二：探究直线与平面平行的性质

【情境与问题2】

（1）过已知直线作一个平面与已知平面相交，其交线与已知直线平行吗？（见右图）

（2）如果平行，如何证明你的判断？

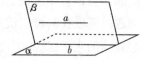

【数学学科核心素养分析】

如果学生能顺利地完成探究及证明过程，则说明在"知识与技能"方面，学生对较复杂的数学问题能够通过构建过渡性假设命题，探索论证的途径，解决问题，并会用严谨的数学语言表达论证过程。所以我们可以认为学生达到了逻辑推理的数学学科核心素养的水平三。

任务三：形成直线与平面平行的性质定理

【情境与问题3】

思考下列两个问题：

（1）你能通过上述的探究形成直线与平面平行的性质定理吗？

（2）你能用数学符号语言描述直线与平面平行的性质定理吗？

【数学学科核心素养分析】

学生能够用自然语言和符号语言准确表达已知直线与交线之间的位置规律："如果一条直线与一个平面平行，那么过这条直线的任一平面与此平面的交线与该直线平行。"所以直线与平面平行的性质的教学在"思维与表达"方面应达到直观想象的数学学科核心素养的水平三。

任务四：知识运用

【情境与问题4】

完成教材 P.59 例3 和例4。

【数学学科核心素养分析】

如果学生能正确分析并说明理由，则说明在"知识与技能"方面，学生能够选择合适的论证方法予以证明，并能用准确的数学语言表述证明过程。所以我们可以认为学生达到了逻辑推理的数学学科核心素养的水平二。

【情境与问题5】

已知平面外的两条平行直线中的一条平行于这个平面，求证：另外一条也平行于这个平面。

【数学学科核心素养分析】

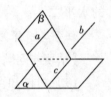

如果学生能根据已知条件准确地画出空间图形（见右图），并能借助本节所学的直线与平面平行的性质先得到线线平行，再利用线线平行证明线面平行，则说明在"知识与技能"方面，学生能够灵活运用所学知识解决简单的综合性问题。所以我们可以认为学生达到了逻辑推理的数学学科核心素养的水平二。

（刘　建）

课题三　直线与平面垂直的判定

"直线与平面垂直的判定"是人教 A 版数学必修 2 第二章点、直线、平面之间的位置关系 2.3 直线、平面垂直的判定及其性质中的第一个教学内容，主要包括直线与平面垂直的判定的探究及其应用。

直线与平面垂直是直线与平面相交中的一种特殊情况，是空间垂直关系的重要组成部分。所以直线与平面垂直的判定定理是 2.3 直线、平面垂直的判定及其性质的关键，也是一个难点。

1. 内容标准与数学学科核心素养解析

【内容标准教学要求】

通过丰富的实物，进一步体会和感知直线与平面垂直的位置关系模型，在此基础上学习和探寻用数学符号语言来刻画，即判定直线与平面垂直。

【数学学科核心素养解析】

通过生活实例，直观感知直线与平面垂直的位置关系，将直线与平面垂直的关系转化为直线与直线的垂直关系，进而抽象形成线面垂直的判定定理。因此，在高中数学直线与平面垂直的判定的教学主要是发展学生的直观想象、数学抽象和逻辑推理的数学学科核心素养。下面我们将从直观想象、数学抽象和逻辑推理的"情境与问题""知识与技能""思维与表达"和"交流与反思"四个方面予以简要分析。

（1）直观想象

第一，情境与问题。学生能够借助日常生活中的模型，直观认识直线与平面垂直的位置关系。所以直线与平面垂直的判定的教学在"情境与问题"方面应达到直观想象的数学学科核心素养的水平一。

第二，知识与技能。学生能通过直观观察旗杆与它在地面上的射影的位置关系，借助其性质发现变化规律：旗杆所在直线与射影所在直线垂直。所以直线与平面垂直的判定的教学在"知识与技能"方面应达到直观想象的数学学科核心素养的水平二。

第三，思维与表达。学生能够用自然语言准确表达直线与平面垂直的判定依据，同时能准确表达判定定理："如果一条直线与一个平面内的两条相交直线垂直，则该直线与此平面垂直。"所以直线与平面垂直的判定的教学在"思维与表达"方面应达到直观想象的数学学科核心素养的水平三。

第四，交流与反思。要求学生能根据具体例子中线线垂直关系，找出哪些线面之间具有垂直关系，哪些线面之间不具有垂直关系。所以直线与平面垂直的判定的教学在"交流与反思"方面应达到直观想象的数学学科核心素养的水平二。

（2）数学抽象

第一，情境与问题。学生能够根据对生活情境的感受，抽象出直线与平面垂直的概念，并且能够将已知数学命题推广到更一般的情形。所以直线与平面垂直的判定的教学在"情境与问题"方面应达到数学抽象的数学学科核心素养的水平二。

第二，知识与技能。学生能够理解直线与平面垂直判定定理条件的意义，同时还要能构建线面垂直判定与线线垂直判定的联系。所以直线与平面垂直的判定的教学在"知识与技能"方面应达到数学抽象的数学学科核心素养的水平二。

第三，思维与表达。学生能够理解用数学语言表达的直线与平面垂直判定定理的探究证明，并会用直线与平面垂直的判定定理进行相关垂直关系的推理。所以直线与平面垂直的判定的教学在"思维与表达"方面应达到数学抽象的数学学科核心素养的水平二。

第四，交流与反思。学生既要能结合具体的垂直关系事例巩固线面垂直判定定理的条件，又要能用线面垂直判定定理解释具体的垂直关系。所以直线与平面垂直的判定的教学在"交流与反思"方面应达到数学抽象的数学学科核心素养的水平二。

（3）逻辑推理

第一，情境与问题。学生能够在关联的情境中提出数学问题，把握研究对象的特征，并用准确的数学语言予以表达。所以直线与平面垂直的判定的教学在"情境与问题"方面应达到逻辑推理的数学学科核心素养的水平二。

第二，知识与技能。学生能够以直线与平面垂直的定义为理论起点，探寻并刻画直线与平面垂直，进而形成直线与平面垂直的判定定理；另外，还要求学生能理解并掌握直线与平面垂直的判定定理的初步应用。所以直线与平面垂直的判定的教学在"知识与技能"方面应达到逻辑推理的数学学科核心素养的水平二。

第三，思维与表达。学生能够理解线线垂直、线面垂直等相关概念，能够理解直线与平面垂直的本质。所以直线与平面垂直的判定的教学在"思维与表达"方面应达到逻辑推理的数学学科核心素养的水平二。

第四，交流与反思。学生能够在交流过程中始终围绕如何刻画直线与平面上所有直线垂直的位置关系的主题，且观点明确，论述有理有据。所以直线与平面垂直的判定的教学在"交流与反思"方面应达到逻辑推理的数学学科核心素养的水平二。

2. 教材教学内容分析

【教材教学内容结构分析】

教材内容大致分为四部分：第一部分，通过生活实例，让学生直观感知直线与平面垂直的位置关系，抽象出直线与平面垂直的定义；第二部分，利用三角形翻折的实际操作，探究直线与平面垂直的判定定理；第三部分，直线与平面垂直的判定定理的初步运用。所以，教材内容的结构为：直观感知—操作确认—思辨论证—度量计算。

【教材教学内容编写方式分析】

教材首先通过观察旗杆与地面的位置关系、大桥的桥柱和水面的位置关系引出课题。其意图是让学生直观感知直线与平面垂直关系可转化为直线与直线的位置关系。然后创设三角形翻折模型探究直线与平面垂直的判定依据。最后通过探究形成直线与平面垂直的判定定理。其意图是希望教师在教学时，引导学生去类比直线与平面平行的判定定理，让学生发现该判定定理从本质上是把直线与平面垂直的判定转化成证明直线与直线的垂直。最后教材给出一个例题，其意图是让学生通过熟悉的正方体模型学会初步运用所学的定理解决问题，以进一步加深对所学定理的理解，同时也增加学生的成功体验，激发其学习兴趣。

教材这样编写的意图是在本节教学内容比较抽象的背景下，希望教师教学时注重过程探究，类比直线与平面平行的判定定理，学会把线面问题转化为线线问题的降维思想，并使学生学会定理的初步运用。

3. 基于数学学科核心素养的教学设计

任务一：直线与平面垂直的定义引出课题

【情境与问题1】

观察教材 P.64 的图。回顾直线与平面垂直的定义，并思考：如果一条直线垂直于一个平面内的无数条直线，那么这条直线是否与这个平面垂直？

【数学学科核心素养分析】

学生若能回想起线面垂直的定义，并回答出直线垂直于平面内无数条直线也不能确保直线与平面垂直，因为公理4告诉我们平面中直线的平行具有传递性。学生如果还能举例加以阐述，则说明在"思维与表达"方面，学生能在脑海中形成一定的画面，并直观认识数学问题和用语言进行问题描述。所以我们可以认为学生达到了直观想象和数学抽象的数学学科核心素养的水平二。

任务二：启发源于生活

【情境与问题2】

在阳光下观察教材 P.64 直立于地面的旗杆及它在地面上随时间变化的影子，你有什么发现呢？

教师可以视实际情况追问：判定直线与平面垂直时，一定需要证明直线垂直平面内的所有直线吗？如果不是，又如何去刻画直线与平面内的所有直线垂直呢？

【数学学科核心素养分析】

学生如果能够从直观感受中获得判断，且能用实际操作来验证自己的判断，则说明在"问题与情境"方面，学生能够在熟悉的情境中直观抽象出数学概念，并能够借助图形的性质和变换发现规律。所以我们可以认为学生达到了数学抽象、直观想象的数学学科核心素养的水平二。

任务三：探寻直线与平面垂直的判定依据

【情境与问题 3】

直线要垂直于平面内多少条直线才能判断直线与平面垂直呢？对这些直线之间的位置有什么要求呢？

【数学学科核心素养分析】

如果学生能在直观感受的同时，还能不断反思和优化直线的条数和位置特征，则说明在"情境与问题""反思与交流"方面，学生能够在关联的情境中想象并构建相应的几何图形，能够在交流过程中利用直观想象的数学学科核心素养探讨数学问题。所以我们可以认为学生达到了直观想象的数学学科核心素养的水平二。

任务四：形成直线与平面垂直的判定定理

【情境与问题 4】

完成教材 P.65 的探究和思考。

【数学学科核心素养分析】

如果学生能够通过探究得出直线与平面垂直的判定定理：一条直线与一个平面内的两条相交直线都垂直，则该直线与此平面垂直，并能用准确的数学符号语言予以表达：$a \perp BD$，$a \perp CD$，$BD \subset \alpha$，$BC \subset \alpha$ 且 $BD \cap CD = D \Rightarrow AD \perp \alpha$，则说明在"情境与问题"方面，学生能够在得到的数学结论基础上形成新命题。所以我们可以认为学生达到了数学抽象的数学学科核心素养的水平三。

任务五：直线与平面垂直的判定定理的初步应用

【情境与问题 5】

例 1：一旗杆高 8m，在它的顶点处系两条长 10m 的绳子，拉紧绳子并把它们的下端固定在地面上的两点（与旗杆脚不在同一条直线上）。如果这两点与旗杆脚距 6m，那么旗杆就与地面垂直，为什么？

分析：此题可通过勾股定理判断直线间的垂直关系，再根据线面垂直的判定定理得到旗杆与地面的垂直关系。

例 2：已知 $a // b$，$a \perp \alpha$，求证 $b \perp \alpha$。

分析：要判定 $b \perp \alpha$，需判定 b 与 α 内两条相交直线垂直，由已知条件 $a // b$，$a \perp \alpha$ 可得出 b 与 α 内两条相交直线垂直，再由平行线的性质即可证明结论。

【数学学科核心素养分析】

学生如果能正确分析并比较规范地证明例 1、例 2，则说明在"知识与技能"方面，学生能够抓住判定直线与平面垂直的条件，并能用准确的数学语言表述证明过程。所以我们可以认为学生达到了逻辑推理的数学学科核心素养的水平二。

【情境与问题 6】

完成教材 P. 66 的探究。

你能回答探究中的问题吗？理由是什么？

学生视角：这个很容易，只需要满足底面四边形 $ABCD$ 的对角线互相垂直，即 $AC \perp BD$。

理由如下：

由题易知，$BD \perp AA'$，如果还能有条件 $AC \perp BD$，由于 $AC \cap AA' = A$，则根据今天学习的直线与平面垂直的判定定理可知，$BD \perp$ 平面 $AA'C'C$，又因为 $BD // B'D'$，所以 $B'D' \perp$ 平面 $AA'C'C$，故有 $A'C \perp B'D'$。

【数学学科核心素养分析】

学生如果能正确分析并比较规范地加以论述，则说明在"知识与技能"方面，学生能够灵活运用已学知识和数学语言准确表述证明过程。所以我们可以认为学生达到了逻辑推理的数学学科核心素养的水平二。

（刘　建）

课题四　直线与平面垂直的性质

"直线与平面垂直的性质"是人教 A 版数学必修 2 第二章点、直线、平面之间的位置关系 2.3 直线、平面垂直的判定及其性质中的第三个教学内容，主要包括直线与平面垂直的性质及其应用。

本节课是在学习了直线、平面的位置关系及相关定理后进行的，是对前面学习内容的延续与深入，也是空间中线线垂直、面面垂直关系的一个交汇点。空间中直线与平面垂直的性质定理不仅将线面关系转化为线线关系，而且将垂直关系转化为平行关系，在教材中起着连接线线垂直和面面垂直以及衔接平面几何和立体几何的重要作用。

1. 内容标准与数学学科核心素养解析

【内容标准教学要求】

从空间点、直线、平面的位置关系的定义和基本事实出发，借助长方体，通过直观感知，了解空间中直线与平面平行的关系，归纳出直线与平面垂直的性质定理，并加以证明。

【数学学科核心素养解析】

学生已经完整地学过直线、平面平行的判定及其性质，并了解到研究一种几何位置关系的"基本套路"：先判定，再性质。因此，在明确"什么是图形的位置关系的性质"的基础上，通过类比直线与平面"平行关系"的性质，从整体上提出"垂直关系的性质"的猜想。教材选择"垂直于同一个平面的两条直线平行"等典型猜想并给出证明，要求体现研究几何问题的"基本套路"，提升直观想象、数学抽象的数学学科核心素养。特别是数学抽象的数学学科核心素养，这里要求舍去事物的一切物理属性，得到数学研究对象的思维过程，在图形与图形的关系中抽象出数学概念及概念之间的关系。下面我们就数学抽象的"情境与问题""知识与技能""思维与表达"和"交流与反思"四个方面予以简要分析。

第一，情境与问题。学生已经研究过直线与平面垂直的判定，按照前面所说的"基本套路"，接下来研究的自然是性质，那具体要研究什么？以"直线与平面垂直"为条件能推出什么结论？学生在此时能够模仿得到平行关系性质的方法，解决垂直关系的性质问题。所以直线与平面垂直的性质的教学在"情境与问题"方面应达到数学抽象的数学学科核心素养的水平一。

第二，知识与技能。学生能够类比直线与平面平行的性质的研究思路和方法，理解和构建相关数学知识之间的联系。所以直线与平面垂直的性质的教学在"知识与技能"方面应达到数学抽象的数学学科核心素养的水平二。

第三，思维与表达。学生能够用数学语言表达直线和平面垂直到直线和直线平行的转变过程，并会用符号语言进行简单的推理和论证。所以直线与平面垂直的性质的教学在"思维与表达"方面应达到数学抽象的数学学科核心素养的水平二。

第四，交流与反思。在得到直线与平面垂直的性质的过程中，学生先独立思考、探究，得出结果后再相互交流、讨论，能够用平行、垂直的概念解释具体的图形例子。所以直线与平面垂直的性质的教学在"交流与反思"方面应达到数学抽象的数学学科核心素养的水平二。

2. 教材教学内容分析

【教材教学内容结构分析】

直线与平面垂直的性质以及下一节平面与平面垂直的性质，是在学生掌握了线面垂直、面面垂直的判定之后紧接着研究的性质。之前线面平行、面面平行性质定理的研究过程，为本节课提供了研究方法上的范式。

教材内容大致分为四部分：第一部分，思考题——用两幅图让学生直观感受两直线之间的位置关系，判断垂直于同一平面的两直线是否平行；第二部分，验证过程——用反证法证明第一部分关于直线与平面垂直的性质定理的猜想的正确性；第三部分，给出定理——揭示直线与平面垂直的性质定理联系"平行"和"垂直"的作用；第四部分，探究——归纳两个不同的平面内直线平行的条件。

所以，教材内容的结构为：猜想垂直于同一平面的两直线平行—用反证法验证猜想的正确性—给出定理并阐述其内涵—归纳直线平行的条件。

【教材教学内容编写方式分析】

教材首先给出两幅立体图形图像，意图是希望教师在教学时引导学生观察长方体模型中垂直于某一个面的四条棱之间的位置关系，然后再进一步提出问题：已知直线 a、b 和平面 α，如果 $a \perp \alpha$，$b \perp \alpha$，那么直线 a、b 一定平行吗？教材希望学生能在第一个图观察长方体模型的基础上，自然感受到第二个图的正确性，当然这也只是感受、猜测，部分学生还有疑问，为了进一步说明学生所发现的直线与平面垂直的性质成立与严谨性，自然地提出知识探究：你能给出性质的证明吗？由于无法把两条直线归入一个平面，所以在定理的证明中，无法应用平行直线的判定知识，也无法应用公理 4（平行于同一条直线的两条直线平行）。在这种情况下，教材采用了"反证法"，实现了教学重点的突破。此过程中，学生先获得对性质定理正确性的认识，再进行推理论证，会感到探究知识的快乐与充实。教材对这个过程采用的思路是直观感知、操作确认、推理证明。这符合学生学习立体几何知识，培养空间观念、空间想象能力以及逻辑推理能力的基本规律，从而发展了学生直观想象和数学抽象的数学学科核心素养。

直线和平面垂直的性质定理实际上是教材 2.3.1 节中例 1 给出的命题的逆命题，这两个命题的关系可用符号表示如下：当 $a \perp \alpha$ 时，若 $a // b$，则 $b \perp \alpha$。教材在给出直线与平面垂直的性质定理后，又指明直线与平面垂直的性质定理，给出了判定两条直线平行的又一种方法。显然，在立体几何中判定两条直线平行的方法比平面几何中更多，教材有意让学生在这里做个归纳总结。但无论怎样，基本思路还是以平面或直线为桥梁，在"平行"与"平行"、平行"与"垂直"之间进行相互化归来实现。

教材在最后设置了一个"探究"栏目，其答案虽然有多种不同的表述方式，但归纳起来只有两种情况：一是 a、b 分别在正方体的两个相对面内，此时直线 AB 必为这两个面与第三个平面的交线；二是 a、b 分别在正方体的两个相邻面内，此时直线 AB 必与这两个面的交线平行。第一种情况为下节内容平面与平面垂直的性质定理奠定了基础，有承上启下之意；第二种情况呼应了前面出现过的平行传递性。教材这样设计，发展了学生数学抽象和逻辑推理的数学学科核心素养。

由此可见，该教学内容的教学任务主要有三个：一是猜想直线和平面垂直的性质定理，二是用反证法证明直线和平面垂直的性质定理，三是探究归纳两条直线平行时的条件。

3. 基于数学学科核心素养的教学设计

根据以上分析，为达到《课标》内容要求，达到教材内容促使学生发展直观想象、数学抽象和逻辑推理的数学学科核心素养的目的，直线与平面垂直的性质的教学可依据教材教学内容所隐含的三个任务按如下几步进行设计。

任务一：猜想直线和平面垂直的性质定理

【情境与问题1】

观察下列的图，说说图 2.3–16 中所给出直线的位置关系并回答：下图中，直线 a，b 一定平行吗？

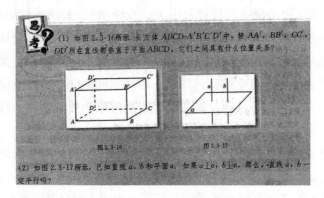

【数学学科核心素养分析】

如果学生能通过对两幅图的观察得出如下结论：① 棱 AA'，BB'，CC'，DD' 所在直线都垂直于平面 $ABCD$，它们之间有互相平行的关系；② 垂直于同一平面 α 的两条直线 a、b 互相平行，并能结合猜想，尝试图形和数学符号语言的表述，则在"知识与技能"方面，学生能够描述简单图形的位置关系及其特有性质，能借助图形的性质归纳形成数学结论。所以我们认为学生达到了直观想象、数学抽象的数学学科核心素养的水平一；在"情境与问题"方面，学生能够在关联的情境中发现并提出数学结论，完成文字语言、图形和符号语言的相互转化。所以可以认为学生达到了逻辑推理的数学学科核心素养的水平二。

任务二：用反证法证明直线和平面垂直的性质定理

【情境与问题2】

回顾已经学习过的证明空间直线与直线平行的方法（学生能提出诸多方法，如线面平行的性质定理、面面平行的性质定理、公理4等），给时间让学生自主展开证明，交流解法，师生共同分析困难所在。

【情境与问题3】

引导学生思考：①空间两条直线的位置关系有哪些？②要证明空间两条直线平行，其他的位置关系成立吗？③结合分析，有没有其他证明方法？

【情境与问题4】

假定直线 a、b 异面或相交，学生再次动笔尝试论证，排除异面与相交的情况后展示论证方法。

此环节中，要有课堂预设（绝大部分学生会得到这样的论证过程）：当直线 a、b 异面时，设 $b \cap \alpha = O$，过点 O 作 $b'//a$，则 $b \perp \alpha$，$b' \perp \alpha$，而过一点作已知平面的垂线有且只有一条，所以两条直线不能异面。教师应当指出，论证方法貌似正确，但实际上是错误的。因为该结论的给出是在本节内容之后，暂时不能作为结论直接应用。引导学生转化到平面中，因为相交直线 b、b' 可确定平面 β，且 $\alpha \cap \beta = l$，这样就能将空间问题转化为平面问题来判断。过平面 β 内一点 O 有两条直线 b，b' 与 l 垂直是不正确的。

而当直线 a、b 相交时，设 $a \cap b = P$，a、b 能确定一个平面，与上述同理，不成立。故 $a//b$。

【数学学科核心素养分析】

针对任务二下的情境与问题可以分析出：情境与问题2是从学生的"最发

展区"出发，联系空间中直线与直线平行的证明方法，如果学生能顺利完成该环节，则说明在"知识与技能"方面，学生能够根据图形的性质发现数学规律（数量关系），我们可以认为学生达到了直观想象的数学学科核心素养的水平一。如果学生顺利完成情境与问题3，则说明在"知识与技能"方面，学生能够结合已学过的知识有关联的数学命题，通过其条件与结论的分析，探索论证的思路运用，我们可以认为学生达到了逻辑推理的数学学科核心素养的水平二。如果学生完成情境与问题4，则说明在"知识与技能"方面，学生能选择合适的论证方法予以证明，对于较为复杂的数学问题能够构建过渡性命题，探索论证的途径，体会空间问题向平面问题转化的思想，实现了本节难点——线面垂直性质定理论证过程的有效突破，培养了合情推理和论证推理的能力，并会用严谨的数学语言表达论证过程。所以我们可以认为学生达到了逻辑推理的数学学科核心素养的水平三。

任务三：探究归纳两条直线平行时的条件

【情境与问题5】

完成下图的"探究"问题。

设直线 a、b 分别在正方体 $ABCD\text{-}A'B'C'D'$ 中两个不同的面所在平面内，欲使 $a/\!/b$，a、b 应满足什么条件？

其答案虽然有多种表述方式，但归纳起来只有两种情况：一是 a、b 分别在正方体的两个相对面内，此时直线 AB 必为这两个面与第三个平面的交线；二是 a、b 分别在正方体的两个相邻面内，此时直线 AB 必与这两个面的交线平行。

【数学学科核心素养分析】

如果学生能正确解答该问题，则说明在"情境与问题"方面，学生能够在关联的情境中发现并提出数学问题，用数学语言予以表达；能够理解归纳、类比是发现和提出数学命题的重要途径。所以我们可以认为学生达到了逻辑推理的数学学科核心素养的水平二。

（杨宗涛）

第九章　统　计

课题一　随机抽样

"随机抽样"是人教 A 版数学必修 3 第二章统计中的 2.1 随机抽样，此内容分为三个板块：简单随机抽样、系统抽样和分层抽样。

随机抽样是统计中的重要组成部分，它是在学生初中学习的统计知识的基础上进一步研究怎样通过样本去估计总体的相应情况，即怎样从总体中抽取样本才能更充分地反映总体的情况。本节内容既是对前面知识的承接，也是对统计知识的深化，使学生在研究总体特征的方法上有一个较完整的认识。

1. **内容标准与数学学科核心素养解析**

【内容标准教学要求】

通过实例，了解统计的基本思想，会用简单随机抽样、系统抽样和分层抽样等常用的抽样方法从总体中抽取样本，并在此基础上能运用统计知识解决问题。

【数学学科核心素养解析】

"随机抽样"这节课看似简单，学生却难以理解透彻。这节课分为两个课时，重点是掌握三种抽样方法，难点是理解三种抽样方法的特点以及学会运用三种抽样方法解决实际问题。所以关于随机抽样的教学主要是发展学生数学运算的数学学科核心素养。下面我们将从数学运算的"情境与问题""知识与技能""思维与表达"和"交流与反思"四个方面予以简要分析。

第一，情境与问题。首先引入一个"探究"（抽样中的泰坦尼克号事件），通过这个特殊的例子抛出问题，启发学生的思考；顺理成章地引出"随机抽样"这个概念，并在此基础上抛出新的问题，分析得出随机抽样的抽样方法不唯一。所以随机抽样的教学在"情境与问题"方面应达到数学运算的数学学科核心素养的水平一。

第二，知识与技能。本节一个重要的教学目标是让学生掌握三种抽样方法。由于学生前面对抓阄法较熟悉，所以教材以此为起点，通过实例，利用抓阄法，引出"简单随机抽样",并在此基础上进行深化,从实例的不同之处提出系统抽样、分层抽样。所以随机抽样的教学在"知识与技能"方面应达到数学运算的数学学科核心素养的水平一。

第三,思维与表达。本节课以一个"探究",三个"思考"串起所有内容,层层递进,引发学生深入思考,做出辨析。

【探究】

为什么那一次总统选举前的抽样调查会失败?应该怎么做?

【思考1】

假设你是一名食品卫生工作人员,要对某食品店内的小包装饼干进行卫生达标检查,你准备怎么做?应当采用怎样的方式获取样本呢?通过生活中的例子,引导学生回忆抓阄法,并在此基础上提出另一种"简单随机抽样"方法——随机数表法。

【思考2】

某校需了解高一学生对教师的评价,需从500名高一学生中抽取50人进行调查,除了简单随机抽样的方法,还有什么办法?

【思考3】

某校需了解所有学生对教师的评价,需从2500名学生中抽取50人进行调查,高一年级950人,高二年级800人,高三年级750人。这时需采用什么抽样方法?

这几个思考层层递进,需要学生仔细琢磨并交流。所以本节的教学在"思维与表达"方面应达到数学运算的数学学科核心素养的水平二。

第四,交流与反思。这一节特别考验学生将实际情境数学化的能力,必须将情境"翻译"出来才能做后续任务。所以随机抽样概念的教学在"交流与反思"方面应达到数学运算的数学学科核心素养的水平二(能用不同的抽样方法解决实际问题)。

2. 教材教学内容分析

【教材教学内容结构分析】

高中数学必修3关于随机抽样这个内容主要包括如下四部分。

第一部分:简单随机抽样。教材以探究的形式抛出情境与问题1这个耳熟能详的例子,因为不能把所有的饼干都拆开,所以引出随机抽样,并给出两种方法——抓阄法和随机数表法。教学的主要任务是给出简单随机抽样的方法并说明其合理性。

第二部分：系统抽样。通过思考 2 这一问题，给出一种新的抽样方法——系统抽样，并详细说明其步骤。教学的主要任务是给出系统抽样的方法并分析其优缺点。

第三部分：分层抽样。情境与问题 3 总体被分成了互不交叉的层，因而在抽取样本时，为了确保样本的有效性，需按照一定的比例抽取一定数量的个体。教学的主要任务是将分层抽样的原理讲解清楚（有何特点）。

第四部分：例题。教学的主要任务是通过三种抽样方式解决实际问题，弄清三种抽样方式的联系与区别。

【教材教学内容编写方式分析】

教材在编写该内容时，第一步，用抽样中的泰坦尼克号事件引出本节内容，其意图是让学生知道随机抽样的特点与重要性，是对以往固定思维的冲击；第二步，教材通过思考 2 引出简单随机抽样；第三步，通过另一具体的例子思考 3，使学生已有知识再深化，引出系统抽样；第四步，层层递进，从思考 4 中引出分层抽样。

教材的这种编写方式充分考虑了学生的知识储备，从已有的概率知识出发，引导和启发学生经历随机抽样的抽象概括过程，通过设计不同情形给出三种抽样方法，进而应用不同抽样解决实际问题，发展学生的数学运算、数学建模的数学学科核心素养。

3. 基于数学学科核心素养的教学设计

根据以上分析，为达到《课标》内容要求与教材内容，促使学生发展数学运算、数学建模的数学学科核心素养的目的，随机抽样的教学可依据教材教学内容的五个任务按如下几步进行设计。

任务一：提炼出随机抽样的概念和意义

【情境与问题 1】

"抽样中的泰坦尼克号事件"，这个事件发生的原因是什么？

【数学学科核心素养分析】

这个情境与问题的解决主要是分析问题发生的原因，情境 1 中因接受调查的人都来自经济富裕的家庭，因而抽取的样本不具备普遍性，所以抽样结果错误，进而得出抽取样本必须采用随机抽样的结论。如果学生能准确理解这个情境与问题，则说明学生在"情境与问题"方面能够在熟悉的情境中直接抽象出数学概念和原则；在"知识与技能"方面，学生能够模仿学过的方法解决简单的数学问题；在"思维与表达"方面，学生能够了解用数学语言表达的推理论证；在"交流与反思"方面，学生能够结合实际情境，解释相关的抽象概念。所以我们就可认为学生达到了数学抽象的数学学科核心素养的水平一。

任务二：简单随机抽样的方法与应用

【情境与问题2】

假设你是一名食品卫生工作人员，要对某食品店内的小包装饼干进行卫生达标检查，你准备怎么做？显然只能抽取一定数量的饼干作为样本，那么，应当采取怎样的方式获取样本呢？

【数学学科核心素养分析】

根据实际问题，设计抽样方法，在考虑样本的代表性的前提下，应使抽样过程简单。所以得到样本饼干的一个方法是，将这批小饼干放入一个不透明的袋子里搅拌均匀，然后不放回地摸取，以此得到一个简单的样本。这种方法是学生熟悉的抓阄法。

在此方法的基础上，当个体较多时，这种方法就不太适用了。因而讲解随机数表法。

这种处理方式是从学生的最近发展区出发，以学生在初中学习的知识积累为起点，来推导这个抽样方法，让学生感觉简单随机抽样的普遍性与实用性。学生能理解这个问题与情境，则说明学生在"情境与问题"方面能够在关联的情境中抽象出一般的概念和法则；在"知识与技能"方面能够用恰当的例子解释建模的数学法则；在"思维与表达"方面能够理解用数学语言表达概念、规则、推理和论证；在"交流与反思"方面能够用一般的概念解释具体现象。

任务三：通过例子的变换，讲解系统抽样

【情境与问题3】

某校需了解高一学生对教师的评价，需从500名高一学生中抽取50人进行调查，除了简单随机抽样的方法之外，还有什么办法？

【数学学科核心素养分析】

这个情境与问题主要是在学习了简单随机抽样的基础上，若样本数量和总体数量过大时，采用新的抽样方法。将500名学生从1开始编号，然后按号码顺序以一定的间隔抽取，由于$\frac{500}{50}=10$，所以抽取的两个相邻的号码之差可定为10，既从1~10中随机抽取一个号码，例如抽到6，则每次增加10，得到16，26，36，…，这样就得到了一个数量为50的样本，此方法叫作系统抽样。

这个情境首先要求学生能够读懂题意，转换思维，也就是说，学生必须具备一定的"数学建模"的意识和能力。如果学生能够读懂题意，想出新的抽样方法，则说明学生在"知识与技能"方面能够选择合适的数学模型表达所要解决的数学问题；在"思维与表达"方面能够经历数学建模的过程，理解数学建模的意义。

任务四：变换例题，理解学习分层抽样

【情境与问题4】

某校需了解所有学生对教师的评价，需从2500名学生中抽取50人进行调查，高一年级950人，高二年级800人，高三年级750人。这时需采用什么抽样方法？

【数学学科核心素养分析】

随年龄阶段的不同，教师的授课风格也不一样，因此需将学生分成三部分进行抽样。为了提高样本的代表性，还应考虑它们在样本中所占的比例。这种从各层抽取样本再综合的方法就是分层抽样。因方法的独特性，学生的接受性较弱，所以在此处应讲解分层抽取的合理性与适用性。

如果学生能够正确理解该题的意思并理解分层抽样的思想，则可以说明学生达到了数学建模的数学学科核心素养的水平二。

任务五：对比三种抽样方法，体会优缺点

在实际生活中，普查往往不太可能。因而，一般是将数据的收集限制在总体的一个样本上。由于总体的复杂性，在实际抽样过程中，为了使样本更具有代表性，通常要同时使用几种抽样方法。

【探究】

某地区中小学生人数的分布情况见下表。（单位：人）

学段	城市	县镇	农村
小学	357000	221600	258100
初中	226200	134200	112900
高中	112000	43300	6300

根据上述数据，设计一个样本容量为总体中个体数量的千分之一的抽样方案。

探究中，我们可以先用分层抽样法确定出此地区城市、县镇、农村的被抽个体数，再用分层抽样将城市的被抽个体分配到小学、初中、高中等不同阶层中去，县镇、农村的被抽个体数的分配法也一样。接着，将城市划分为学生数大致相当的小区，用简单随机抽样法选取一些小区，再确定每一小区中的各类学校。最后，在选中的学校中用系统抽样法或简单随机抽样法选取学生进行调查。

若学生能很好地理解并掌握这个抽样方案，则说明学生在"情境与问题"方面能够在综合的情境中把问题转化为不同的抽样问题，明确抽样的内涵；在"知识与技能"方面能够用恰当的例子解释抽象的数学概念和法则；在"思维与表达"方面能够用数学语言表达抽象的概念、法则、论证、推理等；在"交流与反思"方面能够用一般的原理、概念等解释具体的现象。

（赵文平）

课题二　用样本估计总体

"用样本估计总体"是人教 A 版数学必修 3 第二章统计中的 2.2 用样本估计总体，此内容分为两个板块，用样本的频率分布估计总体分布、用样本的数字特征估计总体的数字特征。

"用样本估计总体"是统计中的重要组成部分，它是学生在初中学习了一些简单的统计知识、了解统计的基本思想方法的基础上，继续学习如何用样本去估计总体。本节内容一方面承接前面的知识，另一方面也是对已学统计知识的深化，让学生在研究总体各种特征的方法上有一个更充分的认识。

教科书通过探究栏目提出"居民生活用水定额管理问题"，引出总体分布的估计问题以及估计总体分布的途径，而且这个问题贯穿本节始终。通过对该问题的探究，使学生学会列频率分布表、画频率分布直方图、频率折线图。

1. 内容标准与数学学科核心素养解析

【内容标准教学要求】

体会分布的意义和作用，在表示样本数据的过程中，学会列频率分布表、画频率分布直方图、频率折线图、茎叶图，体会它们各自的特点；理解样本数据标准差的意义和作用，学会计算数据标准差，对样本数据中提取基本的数字特征（如平均数、标准差）做出合理的解释；体会用样本估计总体的思想，会用样本的频率分布估计总体分布，会用样本的基本数字特征估计总体的基本数字特征；会用随机抽样的基本方法和样本估计总体的思想，解决一些简单的实际问题；能通过对数据的分析为合理的决策提供一些依据。

【数学学科核心素养解析】

用样本估计总体这节课与随机抽样不同，要让学生能够对总体分布有一定的理解，建立统计思维。这节内容分为两个课时——"用样本频率分布估计总体分布""用样本数字特征估计总体数字特征"，特别是体会这种用样本估计总体的思想。所以关于用样本估计总体的教学主要是发展学生数学运算和数据分析的数学学科核心素养。下面我们将从数据分析的"情境与问题""知识与技能""思维与表达"和"交流与反思"四个方面予以简要分析。

第一，情境与问题。初中学过样本众数（样本观测值中出现次数最多的数）、样本中位数和平均数等数字特征，它们可以作为总体相应特征的估计。既然频率分布可以作为总体分布的估计，那么总体的各种数字特征也可以利用频率分布来估计，这为我们提供了估计总体分布数字特征的新思路。基于此种想法，教科书中介绍了利用频率分布直方图估计总数、总体中位数、总体平均数和标准差的方法。所以用样本估计总体的教学在"情境与问题"方面应达到数据分析的数学学科核心素养的水平一。

第二，知识与技能。本节一个重要的教学目标是让学生理解样本数据标准差的意义和作用，学会计算数据标准差，对样本数据中提取基本的数字特征（如平均数、标准差）做出合理的解释。学生在初中学习了样本众数、样本中位数和平均数，所以教材以此为起点，通过实例，引出"频率分布直方图"中估计众数、中位数、平均数、方差等的方法。所以用样本估计的教学在"知识与技能"方面应达到数据分析的数学学科核心素养的水平一。

第三，思维与表达。这一节要求学生能准确读懂题意，能通过频率分布直方图准确计算样本的数字特征（平均数、标准差等）。所以用样本估计的教学在"思维与表达"方面应达到数据分析的数学学科核心素养的水平二。

第四，交流与反思。这一节特别考验学生数据计算的能力，学生必须能够读懂表格，并在此基础上准确计算样本的数字特征。所以用样本估计总体的教学在"交流与反思"方面应达到数据分析的数学学科核心素养的水平二。

2. 教材教学内容分析

【教材教学内容结构分析】

高中数学必修 3 关于用样本估计总体的内容主要包括如下五部分。

第一部分：教材中的第一个"探究"（居民生活用水定额管理问题）。教学的主要任务是通过"探究"逐步引入频率分布表、频率分布直方图和频率分布折线图的直观含义和作图方法。

第二部分：画频率分布直方图、频率分布折线图和茎叶图。教学的主要任务是给出作频率分布直方图的五个步骤以及在此基础上得出频率分布折线图，并讲解除了上述的图、表可帮助理解数据以外，茎叶图可更好地呈现样本数据较小的结果。

第三部分：计算频率分布直方图中的众数、中位数、平均数。教学的主要任务是将数据分析方法，即计算公式和步骤讲解清楚。

第四部分：标准差的计算。教学的主要任务是让学生理解方差、标准差的实际意义（表述样本数据的离散程度），并让学生掌握计算方法。

第五部分：例题。教学的主要任务是促使学生正确理解和运用这几种图表，并利用其样本数据的数字特征解决一些简单的实际问题。

【教材教学内容编写方式分析】

教材在编写该内容时，第一步，用一个"探究"（居民生活用水定额管理问题）引出本节内容。其意图是让学生在已有的知识基础上得出频率分布直方图。

第二步，教材先讲解频率分布直方图的五个步骤，随后根据图形总结出频率分布表和频率分布直方图的特性。

第三步，通过另一个具体的例子"甲乙两个运动员比赛得分情况"引出茎叶图，并分析茎叶图的特征。

第四步，层层递进，在已有数据的基础上，分析样本数据的数字特征，并以此估计总体的数字特征。

教材的这种编写方式充分考虑了学生的知识储备，从学生已有的概率知识积累出发，引导和启发学生经历用样本估计总体的抽象概括过程，通过不同情形给出统计方法，进而求解样本数据的数字特征，通过分析数字特征解决实际问题，发展学生的数据分析的数学学科核心素养。

3. 基于数学学科核心素养的教学设计

根据以上分析，为达到《课标》内容要求与教材内容，促使学生发展数据分析的数学学科核心素养的目的，随机抽样的教学可依据教材教学内容的四个任务按如下几步进行设计。

任务一：提炼出频率分布直方图的作法和特性

【情境与问题1】

"居民生活用水定额管理问题"，这个标准应该定为多少？

【数学学科核心素养分析】

这个情境与问题是生活中的例子，学生比较熟悉，如果标准太低，会影响居民日常生活；如果太高，便不利于节约用水。因此，为合理制定用水额度，需先了解全市居民日常用水量的分布情况。通过抽样得到样本数据后，需对其进行数据分析，所以教师在此应乘胜追击，引出"频率分布直方图"的作法和特点。

任务二：茎叶图的结构与应用

【情境与问题2】

已知甲、乙两名运动员的比赛得分记录，应该怎么呈现数据？

【数学学科核心素养分析】

根据实际问题，由于数据样本较少，采用频率分布直方图的方式效果不明显，因此在此基础上提出新的统计方法——茎叶图，它不但能保留数据，还能随时记录。但当样本较多时，这种方法就不太适用了。

本问题提出了茎叶图、双茎叶图，学生理解起来应该难度不大，也很直观、形象。

任务三：分析样本的数字特征，估计总体数字特征

【情境与问题3】

依据教材上例题："怎么将各个样本数据汇总为一个数值，并使它成为样本数的中心点？"

【情境与问题4】

能否用一个数值来刻画样本数据的离散程度？

【数学学科核心素养分析】

针对任务三下的情境与问题可以分析得出：这个情境与问题主要是在学习了频率分布直方图和茎叶图的基础上，若样本数量不同，采用不同的统计方法。为了更好地从整体上把握总体的规律，需要通过样本的数据对整体的数字特征进行研究。"情境与问题3"在学生已有知识上引出频率分布直方图中中位数、平均数的计算方法。"情境与问题4"在学生已有知识上引出频率分布直方图中方差、标准差的计算方法。

这两个情境有一定的思维难度。首先，样本点的"中心点"这个概念不好

理解，要引导学生退回到几何直观上来理解。其次，"一组数据的分散程度"也是较陌生的，初中做了简单的介绍，但不系统，这里要从更深层面上去研究。

同样，这两个问题的准确完成还有赖于学生的数据分析能力。如果学生能够准确地计算，则说明学生在"情境与问题"方面能够在关联的情境中确定运算对象，提出运算问题；在"知识与技能"方面能够针对运算问题选择合适的运算方法，自己设计运算步骤，从而解决问题。我们可以认为这两个问题主要训练学生的数学运算的数学学科核心素养。

任务四：通过具体的例题，给学生展示如何通过样本数据估计总体特征

【情境与问题5】

例：甲、乙两人同时生产内径为 25.40mm 的一种零件，为了对两人的生产质量进行评比，从他们生产的零件中各抽出 20 件，量得其内径尺寸如下（单位：mm）。

甲

25.46	25.34	25.39	25.40
25.32	25.42	25.43	25.42
25.45	25.45	25.39	25.35
25.39	25.38	25.40	25.41
25.36	25.42	25.44	25.39

乙

25.40	25.47	25.33	25.31
25.43	25.49	25.43	25.32
25.44	25.49	25.43	25.32
25.48	25.36	25.32	25.32
25.48	25.34	25.47	25.48

从生产的零件内径的尺寸看，谁生产的零件质量较高？

【数学学科核心素养分析】

这个例题要求学生将数据进行整理，求得样本的数字特征。

"情境与问题5"中的题目难度适中，但计算量较大，给出的数据比较复杂，学生极易算错。若学生能正确理解并完成这道题，那么说明学生在"情境与问题"方面能在复杂的情境中把问题转化为运算问题，自己把握运算对象、法则，明确运算方向；在"知识与技能"方面能够对运算对象完成运算的程

序，进一步解决问题；在"思维与表达"方面能够用程序思想理解与表达问题；在"交流与反思"方面能够用程序思想理解与解释问题。所以我们可以认为学生达到了数据分析的数学学科核心素养的水平三。

（赵文平）

第十章 概　率

课题一　古典概型

"古典概型"是人教 A 版数学必修 3 第三章概率 3.2 古典概型中的教学内容，主要是介绍古典概型的概念及其计算概率的方法。

在日常生活中，经常会遇到一些无法实现预测结果的事情，它们被称为随机事件。为了研究这些随机事件的规律，从而引进了概率这个概念。虽然我们可以通过观察和试验得到一些事件的概率估计，但是在一些特殊的情况下，我们可以构造出计算事件概率的通用方法。因此本节内容主要介绍一类特殊事件的概率计算方法。

1. 内容标准与数学学科核心素养解析

【内容标准教学要求】

通过具体实例，理解古典概型所具备的两个特征，同时会运用古典概型求特殊事件的概率。

【数学学科核心素养解析】

在前面介绍的随机事件中，我们已经了解了随机事件发生的不确定性。而在现实生活中，总存在一些特殊的情形，教材通过具体实例展示给学生，通过这两个试验总结出古典概型的两个特点及概率计算公式。因此高中数学教学古典概型的内容主要是发展学生的数学抽象的数学学科核心素养。下面将从数学抽象的"情境与问题""知识与技能""思维与表达"和"交流与反思"四个方面予以简要分析。

第一，情境与问题。学生通过对概率中的随机事件的学习，在情境中抽象出古典概型的概念，并用数学语言表达。所以古典概型的教学在"情境与问题"方面应达到数学抽象的数学学科核心素养的水平三。

第二，知识与技能。学生能结合古典概型的特征判断并说明哪些特殊的事件属于古典概型的范畴。所以古典概型的教学在"知识与技能"方面应达到数学抽象的数学学科核心素养的水平二。

第三，思维与表达。学生可以结合具体实例抽象出古典概型的计算公式。所以古典概型的教学在"思维与表达"方面应达到数学抽象的数学学科核心素养的水平二。

第四，交流与反思。要求学生能从具体的实例中交流总结出哪些特殊的情形可以使用古典概型来计算概率。所以古典概型的教学在"交流与反思"方面应达到数学抽象的数学学科核心素养的水平二。

2. 教材教学内容分析

【教材教学内容结构分析】

教材内容大致分为四部分。

第一部分：对两个试验的考察。教学的主要任务是引出基本事件的概念和总结基本事件的特征。

第二部分：例题1。教学的主要任务是对基本事件的进一步认识，同时找出两个试验和例题1的共同特点，总结得到古典概率模型的定义。

第三部分：思考题。教学的主要任务是如何计算古典概率模型的概率。

第四部分：例2、例3和例题。教学的主要任务是强化古典概率模型的概念，合理运用古典概率模型的概率计算公式来计算其概率。

【教材内容编写方式分析】

教材首先以两个试验来分析事件的构成：① 掷一枚质地均匀的硬币的试验；②掷一枚质地均匀的骰子的试验。其意图是通过两个试验，发现在试验中会得到不同的结果，而这些事件都是随机的，从而引出基本事件的概念。从两个试验的基本事件的特点总结出：基本事件都是互斥的，任何事件（除不可能事件）都可以表示成基本事件的和。其目的是培养学生总结数学问题、准确表达数学问题的能力。然后再以例1为例（从 a、b、c、d 中任意取出两个不同字母的试验中，有哪些基本事件）对基本事件加以巩固和提高，使学生学会用列举法得出基本事件，其目的是引导学生比较试验和例1的共同点：①试验中所有可能出现的基本事件都是有限个；②每个基本事件出现的可能性相等。从而给出古典概率模型的定义，培养学生观察总结的能力。

教材再以思考的方式提出：在古典概型下，基本事件出现的概率是多少？随机事件出现的概率如何计算？其目的是引发学生对古典概型的概率计算的探索。教材继续以掷均匀硬币试验、掷质地均匀骰子试验为例来探索，让学生归纳出：对于古典概型，任何事件的概率为

$$P(A) = \frac{A\text{ 包含的基本事件的个数}}{\text{基本事件的总数}}$$

其目的是培养学生主动探索、总结归纳的能力。

紧接着，教材再以例 2 和例 3 进一步说明，在用古典概型计算概率时，一定要验证所构成的基本事件是否满足古典概型的第二个条件（每个结果出现时是等可能的）。

最后，教材再利用例 4 和例 5 来进一步解释古典概型，同时利用古典概型计算出概率后，解释在生活中概率对生活的作用，体现出数学概率的适用性。

由此可见，教材这样编写的目的是希望从实际生产生活出发，引出课题，让学生在实践探究中抽象出数学问题，再利用实验，总结出古典概型的概率计算方法，让学生经历一个发现问题、总结问题、探索结果、得出结论、服务生活的过程，从而发展学生的数学运算、数学抽象、数据分析的数学学科核心素养。

3. 基于数学学科核心素养的教学设计

任务一：初步认识古典概率模型

【情境与问题 1】

我们首先分析事件的构成，考察两个试验：①掷一枚质地均匀的硬币的试验；②掷一枚质地均匀的骰子的试验。

【数学学科核心素养分析】

如果学生可以通过上述两个试验的结果得到如下结论：（1）在试验①中结果只有两个，即"正面朝上"或"反面朝上"；（2）在试验②中所有可能的试验结果只有出现"1 点""2 点""3 点""4 点""5 点"和"6 点"。那么说明在"情境与问题"方面，学生能够在熟悉的情境中了解随机现象及简单的概率问题，从而达到数据分析的数学学科核心素养的水平一。

如果学生在教师的指导下，可以总结出任何两个基本事件是互斥的、任何事件（除不可能事件）都可以表示成基本事件的和这两个性质，那么说明在"情境与问题"方面，学生能够抽象出数学问题，并用恰当的数学语言予以表达，从而达到数学抽象的数学学科核心素养的水平三。在"知识与技能"方面，学生能够感悟高度概括有序多级的数学知识体系，从而达到数学抽象的数学学科核心素养的水平三。如果学生通过教师的引导和启发可以归纳总结出实验和例 1 的共同特点是：试验中所有可能出现的基本事件只有有限个，并且每个基本事件出现的可能性相等，那么说明在"情境与问题"方面，学生能够抽象出数学问题，并用恰当的数学语言予以表达，从而达到了数学抽象的数学学科核心素养的水平三。在"知识与技能"方面，学生能够感悟高度概括、有序、多级的数学知识体系，从而达到了数学抽象的数学学科核心素养的水平三。

任务二：如何计算古典概型的概率

【情境与问题2】

思考：在古典概型下，如何计算基本事件的概率？

【数学学科核心素养分析】

教材让学生继续探索和研究上述两个试验，如果学生可以得出任何事件的

概率为 $P（A）= \dfrac{A\text{包含的基本事件的个数}}{\text{基本事件的总数}}$，那么说明在"知识与技能"方面，学生能够感悟高度概括、有序、多级的数学知识体系，从而达到了数学抽象的数学学科核心素养的水平三。

任务三：强化古典概型计算概率时要满足的条件

【情境与问题3】

完成教材例2、例3。

【数学学科核心素养分析】

如果学生可以完成例2、例3，那么说明在"情境与问题"方面，学生能够在熟悉的情境中了解简单的概率问题，从而达到数据分析的数学学科核心素养的水平一；在"知识与技能"方面，学生能够对熟悉的概率问题，选择合适的概率模型解决问题，从而达到数据分析的数学学科核心素养的水平一。

如果学生可以思考提出：为什么要把两个骰子标上记号？如果不标记号会出现什么情况？你能解释其中的原因吗？并且可以从两种做法中体会古典概型需要满足的条件，那就是每个结果出现的可能性相同，那么说明在"交流与反思"方面，学生能够在交流过程中明辨随机现象，合理解释不同的概率模型，从而达到数据分析的数学学科核心素养的水平三。

【情境与问题4】

利用古典概型解决生活中的问题。

【数学学科核心素养分析】

如果学生能够解决例4和例5中的概率问题，那么说明在"知识与技能"方面，学生能够在熟悉的概率问题中选择合适的数学模型，解决相应的问题，从而达到数据分析的数学学科核心素养的水平一；在"思维与表达"方面，学生能够用概率的思维来分析随机现象，用概率模型表达随机现象的规律，从而

达到数据分析的数学学科核心素养的水平二。

（冯　攀）

课题二　条件概率

"条件概率"是人教 A 版数学选修 2 – 3 第二章随机变量及其分布 2.2 二项分布及其应用中的第一个教学内容，主要是条件概率的概念及运算。

"条件概率"是概率论中的重要组成部分，它是学生在初中学习了古典概型初步，高中必修 3 较为系统地学习了《概率》一章（3.1 随机事件的概率、3.2 古典概型），学生对概率知识有了一定程度的了解后，更进一步研究的一个问题。本节内容既是对前面知识的承接，也是对概率知识的深化，是充分理解概率问题和后面研究的统计知识的基础。

1. 内容标准与数学学科核心素养解析

【内容标准教学要求】

通过实例，了解条件概率的概念，体会条件概率计算公式的产生，并能用该公式解决实际的概率问题。

【数学学科核心素养解析】

我们知道，条件概率的概念是一个抽象概念，它和以往所学的关于概率方面的定义概念完全不同，并且更难理解，特别是对"条件"的理解。所以关于条件概率的教学主要是发展学生数学抽象的数学学科核心素养。下面我们将从数学抽象的"情境与问题""知识与技能""思维与表达"和"交流与反思"四个方面予以简要分析。

第一，情境与问题。首先给出学生一个实例（三名同学无放回抽奖券），通过这个熟悉的例子抛出问题，启发学生的思考；然后更改情境，加一个"条件"（已经知道第一名同学没有抽到中奖奖券），在这个基础上，再来计算最后一名同学抽到奖券的概率。通过加入这个"条件"，顺理成章地引出"条件概率"，然后进行提炼、总结，归纳出条件概率的概念。所以条件概率的教学在"情境与问题"方面应达到数学抽象的数学学科核心素养的水平一。

第二，知识与技能。本节的一个重要的教学目标是让学生充分理解"条件概率"计算公式的产生原理。学生对古典概型知识较熟悉，所以教材以此为起点，通过列举基本事件，利用古典概型计算公式，推导出了条件概率计算公式。所以条件概率的教学在"知识与技能"方面应达到数学抽象的数学学科核心素养的水平一。

第三，思维与表达。进一步体会用字母表示事件，研究事件间的关系及计算（如本节出现较多的互斥事件），解决此类问题需要先厘清题意，把生活中的问题"数学化"，并准确表达出来，然后利用相应的公式计算概率。所以条件概率的教学在"思维与表达"方面应达到数学抽象的数学学科核心素养的水平三。

第四，交流与反思。这一节特别考验学生将实际情境数学化的能力，学生必须能够将情境"翻译"出来才能做后续任务，所以条件概率的教学在"交流与反思"方面应达到数学抽象的数学学科核心素养的水平二（能用一般的概念解释具体现象）。

2. 教材教学内容分析

【教材教学内容结构分析】

概率知识是基础，为了让学生在这一板块接受更自然，中小学数学教材把概率的知识分成了如下三个阶段。

第一阶段（初中）：主要讲解简单的古典概型，让学生通过数一数，找基本事件总数、所求事件包含的基本事件数来求概率。

第二阶段（高中必修3）：在对古典概型的思想方法有了一定的感性认识和应用的基础上，教材进一步向学生系统介绍概率的科学定义，明确提出古典概型这个概念，研究的问题也更复杂，需要借助排列、组合等知识来解决问题。

第三阶段（高中选修2-3）：教材在初中和高中必修3的基础上让学生对概率进行更深入的研究。

这种渐近的安排方式，既考虑了不同学段学生的年龄特点、心理特点，也考虑了他们的实际水平和认知能力，对于学生充分理解和掌握概率论的内容是很有好处的。

高中选修2-3关于条件概率的内容主要包括如下三部分。

第一部分：教材以探究的形式抛出一个问题——三张奖券中只有一张能中奖，现分别由三名同学无放回地抽取，最后一名同学抽到奖券的概率是否比另外两名同学小？这个是前面概率知识的一个例子，凭直觉有人会认为最后一个抽到奖券的概率最低，但教材用熟悉的列举法，证明了三人中奖概率相等。然后教材更改情境，在刚才这个问题中加一个"条件"（已经知道第一名同学没有抽到中奖奖券），在这个条件的基础上，再来计算最后一名同学抽到奖券的概率。

第二部分：教材给出"条件概率"这一概念，目的是让学生学习理解并能用其解决实际的问题。教材以学生非常熟悉的古典概型的知识为起点，通过列举所有基本事件，利用古典概型计算公式，推导出了条件概率计算公式，并在此基础上，结合必修3所学习的互斥事件，引申出了互斥事件下的条件概率计算公式。

第三部分：通过两个具体的例子，给学生展示条件概率计算公式的应用。

【教材教学内容编写方式分析】

教材在编写该内容时，第一步，用一个熟悉的问题引出本节内容。其意图是让学生知道将要学习的条件概率知识是前面所学概率论知识的延伸和拓展。第二步，教材以古典概型的知识为起点，通过列举所有基本事件，利用古典概型计算公式，推导出条件概率计算公式。第三步，通过两个具体的例子，给学生展示条件概率计算公式如何使用。

教材的这种编写方式充分考虑了学生的知识储备，从学生已有的概率知识积累出发，从学生的"最近发展区"着手，引导和启发学生经历条件概率概念的抽象概括过程并推导出公式，进而应用公式解决实际问题，从而发展学生的数学运算、数学抽象的数学学科核心素养。

3. 基于数学学科核心素养的教学设计

根据以上分析，为达到《课标》内容要求与教材内容，促使学生发展数学运算、数学抽象的数学学科核心素养的目的，条件概率的教学可依据教材教学内容的三个任务按如下几步进行设计。

任务一：提炼出条件概率的概念

【情境与问题1】

三张奖券中只有一张能中奖，现分别由三名同学无放回地抽取，最后一名同学抽到奖券的概率是否比另外两名同学小？

【情境与问题2】

三张奖券中只有一张能中奖，现分别由三名同学无放回地抽取，已经知道第一名同学没有抽到中奖奖券，则最后一名同学抽到中奖奖券的概率是多少？

【数学学科核心素养分析】

针对任务一下的情境与问题可以分析得出：这两个情境与问题的解决思路和方法主要利用古典概型知识，情境1列举出基本事件总数为6，而"最后一名同学抽到奖券"包含了其中 2 个基本事件，所以"最后一名同学抽到奖券"的概率为 $\frac{1}{3}$。情境 2 列举出基本事件总数为 4，而"最后一名同学抽到奖券"仍然包含了其中 2 个基本事件，所以"最后一名同学抽到奖券"的概率为 $\frac{1}{2}$。

这两个情境与问题关注了学生已有的知识经验，如果学生能正确回答这个问题，可以说明学生在数学抽象这个数学学科核心素养方面达到了水平一。

任务二：推导条件概率的计算公式

【情境与问题3】

沿用刚才的【情境与问题2】。

【数学学科核心素养分析】

重复使用这个情境与问题旨在让学生反复使用这个熟悉的问题，不再重新列举基本事件，集中精力把这个问题研究透彻。设事件 A 表示"第一名同学没有抽到中奖券"，事件 B 表示"最后一名同学抽到中奖券"。在这个情境下，记事件"已知第一名同学没有抽到中奖券的前提下，最后一名同学抽到中奖券"的概率为 $P(B \mid A)$，记 A，B 事件同时发生的概率为 $P(AB)$。然后利用等可能事件的概率计算办法，分别算出 $P(B \mid A)$，$P(AB)$，$P(A)$，很容易发现 $P(B \mid A) = \dfrac{P(AB)}{P(A)}$，这就顺理成章地推导出了条件概率的计算公式。

在此基础上，结合必修 3 学习过的互斥事件的知识，将该公式推广到互斥事件的情形。如果事件 B，C 互斥，则 $P(B \cup C \mid A) = P(B \mid A) + P(C \mid A)$。

若学生能顺利理解这个问题，我们就可以认为学生达到了数学抽象的数学学科核心素养的水平二。

任务三：通过两个具体的例子，给学生展示条件概率计算公式的应用

【情境与问题4】

在 5 道题中，有 3 道理科题和 2 道文科题，如果不放回地依次抽取 2 道题求：① 第一次抽到理科题的概率；②第一次和第二次都抽到理科题的概率；③ 在第一次抽到理科题的条件下，第二次抽到理科题的概率。

【情境与问题5】

一张储蓄卡的密码共有 6 位数字，每位数字都可以从 0~9 中任选一个。某人在银行自动提款机上取钱时，忘记了密码的最后一位数字。①任意按最后一位数字，求不超过两次就按对的概率；②如果他记得密码的最后一位是偶数，求不超过两次就按对的概率。

【数学学科核心素养分析】

针对任务三下的情境与问题可以分析得出：这两个情境与问题主要是教师给学生展示如何用刚学习的条件概率计算公式解决实际问题，这两个例子很有代表性。

【情境与问题6】

情境与问题4的前两个设问是在为第3问做铺垫，搭台阶，学生按照这个顺序做下来，就是在使用条件概率计算公式。以后遇到这类问题，都可以这样解决。当然这个问题的第3问也可以直接用推导公式的方法，也就是列举出所有基本事件数作分母，第一、二次都抽到理科试题包含的基本事件数做分子，从而计算概率，这是最原始的方法，但很多时候恰恰是最有效的一种方法。

【情境与问题7】

同样，此情境中第1问是在为第2问做铺垫。第1问旨在复习必修3学习过的互斥事件，引起学生的回忆，也是为第2问埋下伏笔，乃"一箭双雕"之效。第2问直接应用前面推导出的互斥情形的条件概率计算公式〔如果事件 B、C 互斥，则 $P(B \cup C \mid A) = P(B \mid A) + P(C \mid A)$〕。

这两个情境都应当首先将它数学化，也就是说，学生要有一定的"数学建模"的基础。顺利读懂题意，将其转化为概率问题，通过引入事件，再来解决。同样，这两个情境问题的准确完成，还有赖于学生的数学运算能力。

若学生能正确读懂题意，将其转化为数学问题，就可以认为学生达到了数学建模的数学学科核心素养的水平二。如果学生能针对"翻译"后的数学问题，设计运算方法，正确运算出结果，从而解决问题，我们可以认为学生在数学运算这个核心素养方面达到了水平二。

(赵文平)

课题三　事件的相互独立性

"事件的相互独立性"是人教 A 版数学选修 2−3 第二章随机变量及其分布 2.2 二项分布及其应用中的第二个教学内容，主要是"事件的相互独立性"的概念及运算公式推导。

"事件的相互独立性"是概率论中的重要组成部分，它是学生在初中学习了古典概型初步知识，高中数学必修 3 比较系统地学习了《概率》一章（第一个内容 3.1 随机事件的概率，第二个内容 3.2 古典概型），学生对概率知识（特别是列举型的等可能事件）有了一定程度的了解后，更深层次学习的一个问题。

1. 内容标准与数学学科核心素养解析

【内容标准教学要求】

通过具体的例子，了解事件的相互独立性的概念，体会相互独立事件同时发生的概率计算公式的推导，能用这个公式解决实际的概率问题。

【数学学科核心素养解析】

我们知道，事件的相互独立性的概念是一个抽象概念，和以前所学的概率方面的定义完全不同，且更难理解。特别是对"独立性"的理解，几乎所有概率统计问题，都必不可少地需要把这些实际问题数学化，这就需要有数学建模的能力，所以关于事件的相互独立性的教学主要是发展学生数学抽象、逻辑推理和数学建模的数学学科核心素养。下面我们主要从数学抽象的"情境与问题""知识与技能""思维与表达"和"交流与反思"四个方面予以简要分析。

第一，情境与问题。首先给出学生一个实例（三名同学有放回抽奖券），这是学生在前面概率知识的学习中耳熟能详的一个例子，这个类似的例子在上一节条件概率中也出现过，借助这个熟悉的例子引出问题，启发学生的思考，顺理成章地引出"独立"这个概念。因此事件的相互独立性的教学在"情境与问题"方面应达成数学抽象的数学学科核心素养的水平一。

第二，知识与技能。本节一个重要的教学目标是让学生充分理解"两个相互独立事件同时发生概率"计算公式的产生原理。学生上一节对条件概率知识较熟悉，故教材以此为起点，利用条件概率的计算公式，推导出了独立事件同时发生的概率计算公式。

第三，思维与表达。本节内容要求学生能正确读懂题意，清晰明白地表达，能够理解用数学语言表达相互独立、互斥等概念，所以事件的相互独立性的教学在"思维与表达"方面应达到数学抽象的数学学科核心素养的水平二。

第四，交流与反思。学生既要能理解"独立"的准确含义，又要能在其他题陌生的环境中读出"独立"这个词，并能准确利用公式加以解决。所以事件的相互独立性的教学在"交流与反思"方面应达到数学抽象的数学学科核心素养的水平二（能用一般的概念解释具体现象）。

2. 教材教学内容分析

【教材教学内容结构分析】

教材内容大致分为四部分。

第一部分：教材中的第一个"思考"。教学的主要任务是弄清这个"思考"的内涵，提出课题。

第二部分：抽象提出"事件的相互独立性"这个概念。教学的主要任务是促成学生用自然语言描述事件的相互独立性。

第三部分：推导相互独立事件同时发生的概率计算公式。教学的主要任务是让学生体会这个公式的产生过程。

第四部分：例题。教学的主要任务是促使学生正确理解和运用相互独立事件同时发生的概率计算公式解决一些简单的实际问题。

【教材教学内容编写方式分析】

教材在编写该内容时，第一步，用熟悉的问题引出本节内容。其意图是让学生知道将要学习的独立性的知识，是前面所学条件概率知识的延伸和拓展。

第二步，教材以上一节条件概率的概率计算公式为基础，推导出了相互独立事件同时发生的概率计算公式。

第三步，通过一道具体的题目，给学生展示相互独立事件同时发生的概率计算公式如何使用。

这样编写教材的目的是希望教师在教学时，要注重前后数学知识的联系，联系学生已有的知识经验，使学生经历概念的抽象概括过程，了解其概念的来龙去脉，体会公式的产生过程，从而发展学生的数学建模和数学抽象的数学学科核心素养。

3. 基于数学学科核心素养的教学设计

由以上分析，为达到《课标》内容要求与教材内容，促使学生发展数学建模、数学抽象的数学学科核心素养的目的，本节知识的教学可以根据教材教学内容的三个任务按以下几步进行设计。

任务一：提炼出事件的相互独立性的概念

【情境与问题1】

如果三张奖券中恰有一张能中奖，现分别由三名同学有放回地抽取，事件 A 为"第一名同学没有抽到中奖奖券"，事件 B 为"最后一名同学抽到中奖奖券"，事件 A 的发生会影响事件 B 的发生吗？

【数学学科核心素养分析】

这个情境与问题学生非常熟悉，显然，有放回地抽取奖券时，最后一名同学也是从原来的三张奖券中任取一张，因此，第一名同学抽的结果对最后一名同学的抽奖结果没有影响，即事件 A 的发生不会影响事件 B 发生的概率。几乎所有同学都能很容易理解到这一点，其本质就是"有放回"。

教师应当在这里乘胜追击，顺理成章地给出"独立"这个概念。像这样的两个事件，不管其中一个是否发生，都不会影响第二个事件发生的概率，那么称这两个事件相互独立。

接着，还是利用这个情境与问题，很容易得到 $\overline{A}$ 与 B，A 与 $\overline{B}$，$\overline{A}$ 与 $\overline{B}$ 都是相互独立事件。

如果学生能准确理解这个问题，以及 $\overline{A}$ 与 B，A 与 $\overline{B}$，$\overline{A}$ 与 $\overline{B}$ 都是相互独立事件，就说明学生在数学抽象这个数学学科核心素养方面达到了水平二。

【情境与问题 2】

判断下列事件 A、事件 B 是否是"互斥事件"，是否是"相互独立事件"？

（1）将一枚硬币连抛两次，事件 A："两次出现正面"，事件 B："只有一次出现正面"。

（2）事件 A："常温下，水结冰"，事件 B："抛一枚硬币，出现正面"。

（3）一个袋子里装有同质的 5 个白球，3 个黄球，事件 A："从 8 个球中任取 1 个，取出的是白球"，事件 B："从剩下的 7 个球中任取 1 个，取出的还是白球"。

【数学学科核心素养分析】

这个情境与问题主要是让学生区分"互斥"与"相互独立"这两个概念。在必修 3 中，教材研究了互斥这个概念，在本节课学习了"相互独立"，部分学生容易将这两个本来不相关的概念混为一谈，所以有必要澄清一下。

（1）区别

相互独立事件之间的发生互不影响，但可能会同时发生。

互斥事件是不可能同时发生的事件，即交集为零，但可能会产生相互影响。

（2）联系

相互独立事件可能是互斥事件，也可能不是互斥事件，而互斥事件一定不是独立事件。

相互独立事件（independ entevents）：事件 A（或 B）是否发生对事件 B（或 A）发生的概率没有影响，这样的两个事件叫作相互独立事件。

互斥事件（exclusive event）：指的是不可能同时发生的两个事件。例如，

事件 A 和 B 的交集为空，A 与 B 就是互斥事件，也叫互不相容事件。

如果学生能顺利完成并准确理解这个情境与问题，足以说明学生在"情境与问题"方面能在关联的情境中抽象出一般的数学概念和原则；在"知识与技能"方面能够在新的情境中解决简单的数学问题；在"思维与表达"方面能够理解用数学语言表达的推理论证；在"交流与反思"上能结合实际情境，解释相关概念。所以我们就可认为学生达到了数学抽象的数学学科核心素养的水平二。

任务二：推导相互独立事件同时发生的概率计算公式

【情境与问题3】

沿用刚才的【情境与问题1】。

【数学学科核心素养分析】

再次使用这个情境与问题意在让学生反复研究这个熟悉的问题，不再重新审题、建模，集中力量研究透彻这个问题。

因为 $P(AB)=P(B)P(A)$，所以用语言可叙述为相互独立的两个事件同时发生的概率等于它们各自发生的概率乘积。

相互独立的公式也可以推广到任意多个彼此独立的事件同时发生的概率计算问题。

任务三：通过一个具体的例子，给学生展示相互独立事件同时发生的概率计算公式的应用

【情境与问题4】

某商场推出二次开奖活动，凡购买一定价值的商品可以获得一张奖券。奖券上有一个兑奖号码，可以分别参加两次抽奖方式相同的兑奖活动。如果两次兑奖活动中奖的概率都是0.05，求两次中奖中以下事件的概率。

（1）都抽到某一指定号码。

（2）恰有一次抽到某一指定号码。

（3）至少有一次抽到某一指定号码。

【数学学科核心素养分析】

这个情境与问题主要展示如何用刚学习的相互独立事件同时发生的概率计算公式解决实际问题，例子很有代表性。

【情境与问题5】

见教材例2。这里前两个设问是在为第3问做铺垫，搭台阶，按照这个顺序做下来就行了。其实在平常检测中，为了提高思维难度，常常去掉前两问，直

接给出第 3 问。这道题给学生做了一个很好的示范，以后遇到类似问题，就可以这样按部就班地来处理。

设"第一次抽到某一指定号码"为事件 A，"第二次抽到某一指定号码"为事件 B，则"两次都抽到某一指定号码"为事件 AB。首先由题中"分别参加两次抽奖方式相同的兑奖活动，并且如果两次兑奖活动中奖的概率都是 0.05"可以读出相当于"有放回模型"，因此 A、B 相互独立，可以顺利使用公式解决。

当然本题的第 2、3 问还涉及互斥事件，在情境 2 中，专门区别了"互斥"与"相互独立"，对于学生来说，难度不大。

教师在教学中还应当完整地把整道题的解答过程包括如何设事件，如何写过渡语言，如何计算、作答，让学生清晰地掌握做这类题的思路、答题步骤。

要能正确完成这个例题，有赖于学生的数学运算能力。如果学生能毫无障碍地计算，就说明学生能在关联的情境中找到运算对象，提出正确的运算问题。

（赵文平）

课题四　独立重复试验与二项分布

"独立重复试验与二项分布"是人教 A 版数学选修 2 – 3 第二章随机变量及其分布 2.2 二项分布及其应用中的第三个教学内容，主要是"独立重复试验与二项分布"的概念。

它是学生在学习了古典概型、几何概型以及分布列的基础之后进行的，其主要内容是 n 次独立重复试验的模型这一概念性知识和二项分布应用这一程序性知识，而课本之后的内容主要研究离散型随机变量的均值与方差，并利用离散型随机变量的均值与方差来解决实际问题。本节课从前面的知识中得出 n 次独立重复试验的模型，并以此为基础推导出二项分布的概念及计算公式，所以本节内容是随机变量及其分布中承前启后的内容。

1. 内容标准与数学学科核心素养解析

【内容标准教学要求】

在具体情境中，理解 n 次独立重复试验的模型及二项分布，并能解决一些简单的实际问题。

【数学学科核心素养解析】

学习本节课需要学生从两次独立事件到 n 次独立事件的过渡，需要由特殊到一般的抽象概括能力，这些可以由学生通过自己的努力完成，但是从复杂的实际背景中抽象出数学模型对于学生来说还是比较困难的，需要教师的正确引导。

根据本节教材内容的安排和《课标》的要求，确定本节课的教学重点为：独立重复试验与二项分布模型的构建及应用二项分布模型解决一些简单的实际问题。依据学情分析，所有关于独立重复试验与二项分布的教学主要是发展学生数学抽象、数学建模的数学学科核心素养。下面我们主要从数学建模的"情境与问题""知识与技能""思维与表达"和"交流与反思"四个方面予以简要分析。

第一，情境与问题。要求学生能够准确识别模式，绝大多数题目中没有出现"独立、重复"这两个词，但要求学生必须识别出来。所以独立重复试验与二项分布的教学在"情境与问题"方面应达到数学建模的数学学科核心素养的水平三。

第二，知识与技能。这一节需要学生选择合适的数学模型（也就是合适的关系来刻画事件间的关系）来表达所要解决的数学问题，能够准确理解模型中参数的含义（各字母的意义），如何确定参数，建立模型（厘清事件的关系，归类，选用合适的公式），所以独立重复试验与二项分布的教学在"知识与技能"方面应达到数学建模的数学学科核心素养的水平二。

第三，思维与表达。要求学生进一步体会用字母表示事件，研究事件间的关系（比如本节出现较多的独立、互斥事件），进一步熟悉用符号语言来计算概率。解决此类问题的实质就是学会准确表达，然后利用相应的概率计算公式，所以独立重复试验与二项分布的教学在"思维与表达"方面应达到数学建模的数学学科核心素养的水平二。

第四，交流与反思。学生通过经历对实际问题的解答，感受数学的应用价值，并能够举例说明常见的 n 次独立重复试验的例子。所以独立重复试验与二项分布的教学在"交流与反思"方面应达到数学建模的数学学科核心素养的水平二（能用模型的思想说明问题）。

2. 教材教学内容分析

【教材教学内容结构分析】

教材内容大致分为四部分。

第一部分：教材中"探究"之前的内容。教学的主要任务是给出 n 次独立重复试验的概念。

第二部分：教材中例 4 之前的内容。教学的主要任务是推导公式"n 次独立重复试验中事件 A 恰好发生 k 次的概率公式"，给出二项分布模型。

第三部分：例 4。教学的主要任务是教会学生使用"n 次独立重复试验中事件 A 恰好发生 k 次的概率公式"。

【教材教学内容编写方式分析】

n 次独立重复试验的模型及二项分布模型概念的形成都是通过实际问题的直观意义和具体计算结果的对比得到的，其中蕴含了丰富的数学思想，即"特殊到一般"，"或然与必然"，"分类与整合"等数学思想。学生可以通过对事件问题的观察、分析、类比，归纳体会概念知识的发生发展过程，进一步理解 n 次独立重复试验的模型及二项分布模型的概念。同时进一步让学生体会到数学问题既源于实际，又应用于实际。

教师在教学这个内容时，特别要注意数学知识前后的联系，用学生已有的知识，和学生一起经历概念的抽象过程，了解其来龙去脉，体会这个公式的产生过程，进而发展学生的数学建模和数学抽象的数学学科核心素养。

3. 基于数学学科核心素养的教学设计

根据以上分析，为达到《课标》内容的要求，促使学生发展数学建模、数学抽象的目的，n 次独立重复试验的教学可依据教材教学内容的三个任务按如下几步进行设计。

任务一：提炼出 n 次独立重复试验的概念

【情境与问题1】

抛掷一枚图钉，连续抛掷 2 次，记 A_i（$i=1$，2）是第 i 次试验的结果，求 $P(A_1 A_2)$。

【情境与问题2】

抛掷一枚图钉，连续抛掷 3 次，记 A_i（$i=1$，2，3）是第 i 次试验的结果，求 $P(A_1 A_2 A_3)$。

【情境与问题3】

抛掷一枚图钉，连续抛掷 n 次，记 A_i（$i=1$，2，3，…，n）是第 i 次试验的结果，求 $P(A_1A_2A_3\cdots A_n)$。

【情境与问题4】

分析下面的独立重复试验，它们有什么共同特点？

① 抛掷一枚图钉 n 次；②某人射击1次，击中目标的概率为0.8，他射击10次；③生产一种零件，出现次品的概率是0.04，生产这种零件4件。

【情境与问题5】

判断下列实验是否为独立重复试验：

① 依次抛掷四枚质地不同的硬币，3次正面向上；②某人射击，击中目标的概率为0.8，他连续射击了10次，其中6次击中；③口袋中装有5个白球，3个红球，2个黑球，从中无放回地抽取5个球，恰好抽出4个白球；④口袋中装有5个白球，3个红球，2个黑球，从中有放回地抽取5个球，恰好抽出4个白球。

【数学学科核心素养分析】

针对任务一下的情境与问题可以分析得出：这里采用问题串的形式，以问题驱动课堂教学，目的是让学生能够从实例中归纳总结出 n 次独立重复试验的概念，并能描述概念的特征。

学生通过对问题1、2的回答，能根据独立事件同时发生的概率回答问题3，并能从具体事例中总结出 n 次独立重复试验的概念及特征。

这些情境与问题关注了学生已有的知识经验，让学生感觉亲切、自然。

如果学生能准确理解情境与问题1~3，说明学生在"情境与问题"方面可以在熟悉的情境中抽象出数学概念；在"知识与技能"方面，能够用以前学过的方法解决一些简单的数学问题；如果学生能准确理解情境与问题4、5，说明在"思维与表达"方面能够了解用数学语言表达的推理论证，在"交流与反思"方面能够结合实际情境，解释相关的概念，那么我们可认为学生达到了数学抽象的数学学科核心素养的水平一。

任务二：二项分布模型的构建

【情境与问题6】

抛掷一枚图钉，设钉尖向上的概率为 p，则钉尖向下的概率为 $q=1-p$，连续抛掷3次，分组讨论，完成下列表格。

用 A_i（$i=1$，2，3）表示事件"第 i 次掷得钉尖向上"，用 B_1 表示事件

"仅出现一次钉尖向上"的情况，见下表：

事件 B_1	
概率 $P(B_1)$	

用 B_k（$k=0$，1，2，3）表示事件"连续抛一枚图钉 3 次，出现 k 次钉尖向上"的情况记录表：

k	0	1	2	3
$P(B_k)$				

【情境与问题 7】

与第二个表对比，你能写出 $P(B_k)$ 的表达式吗？

【情境与问题 8】

若抛掷图钉 n 次，钉尖向上的次数 $X=k$ 的概率为 $P(X=k)=\cdots$（$k=0$，1，2，3，$\cdots$，n）。

【数学学科核心素养分析】

针对任务二下的情境与问题可以分析得出：这里依旧采用问题串的形式，层层深入，很自然地导出二项分布模型。学生通过由特殊到一般的引例分析，总结出 n 次独立重复试验概率计算的规律。

该种处理方式以学生的"最近发展区"为起点，逐层突破难点。

任务三：n 次独立重复试验中事件 A 恰好发生 k 次的概率公式的应用

【情境与问题 9】

某射手射击，每次击中目标的概率为 0.8，求他在 10 次射击中：①恰有 8 次击中目标的概率；②至少有 8 次击中目标的概率。

【数学学科核心素养分析】

这个情境与问题主要是教师给学生展示如何用刚刚学习的 n 次独立重复试验中事件 A 恰好发生 k 次的概率公式解决实际问题，例子很有代表性。

在教学中应注意以下几点。

（1）解释清楚为什么可以看成二项分布的概率模型。每次射击看成一次试验，10 次射击看成 10 次独立重复试验，每次射击命中的概率为 0.8，所以由二项分布概率模型的特点，10 次射击击中目标的次数服从二项分布。

（2）计算问题。这里的计算量很大，可以用计算机或计算器。

（3）计算结果的解释。每次射击命中的概率为 0.8，共射击 10 次，有的学生可能认为命中 8 次的概率会很大，但从计算结果看，命中 8 次的概率只有 0.3 左右。

（4）讲解时还应当完整地把整道题的解答过程讲出来，包含怎么设事件，如何写过渡语言，怎么计算，作答，使学生能清晰地掌握完成这类题的思路和答题步骤。

（赵文平）

第三篇

选择性必修
（第一册）

第一章 空间向量与立体几何

课题一 空间向量运算的坐标表示

"空间向量运算的坐标表示"是人教 A 版数学选修 2 – 1 第三章空间向量与立体几何第一节空间向量及其运算中的第五个教学内容，主要是空间向量加减、数乘、数量积运算的坐标表示，平行向量、垂直向量坐标之间的关系，向量长度公式、两向量夹角公式、空间两点间距离公式。

空间向量运算的坐标表示是在研究了空间向量的正交分解及其坐标表示之后，探究两个向量间的加、减、数乘、数量积的坐标表示，既是对空间向量的正交分解及其坐标表示的应用，又是对空间向量运算提供的一种方法、一种思路，所以具有承上启下的作用；将空间向量的运算与向量的坐标表示结合起来，不仅可以解决一些夹角和距离的计算问题，还可使一些问题的解决变得简单，所以它有着不可替代的作用。

1. 内容标准与数学学科核心素养解析

【内容标准教学要求】

① 掌握空间向量的线性运算及其坐标表示；② 掌握空间向量的数量积及其坐标表示。

【数学学科核心素养解析】

空间向量运算的坐标表示是空间向量加、减、数乘、数量积运算的坐标表示，用坐标来探究平行向量、垂直向量坐标之间的关系，用坐标来探究向量长度公式、两向量夹角公式、空间两点间距离公式。要发现空间向量加、减、数乘、数量积运算的坐标表示，我们就要类比平面向量加、减、数乘、数量积运算的坐标表示，类比平面向量长度公式、两平面向量的夹角公式、平面上两点间距离公式，从而得到空间向量运算的坐标表示。所以本课教学主要发展学生的逻辑推理和数学运算的数学学科核心素养。下面我们就这两种素养的"情境与问题""知识与技能""思维与表达"和"交流与反思"四个方面予以简要分析。

（1）逻辑推理

第一，情境与问题。如果学生能够在平面向量运算的坐标表示这一熟悉情境中，用类比的方法，发现空间向量运算的坐标表示，那么认为学生的逻辑推理的数学学科核心素养达到了水平一。

第二，知识与技能。当学生用类比的方法发现空间向量运算的坐标表示后，还不能确定结论的正确性，需要对其条件和结论进行分析，探索论证思路，选择合适的论证方法予以证明，并能用准确的数学语言表述论证过程，用空间向量运算的坐标表示推导出空间平行向量、垂直向量坐标之间的关系式，向量长度、两向量夹角、空间两点间的距离公式，那么认为在"知识与技能"方面，学生的逻辑推理的数学学科核心素养达到了水平二。

第三，思维与表达。如果学生能够理解空间向量运算的坐标表示，能够理解空间向量运算的坐标表示是在平面向量运算的坐标表示的基础上增加一"项"，即由二维增加到三维，由此初步建立向量运算的坐标表示的网状的知识结构，那么认为在"思维与表达"方面，学生的逻辑推理的数学学科核心素养达到了水平二。

第四，交流与反思。如果学生能够明确空间向量运算的坐标表示的具体内涵，有条理地用坐标推断和计算空间向量的角度和长度，表达自己的观点，那么认为在"交流与反思"方面，学生的逻辑推理的数学学科核心素养达到了水平二。

（2）数学运算

第一，情境与问题。如果学生能够在空间向量的正交分解及其坐标表示的熟悉情境中，确定运算对象：空间向量的加、减、数乘、数量积，并提出这些运算的坐标表示问题，那么认为学生达到了数学运算的数学学科核心素养的水平二。

第二，知识与技能。如果学生能够理解空间向量的加、减、数乘、数量积的坐标表示，能够正确进行运算，得到相应的各种坐标公式，那么认为在"知识与技能"方面，学生达到了数学运算的数学学科核心素养的水平二。

第三，思维与表达。如果学生能够理解空间向量的加、减、数乘、数量积的坐标表示的意义和作用，能够运用运算去验证类比得出的加减运算法则、平行和垂直的坐标表示的相关结论，那么可以认为在"思维与表达"方面，学生达到了数学运算的数学学科核心素养的水平二。

第四，交流与反思。学生能够用坐标运算的结果来说明空间向量的角度和长度，那么认为在"交流与反思"方面，学生达到了数学运算的数学学科核心素养的水平一。

2. 教材教学内容分析

【教材教学内容结构分析】

空间向量运算的坐标表示是探究空间向量加、减、数乘、数量积运算的坐标表示，进而由此推出平行向量、垂直向量、向量长度、两向量夹角公式、空间两点间距离的坐标公式。可以从平面向量运算的坐标表示类比得到空间向量加、减、数乘、数量积运算的坐标表示，需要有一定的类比归纳能力，它是本节课的重点，用空间向量加、减、数乘、数量积运算的坐标表示来解决空间向量间的角度和长度问题，有一定的难度，需要学生建立恰当的空间直角坐标系，把几何问题转化为坐标的运算问题，所以它是本课的难点，为了解决这些问题，教材把空间向量运算的坐标表示编写成了四个方面：

一是用平面向量运算的坐标表示来类比得到空间向量加、减、数乘、数量积运算的坐标表示；二是对空间向量加、减、数乘、数量积运算的坐标表示进行证明；三是用空间向量运算的坐标表示来推导出平行向量、垂直向量的坐标关系式，向量的长度、两向量的夹角、空间两点间距离的坐标公式；四是应用空间向量加、减、数乘、数量积运算的坐标表示来求解角度和长度问题。由此可见，教材的结构为：类比发现—证明确认—推导新知—实际应用。

【教材教学内容编写方式分析】

在编写该内容时，教材首先用平面向量 $\overrightarrow{a} = (x, y)$ 和空间向量 $\overrightarrow{a} = (x, y, z)$ 的联系，由平面向量运算的坐标表示类比得到空间向量运算的坐标表示。其意图是让学生明确空间向量运算的坐标表示生成的根源，利于学生对该知识进行有意义的顺应，同时也教给学生发现和提出问题的一条重要途径——类比。接着教材列举了空间向量的加、减、数乘、数量积的坐标表示。其意图是帮助学生验证自己由类比得到的结论是否正确，便于学生得到及时的反馈，利于激发类比出正确结果的学生学习数学的兴趣，利于类比得出错误结果的学生及时纠正错误。然后教材只选取数量积进行了证明，其意图是让学生经历类比、猜想、证明这一数学知识的再生成的完整过程，让学生明白类比猜想得到的结论不一定正确，必须进行严格的证明，同时让学生积累"类比、猜想、证明"这一发现新知识的数学活动经验，掌握比数学知识更重要的，蕴含在数学知识背后的数学思想方法；空间向量加、减、数乘没有证明，留给学生自主证明的空间，搭建自主学习平台。之后教材在得到空间向量运算的坐标表示的基础上，推导出平行向量、垂直向量的坐标关系式，向量长度、两向量夹角、空间两点间距离的坐标公式，其意图是通过应用来巩固理解空间向量运算的坐标表示，拓展和深化空间向量运算的坐标表示的使用范围。最后教材给出两个例题：一个求解两直线夹角的余弦值，另一个证明两直线互相垂直。其意图是提供空间向量运算的坐标表示应用的平台，让学生体会到解决立体几何中的一些问题时，不但可以用综合法，还可用空间向量运算的坐标表示，使问题的解决变得更简单。

教材的这种编写方式充分考虑了学生的思维和认知水平、知识间的逻辑关系，为教师引导学生探究空间向量运算的坐标表示和学生自主学习空间向量运算的坐标表示提供了基本线索和具体内容，希望教师在教学时，从数学学科实际出发，引导和启发学生经历空间向量运算的坐标表示的类比猜想、推导证明过程，了解空间向量运算的坐标表示的来龙去脉，从而发展学生的数学运算、逻辑推理的数学学科核心素养。

由此可见，该教学内容的教学任务主要有三个：一是类比研究得到空间向量运算的坐标表示，二是证明空间向量运算的坐标表示，三是空间向量运算坐标表示的应用。

3. 基于数学学科核心素养的教学设计

根据以上分析，为达到《课标》的教学要求，通过教学教材内容，促使学生发展逻辑推理和数学运算素养的目的，空间向量运算的坐标表示的教学可依据教材教学内容的三个任务按如下几步进行设计。

任务一：类比研究得到空间向量运算的坐标表示

【情境与问题1】

① 平面向量加、减、数乘、数量积的坐标表示是怎样的？②向量 $\vec{a}$ 在平面和在空间的坐标如何表示，联系是什么？

【数学学科核心素养分析】

如果学生能正确回答①和②，则说明在"思维与表达"方面，学生理解了概念（平面向量加、减、数乘、数量积和坐标表示），了解了这几个熟悉的概念间的逻辑关系，所以认为学生达到了逻辑推理的数学学科核心素养的水平一。

【情境与问题2】

① 类比平面向量加、减、数乘、数量积的坐标表示，空间向量运算的坐标

表示是怎样的？②证明空间向量运算的坐标表示。③说明平面向量运算的坐标表示与空间向量运算的坐标表示的联系和区别。

【数学学科核心素养分析】

如果学生能用类比得出空间向量运算的坐标表示，则说明在"情境与问题"方面，学生能在熟悉的情境中用类比的方法，发现空间向量运算的坐标关系。所以认为学生达到了逻辑推理的数学学科核心素养的水平一。如果学生能够对空间向量运算的坐标表示的条件和结论进行分析，探索论证思路，能选择合适的论证方法予以证明，并能用数学语言表述论证过程，可以认为学生达到了逻辑推理的数学学科核心素养的水平二。如果学生能正确回答③，则在"思维与表达"方面，说明学生能够理解两个概念间的逻辑关系，初步建立网状的知识结构。所以认为学生达到了逻辑推理的数学学科核心素养的水平二。

任务二：推导空间向量运算的公式

【情境与问题3】

设向量 $a = (a_1, a_2, a_3)$，$b = (b_1, b_2, b_3)$，回答如下问题：

① 推导 $a // b$ 的坐标表示；②推导 $a \perp b$ 的坐标表示；③推导 $|a|$ 的坐标公式；④推导 $\cos <a, b>$ 的坐标公式；⑤用自然语言表述这四个公式。

【数学学科核心素养分析】

如果学生能够顺利完成问题①②③④，说明学生能在熟悉的数学内容中知道通过演绎推理得到的结论是必然成立的，能用准确的数学语言表述论证推理过程。所以认为在"知识与技能"方面，学生达到了逻辑推理的数学学科核心素养的水平二。如果学生能用自然语言准确表述这四个公式，说明学生已准确理解空间向量平行、垂直、长度、角度的条件和结论的逻辑关系。所以认为学生达到了逻辑推理的数学学科核心素养的水平一。

任务三：空间向量运算坐标表示的应用

【情境与问题4】

回答下列问题：

① 如下图所示，在正方体 $ABCD - A_1B_1C_1D_1$ 中，点 E_1、F_1 分别是 A_1B_1、C_1D_1 的一个四等分点，求 BE_1 与 DF_1 所成角的余弦值。

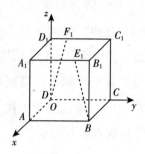

② 如下图所示，在正方体 $ABCD - A_1B_1C_1D_1$ 中，点 E、F 分别是 BB_1、D_1B_1 的中点，求证：$EF \perp DA_1$。

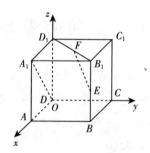

【数学学科核心素养分析】

如果学生能够用综合法先补图，再平移至相交，再推理证明所作角为所求角，最后计算、回答问题①，说明学生在"知识与技能"方面能借助图形的变换，发现图形与图形的关系，并能用所学知识进行有条理的推理和论证，用余弦定理计算余弦值。所以认为学生达到了直观想象、逻辑推理、数学运算的数学学科核心素养的水平一；如果学生能够像图 3.1 – 17（教材）那样，建立空间直角坐标系，把 BE_1 与 DF_1 所成角问题转化成空间向量的坐标计算问题，借助空间向量运算的坐标表示，根据问题的特征形成合适的运算思路，并解决问题，则认为在"知识与技能"方面，学生达到了直观想象和数学运算的数学学科核心素养的水平一。

如果学生能在正方体 $ABCD - A_1B_1C_1D_1$ 上再补充一个正方体 $A_1B_1C_1D_1 - A_2B_2C_2D_2$，把 EF 平移到 BD_1，把 DA_1 平移到 D_1A_2，把求证 $EF \perp DA_1$ 转化为求 $\angle BD_1A_2$ 为 $90°$，或用勾股定理的逆定理证明 $EF \perp DA_1$，则说明学生在"知识与技能"方面能够通过对数学命题的条件与结论的分析，探索论证的思路，并选择合适的方法予以证明。所以认为学生达到了逻辑推理的数学学科核心素养的水平二；如果学生把求证 $EF \perp DA_1$ 转化为证明 $\overrightarrow{EF} \perp \overrightarrow{DA_1}$，再转化为计算 $\overrightarrow{EF} \cdot$ $\overrightarrow{DA_1} = 0$，则认为学生在"知识与技能"方面达到了逻辑推理的数学学科核心素养的水平二；如果学生能以正方体 $ABCD - A_1B_1C_1D_1$ 共顶点的三条棱为空间直角坐标系的三条数轴，建立空间直角坐标系，得到 $\overrightarrow{EF}$ 和 $\overrightarrow{DA_1}$ 的坐标，用坐标计算 $\overrightarrow{EF} \cdot \overrightarrow{DA_1} = 0$，从而证明 $\overrightarrow{EF} \perp \overrightarrow{DA_1}$，则认为学生在"知识与技能"方面达到了直观想象、数学运算的数学学科核心素养的水平二。

（莫定勇）

课题二　空间向量的应用

"空间向量的应用"是人教 A 版数学选修 2 – 1 第三章空间向量与立体几何第二节立体几何中的向量方法的第二个教学内容，主要是应用空间向量解决立体几何中的平行、垂直、距离（点到线、点到面、相互平行的直线、相互平行的平面的距离）和简单的夹角问题。

空间向量的应用是在研究了空间向量的加、减、数乘、数量积的坐标表示之后，在利用平面向量解决平面几何问题的基础上，发展出来的用空间向量解决立体几何中的问题，不但是立体几何中解决问题的综合法的补充，也是向量法的发展，有利于学生形成解决几何问题的方法系统。

1. 内容标准与数学学科核心素养解析

【内容标准教学要求】

能用向量方法解决点到线、点到面、相互平行的直线、相互平行的平面的距离问题和简单的夹角问题，并能描述解决这一类问题的程序，体会向量方法在研究几何问题中的作用。

【数学学科核心素养解析】

空间向量的应用就是用向量的方法来解决立体几何中的距离问题和长度问题：首先要建立立体图形与空间向量的联系，用空间向量表示问题中所涉及的点、直线、平面，把立体几何问题转化为向量问题，再进行向量运算，最后根据运算结果的几何意义来解释相关问题。所以本课教学主要发展学生的直观想象、数学运算和逻辑推理的数学学科核心素养。下面我们就这三种核心素养的

"情境与问题""知识与技能""思维与表达"和"交流与反思"四个方面予以简要分析。

（1）直观想象

第一，情境与问题。如果学生能够借助图形发现图形与图形、图形与数量的关系，探索图形间的长度和角度，可以认为在"情境与问题"方面，学生达到了直观想象的数学学科核心素养的水平二。

第二，知识与技能。如果学生能够掌握研究立体几何中的长度、角度问题的三种方法（综合法、向量法、坐标法），能够根据图形的具体形状和性质，探索解决问题的规律，最后成功解决问题，则认为在"知识与技能"方面，学生达到了直观想象的数学学科核心素养的水平二。

第三，思维与表达。如果学生能够借助立体图形探索出解决长度和角度问题的三种不同思路，能够形成数形结合的思想，积累数形结合解决问题的数学活动经验，体会利用空间向量的意义和作用，则认为在"思维与表达"方面，学生达到了直观想象的数学学科核心素养的水平二。

第四，交流与反思。如果学生能利用空间向量的位置关系、长度和角度关系来说明图形的几何意义，则认为在"交流与反思"方面，学生达到了直观想象的数学学科核心素养的水平二。

（2）数学运算

第一，情境与问题。如果学生在建立立体图形与空间向量的联系之后，能够根据问题，确定运算对象（点的坐标、向量的坐标，法向量、方向向量的坐标，长度、角度的坐标运算等），那么认为学生在"情境与问题"方面应达到数学运算的数学学科核心素养的水平二。

第二，知识与技能。如果学生能根据确定的运算对象，建立起图形与空间向量的关系后进行计算，并且清楚先建系，再算坐标（先算点的坐标，再算法向量、方向向量的坐标），最后算长度、角度，那么可以认定在"知识与技能"方面，学生达到了数学运算的数学学科核心素养的水平二。

第三，思维与表达。如果学生能够理解用向量法和坐标法计算得出的结果与综合法逻辑推理得到的结果完全相同，能够在设计运算程序的过程中，体会程序思想的意义和作用，则说明在"思维与表达"方面，学生的数学运算达到了数学学科核心素养的水平二。

第四，交流与反思。学生能够用坐标运算的结果来说明空间向量的角度和长度，那么认为在"交流与反思"方面，学生达到了数学运算的数学学科核心素养的水平一。

（3）逻辑推理

第一，情境与问题。如果学生能够从立体图形中，类比平面向量去解决平面几何问题的思路去发现用空间向量去解决立体几何问题的思路，那么认为在"情境与问题"方面，学生达到了逻辑推理的数学学科核心素养的水平二。

第二，知识与技能。当学生探究出用空间向量的方法（向量法、坐标法）去解决立体几何的问题时，也能通过对条件和结论的分析，探索证明思路，选择恰当的论证方法予以证明，并用准确的数学语言表述论证过程；学生把角度问题转化为空间向量的数量积问题。所以认为在"知识与技能"方面，学生达到了逻辑推理的数学学科核心素养的水平二。

第三，思维与表达。如果学生能够理解解决立体几何问题的综合法、向量法、坐标法以及三种思路结合使用的技巧，在解答过程中，可以根据题目不同条件而选择不同的方法，形成立体几何问题解决的方法系统，则认为在"思维与表达"方面，学生达到了逻辑推理的数学学科核心素养的水平二。

第四，交流与反思。在交流过程中，如果学生能够明确空间向量应用的具体内涵，有条理地推导、转化，得出结论，则认为学生在"交流与思考"方面达到了逻辑推理的数学学科核心素养的水平一。

2. 教材教学内容分析

【教材教学内容结构分析】

空间向量的应用通过探究立体几何问题用空间向量的方法来解决，并与综合法解决立体几何问题进行对比，形成方法系统。用空间向量解决立体几何问题的步骤是：首先要建立图形与空间向量之间的联系，用向量表示问题中所涉及的点、直线、平面，把立体几何问题转化为向量问题；其次通过向量运算，研究点、直线、平面之间的位置关系以及它们之间的距离和夹角等问题；最后根据运算结果的几何意义来说明相关问题。所以它是本节课的重点，用空间向量来解决立体几何问题，首先是建立立体图形与空间向量的联系，把立体几何问题转化为空间向量的问题。如何建系？如何转化？有一定的难度和技巧，我们没有类似的数学活动经验，因而它是本课的难点。为了自然地解决这些问题，教材把空间向量的应用编写成了四个方面。

一是类比平面向量的应用得到空间向量应用的"三部曲"；二是向量法的应用，求解长度问题和角度问题，也是"三部曲"的具体使用；三是坐标法的应用，求解长度和角度问题，证明平行和垂直；四是总结三种方法使用的条件、特征和步骤，形成知识系统，深化主题。综上可知，教材内容结构为：类比发现"三部曲"—向量法的应用—坐标法的应用—总结提炼，深化课题。

【教材教学内容编写方式分析】

编者在编写该内容时，首先概述立体几何研究的主要问题和空间向量与点、线、面的关系；在此基础上，类比得出用空间向量解决立体几何问题的"三部曲"。其意图有三：一是让学生明确空间向量在解决几何问题中的工具作用，还要明确使用这个工具的具体方法——运算；二是使学生在解决立体几何问题时有大方向，明确应该如何分析和解决；三是利于学生对解决几何问题的向量方法的顺应，同时创设情境让学生经历发现和提出问题的一条途径——类比。然后教材列举例1和例2，例1的意图是引导学生从整体上认识向量法是如何具体使用"三部曲"的，在例1之后，教材在"思考"中安排了三个问题，其意图是拓广、延伸例1；例2主要是用向量法解决二面角问题，其意图与例1类似，另外就是从思想方法上让学生得到提高。然后教材列举例3，它是本章最初提出的问题，是一个力学问题，它的意图有三个：一是引导学生从整体上认识坐标法是如何具体使用"三部曲"的；二是帮助学生理解和掌握坐标法解决立体几何问题的普适性，利于帮助学生理解一题，掌握一类；三是搭建平台，帮助学生将实际问题数学化之后运用数学方法分析解决它，体验数学建模的作用。本例之后，教材在"探究"中追问：不建立坐标系，如何解决这个问题？其意图是让学生在坐标法的基础上，用向量法和综合法考虑同一问题，有助于开拓分析问题、解决问题的思路，使解决立体几何问题的方法系统化。然后教材列举例4，它涉及证明与计算问题，证明线面平行和垂直，计算二面角的大小，其意图是引导学生根据已知条件联想到建立适当空间直角坐标系来表示向量，感受向量坐标方法对证明和求角度很有效，表达很简明。紧随其后，教材在"思考"中提出"用综合法怎样解例4，是比较综合法与例4中的方法"。其意图是把综合法与向量坐标法进行比较，加强学生对向量坐标法的作用的认识，有助于加强知识的横向联系，形成解决立体几何问题的方法系统。最后教材对空间向量的应用做了总结，对综合法、向量法、坐标法进行了比较，其意图是总结提炼，深化主题，让学生更清晰准确地用"三部曲"解答立体几何问题，更清晰地认识不同方法的特征和使用条件、步骤，更清晰地认识有时需要几种方法结合起来使用，从而提高具体问题具体分析的能力和意识，提高抽象概括能力。

教材的上述编写方式充分考虑了学生的认知水平和知识间的逻辑关系，为教师引导学生探究空间向量的应用和学生自主学习空间向量的应用提供了基本线索和具体内容，希望教师在教学时，从学科实际出发，引导和启发学生经历空间向量应用的"三部曲"，具体地感受向量法和坐标法解决立体几何问题的作用和意义，清晰、系统地认识三种方法的特征，从而发展学生的数学运算、直观想象和逻辑推理的数学学科核心素养。

综上，该教学内容的教学任务主要有四个：一是类比得出空间向量应用的"三部曲"；二是用向量法解决立体几何的长度和角度问题；三是用坐标法解决立体几何的长度、角度问题、证明问题；四是总结提炼，深化主题。

3. 基于数学学科核心素养的教学设计

根据以上分析，为达到《课标》的教学要求，通过教学该内容，促使学生发展直观想象、逻辑推理和数学运算的数学学科核心素养的目的，空间向量的应用的教学可依据教材教学内容的四个任务按如下几步进行设计。

任务一：类比得出空间向量应用的"三部曲"

【情境与问题1】

（1）回顾用平面向量解决平面几何问题的"三部曲"是怎样的。

（2）类比平面向量解决平面几何问题的"三部曲"，能否得出用空间向量解决立体几何问题的"三部曲"？若能，是怎样的？

【数学学科核心素养分析】

如果学生能正确回答（1），那么学生在"思维与表达"方面理解了平面向量、平面几何问题、"三部曲"，了解了这几个熟悉的概念的逻辑关系，因此推断学生的逻辑推理达到了数学学科核心素养的水平一。如果学生能正确回答（2），则说明在"情境与问题"方面，学生用类比的方法发现用空间向量解决立体几何问题的"三部曲"。所以认为学生达到了逻辑推理的数学学科核心素养的水平一。

任务二：向量法的应用

【情境与问题2】

如右图所示，一个结晶体的形状为平行六面体。其中，以顶点 A 为端点的三条棱长都相等，且它们彼此的夹角都是 $60°$，那么以这个顶点为端点的晶体的对角线的长与棱长有什么关系？

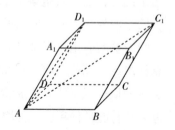

【数学学科核心素养分析】

如果学生能够用综合法顺利完成本问题，则说明学生能在熟悉的数学情境中知道通过演绎推理得到的结论是必然成立的，能用数学语言准确地表述推理论证过程，所以认为在"知识与技能"方面，学生达到了逻辑推理的数学学科核心素养的水平二。如果学生在平行六面体内作出相应的辅助线，借助平行六面体的数量关系，发现问题的解决思路（综合法），则说明学生能借助图形的性质，解决长度问题，所以认为在"知识与技能"方面，学生达到了直观想象的数学学科核心素养的水平二。如果学生能够用向量法顺利完成本问题，则说明学生能在熟悉的数学情境中把数学问题（对角线长）转化为向量问题（$\overrightarrow{AC_1} = \overrightarrow{AB} + \overrightarrow{AD} + \overrightarrow{AA_1}$），因此可以认为学生在"知识与技能"方面达到了逻辑推理的数学学科核心素养的水平二。如果学生用向量法把棱长转化为向量的模长，用数量积计算向量的模完成本问题，则说明学生能够针对运算问题，选择合理的运算方法，解决长度问题，故而可认为在"知识与技能"方面，学生达到了数学运算的数学学科核心素养的水平二。

【情境与问题3】

① 情境与问题2中平行六面体的对角线 BD_1 的长与棱长有什么关系？②如果一个平行六面体的各条棱长都相等，并且以某一顶点为端点的各棱间的夹角都等于 α，那么由这个平行六面体的对角线可以确定棱长吗？③情境与问题2中晶体中相对的两个面之间的距离是多少？

【数学学科核心素养分析】

情境与问题3是在情境与问题2的基础上的改编和拓广延伸，发展学生的数学学科核心素养与情境与问题2类似，所以不再赘述。

【情境与问题4】

如下图所示，甲站在水库底面上的点 A 处，乙站在水坝斜面上的点 B 处。从 A、B 到直线 l（库底与水坝的交线）的距离 AC 和 BD 分别为 a 和 b，CD 的长为 c，求库底与水坝所成二面角的余弦值。

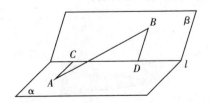

【数学学科核心素养分析】

如果学生在图中作出相应的辅助线，借助图中的数量关系，发现二面角的解决思路（综合法），则说明学生能借助立体图形的性质解决二面角，因此认为在"知识与技能"方面，学生达到了直观想象的数学学科核心素养的水平二。若学生能够用向量法"三部曲"完成本问题，说明学生能在熟悉的数学情境中把数学问题（二面角的余弦值）转化为向量问题（$\vec{AB} = \vec{AC} + \vec{CD} + \vec{DB}$），因而认为在"知识与技能"方面，学生的逻辑推理达到了数学学科核心素养的水平二。如果学生用向量法把二面角的余弦值转化为向量的数量积，用两向量夹角的公式来计算二面角的余弦值，完成本问题，表明学生能够针对计算问题，选择合理的计算方法，解决二面角问题，所以认为在"知识与技能"方面，学生达到了数学运算的数学学科核心素养的水平二。

【情境与问题5】

① 本题中如果夹角 θ 可以测出，而 AB 未知，其他条件不变，可以计算出 AB 的长吗？ ②如果已知一个平行六面体的各棱长和一条对角线的长，并且以同一顶点为端点的各棱间的夹角都相等，那么可以确定各棱间夹角的余弦值吗？ ③如果已知一个平行六面体的各棱长都等于 α，并且以某一顶点为端点的各棱间的夹角都等于 θ，那么可以确定这个平行六面体相邻两个面夹角的余弦值吗？

【数学学科核心素养分析】

情境与问题5是对情境与问题4的拓展和延伸，发展学生的数学学科核心素养与情境与问题4类似，所以不再赘述。

任务三：坐标法的应用

【情境与问题6】

如下图所示，一块均匀的正三角形钢板的质量为 50kg。在它的顶点处分别受力 F_1，F_2，F_3，每个力与它相邻的三角形的两边之间的角都是 60°，且 $|F_1| = |F_2| = |F_3| = 200N$，这块钢板在这些力的作用下将会怎样运动？这三个力最小为多少时，才能提起这块钢板？

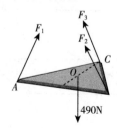

【数学学科核心素养分析】

　　如果学生能够用坐标法先选定适当的位置，建立空间直角坐标系，确定各向量（力）的空间坐标，则说明在"情境与问题"方面，学生在熟悉的情境中能抽象出实物的几何图形，建立起空间向量和力的联系，所以认为学生达到了直观想象的数学学科核心素养的水平一。在空间直角坐标系中，如果学生根据已知数量，计算出各分力的大小，合力的大小，则说明学生能够在熟悉的数学情境中，根据合力的特征形成合适的计算思路，解决力的大小。因而可认为学生在"知识与技能"方面达到了数学运算的数学学科核心素养的水平一。学生用坐标法把力的合成转化为向量的加法，根据合力与分力之间的关系，确定提起钢板所需力的范围，说明学生在"知识与技能"方面能通过对条件和结论的分析，探寻解决问题的思路，由此可认为学生达到了逻辑推理的数学学科核心素养的水平一。若学生在图中作出相应的辅助线，借助图中力的数量和角度关系，发现问题的解决思路（综合法），则说明学生能借助力的性质，解决合力的大小问题，由此可认为学生在"知识与技能"方面达到了直观想象的数学学科核心素养的水平二。

【情境与问题7】

　　如下图所示，在四棱锥 $P-ABCD$ 中，底面 $ABCD$ 是正方形，侧棱 $PD \perp$ 底面 $ABCD$，$PD = DC$，点 E 是 PC 的中点，作 $EF \perp PB$ 交 PB 于点 F。

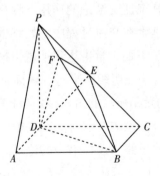

　　① 求证：$PA //$ 平面 EDB；

　　② 求证：$PB \perp$ 平面 EFD；

　　③ 求二面角 $C-PB-D$ 的大小。

【数学学科核心素养分析】

若学生选用坐标法，先选定 D 为原点，以 DA 为 x 轴，以 DC 为 y 轴，以

DP 为 z 轴，建立空间直角坐标系，再确定各向量的空间坐标，则认为在"情境与问题"方面，学生达到了直观想象的数学学科核心素养的水平一；在空间直角坐标系中，若学生根据已知数量大小，计算出各向量的坐标（特别是四个平面的法向量），则表明学生能够在熟悉的情境中，根据线面平行、垂直和二面角的特征，形成恰当的计算思路，选择合理的运算方法，设计运算程序，解决线面平行、垂直和二面角问题。故在"知识与技能"方面，学生达到了数学运算的数学学科核心素养的水平二。如果学生用线面平行、线面垂直的判定定理，通过向量坐标运算证明平行和垂直，运算思路和运算程序都比较简单，则说明在"知识与技能"方面，学生达到了数学运算、逻辑推理的数学学科核心素养的水平一。

任务四：总结提炼，深化主题

【情境与问题 8】

回答下列问题：

① 体会课本例 4 中的方法是怎样把坐标方法与向量方法结合起来的，建立坐标系在解题中起了什么作用？②用综合法怎样解课本中例 4，试比较综合法与例 4 中的方法。③总结比较综合法、向量法、坐标法使用的条件、特征和步骤。

【数学学科核心素养分析】

情境与问题 8 主要是引导学生总结提炼立体几何问题的三种解决方法，感受向量法和坐标法通过计算来证明结论的作用，深化向量法。如果学生能够清晰地回答问题①，则说明学生在交流过程中，始终围绕向量法，观点明确，由此可认为在"交流与反思"方面，学生达到了逻辑推理的数学学科核心素养的水平二。如果学生能用综合法证明线面平行、线面垂直，用作（作出二面角的平面角）、证（证明所作的角是所求的角）、算（计算出所作的角的大小）解答问题，则说明学生能够结合学过的知识有关联的数学命题，通过对问题的条件和结论的分析，探究论证的思路，选择恰当的论证方法予以证明，并能用准确的数学语言表述论证过程。由此可认为学生在"知识与技能"方面达到了逻辑推理的数学学科核心素养的水平二。如果学生能准确、清晰地表述综合法、向量法、坐标法的使用条件、特征和步骤，综合法以逻辑推理作为工具解决问题，向量法利用向量的概念及其运算解决问题，坐标法利用数及其运算来解决问题，能分析得出有时解答立体几何问题时还需三种思路结合使用，进而总结出方法的选择应根据题目的具体条件和特点而确定，则说明学生能够理解用数学语言表达的概念、规则，能提炼出解决一类问题的数学方法，理解具体问题具体分析的思想，故而可认为学生在"知识与技能"方面达到了数学抽象的数学学科核心素养的水平二。

（莫定勇）

第二章 直线与圆的方程

课题一 直线的点斜式方程

"直线的点斜式方程"是人教 A 版数学必修 2 第三章直线与方程 3.2 直线的方程中的第一个教学内容，主要包括直线的点斜式方程及直线的斜截式方程。

本节内容是在学习了如何确定一条直线的几何要素之后，在一定的理论基础上展开学习直线方程的。通过本节的学习，学生将迈出探究解析几何知识的第一步，明确直线（图形）与方程（代数）之间的关系，也能掌握通过代数手段解决几何问题的方式，这为后期更深入地研究曲线与方程做了很好的铺垫。

1. 内容标准与数学学科核心素养解析

【内容标准教学要求】

根据确定直线位置的几何要素，探索并掌握直线的点斜式方程。

【数学学科核心素养解析】

本节内容中，学生需要准确地抓住直线上两点坐标和斜率之间的等式关系，得到直线的斜率后也容易得到直线的点斜式方程，通过例题能够进一步对比得出方程的直线和直线的方程之间的关系，并且要对比分析，练习几个反例，明确得到直线的点斜式方程的条件，最后生成直线的点斜式方程。这种设计对数学运算的数学学科核心素养要求较高。下面我们就从数学运算的"情境与问题""知识与技能""思维与表达"和"交流与反思"四个方面予以简要分析。

第一，情境与问题。要求学生借助两点之间的斜率公式变形为方程，进而理解方程的直线和直线的方程的关系，能够体会出图形与图形、图形与数量之间的关系，确定运算法则，明确运算方向。所以直线的点斜式方程的教学在"情境与问题"方面应达到数学运算的数学学科核心素养的水平三。

第二，知识与技能。学生能够借助图形的性质发现数学规律，掌握研究图形与图形、图形与数量之间关系的基本方法，并能够针对运算问题，合理选择运算方法解决问题。所以直线的点斜式方程的教学在"知识与技能"这方面应达到数学运算的数学学科核心素养的水平二。

第三，思维与表达。学生能够运用运算验证简单的数学结论，体会运算法则的意义和不同数值表达的作用。所以直线的点斜式方程的教学在"思维与表达"方面应达到数学运算的数学学科核心素养的水平一。

第四，交流与反思。要求学生能够在交流过程中明确所讨论问题的内涵，借助足够的运算来探讨各类问题。所以直线的点斜式方程的教学在"交流与反思"方面应达到数学运算的数学学科核心素养的水平二。

2. 教材教学内容分析

【教材教学内容结构分析】

在高中阶段直线的方程是学习解析几何的入门课，学生在直线的方程的学习效果直接影响着后面对曲线与方程的学习，而在学习直线的方程过程中学生对于直线的方程和方程的直线的逻辑理解是一个难点，中学教材为了扫除这一障碍，把直线的方程学习分成了两个阶段。

第一个阶段（初中）：一次函数的图像及性质。

第二个阶段（高中）：直线与方程的关系。

这种先易后难层层递进的铺展方式充分考虑到了各个年龄段学生的认知特点，对于学生更有效地掌握直线的方程是很有好处的。

高中数学教材关于直线的方程具体到直线的点斜式方程这个内容主要分为四个部分。第一部分：教材中开始的文字语言叙述，已知直线上一点及斜率求解直线方程的过程——推导出直线的点斜式方程；第二部分：关于特殊位置的直线方程的思考题——说明直线的点斜式方程的应用范围；第三部分：例1——生成直线的斜截式方程；第四部分：关于一次函数与直线的斜截式方程异同对比的思考题——直线的斜截式方程的意义。

所以，教材的内容结构为：推导出直线的点斜式方程—说明直线的点斜式方程的应用范围—生成直线的斜截式方程—直线的斜截式方程的意义。

【教材教学内容编写方式分析】

教材首先给出了一个在一般情况下，已知一条直线的两个几何要素——定点和斜率，求解直线方程的过程，其意图是希望教师在课堂教学时让学生明确直线的方程和方程的直线之间的逻辑关系，从而掌握求解直线方程的一般方法——求直线上所有点的坐标 (x, y) 满足的方程，并验证其完备性。同时希望教师注意引导学生把所要解决的问题与所学知识进行联系，从而自然地推导出直线的点斜式方程，这其中有着对轨迹方程的求法思想，教师在教学时需适时渗透给学生。

其次教材给出了一个关于求解特殊位置直线方程的思考题，其意图是希望教师在教学时引导学生关注直线的点斜式方程的应用范围，即直线的点斜式方程不能表示斜率不存在的直线，且可以发现斜率不存在的直线方程横坐标都相同，而且斜率为零的直线方程纵坐标都相同。然后教材给出了一个求过定点 P_0 $(-2, 3)$，且倾斜角 $\alpha = 45°$ 的直线方程的例题，其意图是希望教师在教学时让学生把理论应用于实际，而且所求出的直线方程为 $y - 3 = x + 2$，学生会很自然地把结果化简成 $y = x + 5$，这不仅是学生合并同类项能力的体现，也可以反映出学生对一次函数的理解，同时还展示了直线的点斜式方程与直线的斜截式方程之间的等价关系，让知识间建立了自然而然的联系。

最后教材给出了一个一次函数与直线的斜截式方程间异同对比的思考题，其意图在于希望教师在教学时引导学生从不同的角度去认识函数、方程、直线间的关系。一次函数是直线的斜截式方程，其中的系数 k、b 都有着实际的几何意义，学生通过对直线斜截式方程的学习，更加具体了一次函数图像的走势和位置，且斜截式方程还能补充表示平行于 x 轴的直线，同时也希望教师引导学生用类比的方法来研究直线，如两直线的位置关系就可以从函数的角度来认识。

教材这样编写的意图是希望教师在教学时，注重初高中的数学知识间的衔接，从学生已有的知识经验出发，首先利用从一般到特殊的思想方法给学生建立起直线的点斜式方程，再自然地过渡到直线的斜截式方程，最后把相关联的知识点进行对比研究，从而发展学生的直观想象、数学运算、逻辑推理的数学学科核心素养。

由此可见，该教学内容的教学任务主要有四个：一是明确直线的方程的概念，二是推导出直线的点斜式方程，三是生成直线的斜截式方程，四是建立一次函数与直线的斜截式方程间的对比。

3. 基于数学学科核心素养的教学设计

任务一：明确直线的方程的概念

【情境与问题1】

解决下列问题：

① 过已知点 A $(-1, 3)$ 的直线有多少条？②斜率为 -2 的直线有多少条？③过已知点 A $(-1, 3)$，且斜率为 -2 的直线有多少条？④若直线 l 经过点 A $(-1, 3)$，斜率为 -2，点 P 在直线 l 上运动，那么点 P 的坐标 (x, y) 应满足什么样的条件？

【数学学科核心素养分析】

如果学生能准确回答出问题①②③，则说明学生对确定一条直线的几何要素——点、斜率是非常清楚的。如果学生在问题④中能够准确地抓住直线上的 P、A 两点坐标和斜率 -2 之间的等式关系，并能发现借助两点之间的斜率公式 $\dfrac{y-3}{x+1} = -2$，因为分母 $x+1 \neq 0$，而使得方程中缺少点 A（-1，3），于是变形成整式 $y-3 = -2(x+1)$，从而理解方程的直线和直线的方程的关系，则在"知识与技能"方面，学生能够掌握研究图形与图形、图形与数量之间关系的基本方法，并能够针对运算问题，合理选择运算方法解决问题。所以我们可以认为学生达到了直观想象、数学运算的数学学科核心素养的水平二。在"情境与问题"方面，学生能够体会出图形与图形、图形与数量之间的关系，所以我们可以认为学生达到了直观想象的数学学科核心素养的水平一。

【情境与问题2】

下列各组方程是否表示同一直线？

① $y = x$ 与 $\dfrac{y}{x} = 1$；② $y = x^0$ 与 $y = 1$；③ $y = x$ 与 $y^2 = x^2$。

【数学学科核心素养分析】

如果学生能够准确地发现问题①中右边的方程缺少了（0，0）点，问题②中左边的方程缺少了（0，1）点，问题③中右边的方程中除了有左边方程的点以外，还有很多其他的点，通过以上三组方程进一步对比得出方程的直线和直线的方程之间的关系，则说明在"知识与技能"方面，学生能够通过举反例说明某些数学结论不成立，且能够在熟悉的数学情境中，根据问题的特征形成合适的运算思路解决问题。我们可以认为学生达到了逻辑推理、数学运算的数学学科核心素养的水平一。在"交流与反思"方面，学生能够在交流过程中，借助数学运算和直观想象的数学学科核心素养探讨问题，则我们可以认为学生达到了直观想象、数学运算的数学学科核心素养的水平二。

任务二：推导出直线的点斜式方程

【情境与问题3】

同学们能够把在一般情况下，已知直线 l 过定点 P_0（x_0，y_0），且斜率为 k 的直线方程求出来吗？

【数学学科核心素养分析】

如果学生能够仿照前面问题的解决过程，并能够把所得代数式方程整式化

为 $y - y_0 = k(x - x_0)$，还能进一步验证坐标满足方程的点都在直线上，直线上的点的坐标都满足方程，则说明在"知识与技能"方面，学生能够联系已学知识，分析关联问题的条件和结论，探索论证思路。我们可以认为学生达到了逻辑推理的数学学科核心素养的水平二。

任务三：生成直线的斜截式方程

【情境与问题4】

已知直线 l 经过点 $P_0(-2, 3)$，且倾斜角 $\alpha = 45°$，求出直线 l 的方程，并在直角坐标系中画出直线 l，完成后相互对比讨论。

【数学学科核心素养分析】

学生经过对前面问题的讨论已经可以轻车熟路地把直线 l 的点斜式方程求出，即 $y - 3 = x + 2$，在这之后会有学生把这个式子化简成 $y = x + 5$，这个形式是学生熟知的一次函数，学生自然地会在直线上关注到点 $(0, 5)$，同时通过学生间的对比讨论，学生能够发现 $y = x + 5$ 也可以是点斜式，只是直线经过的点在 y 轴上，如果学生能够生成直线的斜截式方程就是点斜式方程的特殊情况，且明确"斜"和"截"的几何意义，则说明在"知识与技能"方面，学生能够在熟悉的情境中，借助图形的性质发现数学规律，我们可以认为学生达到了直观想象的数学学科核心素养的水平一；在"思维与表达"方面，学生能够运用运算验证简单的数学结论，则我们可以认为学生达到了数学运算的数学学科核心素养的水平一。

任务四：建立一次函数与直线的斜截式方程间的对比

【情境与问题5】

由直线的斜截式方程你可以联想到我们学习过的哪类函数？谈谈它们之间的异同。

【数学学科核心素养分析】

如果学生能够准确地说出一次函数中 $k \neq 0$，以及发现集合 {一次函数 $y = kx + b$ 的图像} 是集合 {斜截式方程 $y = kx + b$ 表示的直线} 的真子集，而且有了直线的斜截式方程后，一次函数相应的系数都有着具体的实际意义，一次函数的图像规律更方便把握了，则说明在"交流与反思"方面，学生能够在交流过程中明确所讨论问题的内涵，有条理地表达观点，我们可以认为学生达到了逻辑推理的数学学科核心素养的水平一。

（杨宗涛）

课题二　点到直线的距离

　　"点到直线的距离"是人教 A 版数学必修 2 第三章直线与方程 3.3 直线的交点坐标与距离公式中的一个教学内容，主要是探究点到直线的距离公式的生成和推导。

　　点到直线的距离是人教 A 版数学必修 2 的重点内容，它是在研究"两点间的距离"的基础上对点与线、线与线的距离的进一步研究，它在判断直线与圆，直线与椭圆、双曲线、抛物线的位置关系和求相应的最值过程中有着广泛的应用，而求解"直线与曲线的位置关系"相关问题又是高考的热点。本节知识渗透了数形结合和转化与化归的数学思想，在推导过程中，让学生充分体验坐标法思想，感受在使用坐标法时辅助一些平面几何的知识让烦琐的运算变得简单、便捷，有利于培养学生用联系的观点看问题，有利于学生认识到事物在一定的条件下可以互相转化。

1. 内容标准与数学学科核心素养解析

【内容标准教学要求】

探索并掌握平面上点到直线的距离公式。

【数学学科核心素养解析】

　　我们知道点到直线的距离是探索并掌握点到直线的距离公式。在探索过程中，会探究出公式的多种发现角度和推导思路；不同的思路，所需计算的复杂程度有很大的差别，无论哪种思路都有不少的计算，但思路不同（用几何知识的多少不同），计算量和计算的复杂程度就有很大的区别。所以本课教学主要发展学生的数学运算、逻辑推理和直观想象的数学学科核心素养。下面我们就数学运算、直观想象和逻辑推理的"情境与问题""知识与技能""思维与表达"和"交流与反思"四个方面予以简要分析。

　　（1）数学运算

　　第一，情境与问题。在综合的情境（已知点的坐标和直线方程）中，如果学生能把点到直线的距离转化为运算问题，确定运算对象和运算法则，明确运算方向，则我们可以认为点到直线的距离的教学在"情境与问题"方面，学生达到了数学运算的数学学科核心素养的水平三。

　　第二，知识与技能。如果学生能够针对点到直线的距离，合理选择运算方法、设计运算程序，推导出点到直线的距离公式，则我们可以认为点到直线的距离的教学在"知识与技能"方面，学生达到了数学运算核心素养的水平二。

第三，思维与表达。如果学生能够运用点到直线的距离公式计算简单的点到直线的距离，体会利用数学公式 $d = \dfrac{|Ax_0 + By_0 + C|}{\sqrt{A^2 + B^2}}$ 的意义和作用，则我们可以认为点到直线的距离的教学在"思维与表达"方面，学生达到了数学运算的数学学科核心素养的水平二。

第四，交流与反思。如果学生能够用数学公式 $d = \dfrac{|Ax_0 + By_0 + C|}{\sqrt{A^2 + B^2}}$ 计算的结果说明点到直线距离的大小，则我们可以认为点到直线的距离的教学在"交流与反思"方面，学生达到了数学运算的数学学科核心素养的水平一。

（2）直观想象

第一，情境与问题。如果学生能够借助点和直线的图像探究出点到直线的距离就是点和垂足（过已知点作与已知直线垂直的直线 l，直线 l 与已知直线的交点）之间的距离，或者构造直角三角形，转化为求直角三角形的高，则我们可以认为点到直线的距离的教学在"情境与问题"方面，学生达到了直观想象的数学学科核心素养的水平二。

第二，知识与技能。如果学生能够借助点和直线的图像探究出点到直线距离的求法，则我们可以认为点到直线的距离的教学在"知识与技能"方面，学生达到了直观想象的数学学科核心素养的水平二。

第三，思维与表达。如果学生能够借助点和直线的图像探索出推导点到直线的距离公式的不同思路，感悟数形结合的思想，积累数形结合解决问题的数学活动经验，体会利用直角三角形推导点到直线的距离公式的意义和作用，则我们可以认为点到直线的距离的教学在"思维与表达"方面，学生达到了直观想象的数学学科核心素养的水平二。

第四，交流与反思。如果学生能利用直角三角形的高来推导点到直线的距离公式，并能说明借助这一平面几何知识推导公式能简化计算，事半功倍，则我们可以认为点到直线的距离的教学在"交流与反思"方面，学生达到了直观想象的数学学科核心素养的水平二。

（3）逻辑推理

第一，情境与问题。如果学生能够从平面几何中两点间的距离、点到线的距离，解析几何中两点间的距离去发现解析几何中的点到直线的距离，并用数学语言来表达，那么我们可以认为在"情境与问题"方面，学生达到了逻辑推理的数学学科核心素养的水平二。

第二，知识与技能。当学生探究出用计算两点间的距离或直角三角形的高来推导点到直线的距离时，学生能探索出公式的两种推导思路，选择合适的计算思路并正确地推导出公式，能用公式解决相关的计算问题。所以我们可以认为在"知识与技能"方面，学生达到了逻辑推理的数学学科核心素养的水平二。

第三，思维与表达。如果学生能够理解无论是平面几何中还是平面解析几何中的两点间的距离、点到直线的距离，平行线间的距离的逻辑关系，都能初步建立网状的距离知识结构，则我们可以认为在"思维与表达"方面，学生达到了逻辑推理的数学学科核心素养的水平二。

第四，交流与反思。在交流过程中，如果学生能够明确点到直线的距离的具体内涵，有条理地计算，推导出结论，则我们可以认为在"交流与反思"方面，学生达到了逻辑推理的数学学科核心素养的水平一。

2. 教材教学内容分析

【教材教学内容结构分析】

距离是日常生活中经常需要面对的一个问题，它有几种类型，不同类型的抽象程度不同，教材把不同类型的距离或同种类型的距离的不同解决思路分别在三个阶段予以安排。

第一阶段（小学）：两点间的距离（两点间直线段的长度），解决办法是用直尺测量。

第二阶段（初中）：两点间的距离，点到直线的距离，解决思路是把所求距离放在三角形中，用平面几何（包括等面积法）的知识解决。

第三阶段（高中）：两点间的距离，解决方法是解斜三角形或坐标法；先在立体几何中，研究了点到直线的距离、点到面的距离、线到面和面到面的距离，然后在解析几何中研究点到直线的距离，凸显坐标法解决几何问题的作用。

这种螺旋式上升的安排方式既考虑了知识的复杂程度，又考虑了各个阶段学生的年龄特点和心理特征，还考虑了学生的认知水平和认知能力，对于学生理解和掌握距离的求解是有帮助的。

点到直线的距离是探究点到直线的距离公式的生成、推导和简单的应用。学生对点到直线的距离公式的推导是体会坐标法思想的一次飞跃。在上一节知识中，学生研究了两点间的距离公式，点到直线的距离自然就转化到点到点的距离，所以学生很容易探寻出用两点间的距离来推导点到直线的距离公式。但用两点间的距离来推导点到直线的距离公式运算特别繁杂，多数学生难以有信心和毅力算出结果，所以需要我们探究其他思路：把点到直线的距离转化成三角形的高，而三角形的高与其面积关系最紧密，求三角形面积最简捷的运算是在直角三角形中，由此找到坐标法辅以平面几何知识这一思路，通过对比运算，学生感受到用一些平面几何知识的坐标法去推导公式的简捷美。由此可见，推导点到直线的距离公式是本课的难点，点到直线的距离公式是本课的重点。为了突出重点，突破难点，教材把点到直线的距离编写成了四个方面：

一是用思考题引入课题；二是根据思考题探索推导点到直线的距离公式的自然思路；三是根据构造直角三角形用勾股定理得出两点间距离公式的思路，探究出较简捷的几何思路，并计算得出结果；四是点到直线的距离公式

$d = \dfrac{|Ax_0 + By_0 + C|}{\sqrt{A^2 + B^2}}$ 的实际应用。由此可见，教材的结构为：思考题引入—

探索自然思路—探索几何思路并推导公式—巩固应用。

【教材教学内容编写方式分析】

教材在编写该内容时，首先提出："思考：如下图所示，已知点 $P_0 (x_0, y_0)$，直线 $l: Ax + By + C = 0$，如何求点 P_0 到直线 l 的距离？"

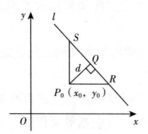

其意图是问题引入，明确目标，启迪思维。然后教材根据图 3.3 - 4，探索

推导出点到直线的距离公式 $d = \dfrac{|Ax_0 + By_0 + C|}{\sqrt{A^2 + B^2}}$ 的思路，其意图是让学生探究

自然思路，体验坐标法思想，提高分析问题（把二维的问题转化为一维的问题，把一般的问题化归为特殊的问题，把生疏的问题转化为熟悉的问题）和解决问题（代数运算）的能力，积累数学基本活动经验。然后借助求两点间距离公式的数学活动经验（构造直角边与坐标轴平行的直角三角形），给出另一种思路

（几何思路），意图是通过两种思路的对比，让学生进一步体验解析法思想，感受平面几何对简化计算的妙处，体会问题在一定条件下可以转化，培养学生用联系的观点来思考问题。最后教材给出了用点到直线的距离公式 $d = \dfrac{|Ax_0 + By_0 + C|}{\sqrt{A^2 + B^2}}$ 解决问题的两个例子，其意图是通过练习，熟悉巩固点到直线的距离公式，学以致用，增强学生的数学应用意识。

教材的这种编写方式充分考虑了学生的认知水平、计算能力、知识间的逻辑关系、点到直线的距离公式的来龙去脉，为教师引导学生推导公式提供了线索和具体思路，并希望教师在教学时，从数学问题入手，引导和启发学生经历发现问题、提出问题、分析问题、解决问题的过程，从而发展学生的数学运算、逻辑推理和直观想象的数学学科核心素养。

综上可得，该教学内容的教学任务有三个。一是提出问题：求点 $P_0 (x_0, y_0)$ 到直线 $l: Ax + By + C = 0$ 的距离，二是用两种思路推导公式，三是点到直线的距离公式的应用。

3. 基于数学学科核心素养的教学设计

根据以上分析，为达到《课标》的教学要求，通过对该内容的教学，促使学生发展数学运算、逻辑推理和直观想象的数学学科核心素养的目的，点到直线的距离的教学可依据教材教学内容的三个任务按如下几步进行设计。

任务一： 用自然思路推导点到直线的距离公式 $d = \dfrac{|Ax_0 + By_0 + C|}{\sqrt{A^2 + B^2}}$

【情境与问题1】

按如下三步进行。

第一步：研究了两点间的距离之后，请同学们思考接下来该研究什么。

第二步：请根据图 3.3-4 列出研究点 $P_0 (x_0, y_0)$ 到直线 $l: Ax + By + C = 0$ 的距离的自然思路及步骤。

第三步：请根据思路推导出点到直线的距离公式 $d = \dfrac{|Ax_0 + By_0 + C|}{\sqrt{A^2 + B^2}}$。

【数学学科核心素养分析】

若学生能完成第一步，则说明学生在"知识与技能"方面能够在熟悉的情境下，用图形描述由一维（两点）类比到二维（一点一线）来发现数学问题（点到直线的距离），则我们可以认为学生达到了直观想象和逻辑推理的数学学科核心素养的水平一。若学生顺利完成第二步，即梳理出如下推导步骤。

第一步：由直线 $l:Ax+By+C=0$ 可得垂线 PQ 的斜率。

第二步：写出垂线 PQ 的方程。

第三步：由直线 $l:Ax+By+C=0$ 和垂线 PQ 的方程联立方程组，求出垂足 Q 的坐标。

第四步：由两点间的距离公式求得点 P 到直线 l 的距离。

如果学生能够用图形来描述和表达数学问题，针对这个数学问题，能够合理选择运算方法，设计出运算程序，则说明在"思维与表达"方面，学生达到了直观想象的数学学科核心素养的水平一、数学运算的数学学科核心素养的水平二。如果学生能准确算出点 Q 的坐标为 $\left(\dfrac{B^2x_0-ABy_0-AC}{A^2+B^2}, \dfrac{A^2y_0-ABx_0-BC}{A^2+B^2}\right)$，则说明在"知识与技能"方面，学生能够了解运算法则及其适用范围，得出正确运算结果。所以我们可以认为学生达到了数学运算的核心素养水平一。如果学生能用两点间的距离公式算出

$$|P_0Q|=\sqrt{\left(x_0-\dfrac{B^2x_0-ABy_0-AC}{A^2+B^2}\right)^2+\left(y_0-\dfrac{A^2y_0-ABx_0-BC}{A^2+B^2}\right)}=\dfrac{|Ax_0+By_0+C|}{\sqrt{A^2+B^2}},$$

则说明在"知识与技能"方面，学生能够针对长度的计算问题，选择合理的运算方法，设计运算程序，解答得到点到直线的距离公式。所以我们可以认为学生达到了数学运算的数学学科核心素养的水平二。

任务二：探究几何思路并推导点到直线的距离公式 $d=\dfrac{|Ax_0+By_0+C|}{\sqrt{A^2+B^2}}$

【情境与问题2】

回答下列问题：

① 两点间的距离公式是怎样推导出来的？请类比两点间的距离公式的推导方法来探究点到直线的距离的思路；②请设计出点到直线的距离的几何思路及步骤；③请根据几何思路及步骤推导出点到直线的距离公式 $d=\dfrac{|Ax_0+By_0+C|}{\sqrt{A^2+B^2}}$；④还有其他推导思路吗？⑤比较这几种思路，你有什么体会？

【数学学科核心素养分析】

如果学生能根据两点间的距离公式的推导思路，探究出求点到直线的距离公式的几何思路：把点到直线的距离转化为三角形的高，用等面积法来计算高，则说明在"知识与技能"方面，学生能选择合适的数学模型表达所要解决的数

学问题。所以我们可以认为学生达到了数学建模的数学学科核心素养的水平二；学生把三角形构造成直角三角形，用等面积法来求解距离，可见学生在"思维与表达"方面能用图形来描述和表达熟悉的数学问题，启迪解决问题的思路，并体会数形结合，所以我们可以认为学生达到了直观想象的数学学科核心素养的水平一。如果学生能解决问题②，即得到如下推导步骤。

第一步：构造出直角 $\mathrm{Rt}\triangle P_0RS$。

第二步：写出直线 P_0S 和 P_0R 的方程，求出交点 R，S 的坐标。

第三步：用两点间的距离公式计算出 $|P_0R|$，$|P_0S|$ 和 $|RS|$。

第四步：用等面积法算出点到直线的距离 $|P_0Q|$。

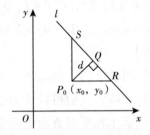

学生针对用面积法求解点到直线的距离这个数学问题，能够选择合理的运算方法，设计出正确、简捷的运算程序，则说明在"思维与表达"方面，学生达到了数学运算的数学学科核心素养的水平二。如果学生能用如上所示的图写出下面内容，则说明在"知识与技能"方面，学生能够针对具体问题，选择合理的运算方法，设计运算程序，推导出点到直线的距离公式，故可认为学生达到了数学运算的数学学科核心素养的水平二。

如果学生顺利完成问题④，根据直线 $P_0Q\colon B(x-x_0)-A(y-y_0)=0$，与直线 $l\colon Ax+By+C=0$ 得到 $A(x-x_0)+B(y-y_0)=-(Ax_0+By_0+C)$，

从而得到 $x-x_0=\dfrac{-A(Ax_0+By_0+C)}{A^2+B^2}$，$y-y_0=\dfrac{-B(Ax_0+By_0+C)}{A^2+B^2}$，

故 $|P_0Q|=\sqrt{(x-x_0)^2+(y-y_0)^2}=\dfrac{|Ax_0+By_0+C|}{\sqrt{A^2+B^2}}$，

则说明在"情境与问题"方面，学生能够在关联的情境中确定运算对象，提出计算问题，在"知识与技能"方面，学生能够针对运算问题，合理地选择运算方法，设计运算过程，推导出点到直线的距离公式，因此可以认为学生达到了数学运算的数学学科核心素养的水平二。如果学生顺利完成问题⑤，得出自然

思路（好想难算，几何思路利用一些几何知识降低运算难度和复杂程度，第三种思路好算难想），则说明在"交流与反思"方面，学生能够在交流过程中，始终围绕推导公式，观点清楚，论述有理有据，并能对数学方法进行评价、总结，所以我们可以认为学生达到了逻辑推理的数学学科核心素养的水平二。

任务三：点到直线的距离公式 $d = \dfrac{|Ax_0 + By_0 + C|}{\sqrt{A^2 + B^2}}$ 的应用

【情境与问题3】

回答下列问题：

(1) 求点 P_0（-1，2）到直线 l:$3x = 2$ 的距离；

(2) 已知点 A（1，3），B（3，1），C（-1，0），求 $\triangle ABC$ 的面积；

(3) 已知直线 l_1:$3x - 4y - 8 = 0$，l_2:$3x - 4y + 2 = 0$，求 l_1 与 l_2 的距离。

【数学学科核心素养分析】

如果学生能够用公式回答问题（1），则说明学生在"知识与技能"方面能用所学知识进行有条理的计算，所以我们可以认为学生达到了数学运算的数学学科核心素养的水平一。如果学生在平面直角坐标系中画图直接得到答案，则说明学生在"知识与技能"方面能够描述简单图形的位置关系和度量关系及其特有性质，所以我们可以认为学生达到了直观想象的数学学科核心素养的水平一。如果学生能够把两点间的距离作为三角形的底边长，把第三点到底的距离作为高来解答问题（2），则说明学生在"知识与技能"方面能够根据问题特征选用合适的计算思路，正确解答距离问题，所以我们可以认为学生达到了数学运算的数学学科核心素养的水平一。如果学生画出图形用割补法来解答问题（2），则表明学生在"知识与技能"方面能够描述直线与直线、点与点的位置关系和度量关系及其特有性质，所以我们可以认为学生达到了直观想象的数学学科核心素养的水平一。如果学生能顺利解答问题（3），则说明学生在"知识与技能"方面能够借助图形认识位置关系和度量关系，根据问题特征选用点到直线的距离公式，并计算求解，所以我们可以认为学生达到了直观想象和数学运算的数学学科核心素养的水平一。

（莫定勇）

课题三　圆的标准方程

"圆的标准方程"是人教 A 版数学必修 2 第四章圆与方程 4.1.1 的第一个教学内容，主要是圆的标准方程及其应用。

在直角坐标系中研究几何对象，特别是圆锥曲线，是数学中一种很重要的方法。学生刚开始在直角坐标系中建立几何对象的方程，因此，如何将几何问题转化为代数问题是学生的一大难点。它会让学生进一步掌握和理解几何图形的性质和特征，同时也能让学生掌握用方程来研究几何对象这一重要方法，通过坐标系，把点与坐标、曲线与方程联系起来，从而实现空间形式与数量关系的结合。

1. 内容标准与数学学科核心素养解析

【内容标准教学要求】

回顾确定圆的几何要素，在平面直角坐标系中，探索并掌握圆的标准方程。

【数学学科核心素养解析】

在小学、初中，学生已经知道并了解了几何图形圆，并相应掌握了确定圆的几何要素。同时，联系前面学习的几何图形（直线），不难发现，我们可以将几何图形放在平面直角坐标系中来研究，这样不仅可以研究它们的图形关系，还可以研究其数量关系。因此，在平面直角坐标系中如何确定一个圆？又如何来确定圆的大小、位置呢？我们知道，确定圆的位置和大小是直观想象的数学学科核心素养："当圆的圆心位置确定、圆的半径确定时，圆在平面内也就随之唯一确定了。"与此同时，如何用代数的方式来研究曲线上点的变化规律，即到定点的距离等于定长的点，这也要用到数学上的建模知识。下面我们就从直观想象和数学抽象的"情境与问题""知识与技能""思维与表达"和"交流与反思"四个方面予以简要分析。

（1）直观想象

第一，情境与问题。学生能够借助已知的图形，了解图形的变化规律，直观认识圆上的点到圆心的距离等于定值。所以圆的标准方程的教学在"情境与问题"方面应达到直观想象的数学学科核心素养的水平二。

第二，知识与技能。学生能够借助圆的直观认识，发现图形的变化规律：圆上的点到圆心的距离都相等。所以圆的标准方程的教学在"知识与技能"方面应达到直观想象的数学学科核心素养的水平一。

第三，思维与表达。学生能够用数学语言准确表达圆上的点所满足的特征：圆心 A 的位置坐标为 (a, b) 表示，半径 r 的大小等于圆上任意一点 $M(x, y)$ 到圆心 $A(a, b)$ 的距离，圆心为 A 的圆就是集合 $P = \{M \mid |MA| = r\}$。所以圆的标准方程的教学在"思维与表达"方面应达到直观想象的数学学科核心素养的水平三。

第四，交流与反思。要求学生既要能准确判断哪些是圆的方程，又要能在交流中利用直观想象的数学学科核心素养探讨圆的本质。所以圆的标准方程的教学在"交流与反思"方面应达到直观想象的数学学科核心素养的水平三。

（2）**数学抽象**

第一，情境与问题。学生能够根据圆的特征来建立坐标系，并会用数学语言予以表达。所以圆的标准方程的教学在"情境与问题"方面应达到数学抽象的数学学科核心素养的水平二。

第二，知识与技能。学生能够解释方程的含义，知道如何确定圆的圆心和半径。所以圆的标准方程的教学在"知识与技能"方面应达到数学抽象的数学学科核心素养的水平二。

第三，思维与表达。学生能够理解用数学语言表达圆的标准方程，并会用圆的标准方程进行简单的应用。所以圆的标准方程的教学在"思维与表达"方面应达到数学抽象的数学学科核心素养的水平二。

第四，交流与反思。在交流过程中，学生要借助建立圆的标准方程的过程来解决一些简单的实际问题。所以圆的标准方程的教学在"交流与反思"方面应达到数学抽象的数学学科核心素养的水平一。

2. 教材教学内容分析

【教材教学内容结构分析】

教材内容大致分为四部分。

第一部分：以思考开篇。教学的主要任务是回顾圆的相关知识，提出课题。

第二部分：圆的标准方程的探究。教学的主要任务是促成学生用集合语言来描述圆上点的特征。

第三部分：例题。教学的主要任务是让学生准确理解和掌握圆的标准方程。

第四部分：探究。教学的主要任务是促使学生进一步理解点与圆的位置关系。

【教材编写内容方式分析】

教材首先用在平面直角坐标系中，两点确定一条直线，一点和倾斜角也能确定一条直线作为引言，其意图是希望教师引导学生思考在平面直角坐标系中如何确定一个圆。显然初中学过，只要圆心和半径确定圆就随之确定了。这样对于学生而言，问题难度不大，且容易理解，可以让学生迅速投入课堂。紧接着教材又给出在平面直角坐标系中，圆心 A 的位置坐标为 (a, b)，半径 r 的大小等于圆上任意一点 $M (x, y)$ 与圆心 $A (a, b)$ 的距离，圆心为 A 的圆就是集合。然后用两点间的距离公式表达出集合中 M 点所满足的条件，从而得到 $(x-a)^2 + (y-b)^2 = r^2$（1），接着给出如何判断点 M 是否在圆上的方法，再提出方程（1）是以 A 为圆心，r 为半径的圆的方程，把它叫作圆的标准方程。最后教材给出三道例题，例 1 的意图是让学生熟悉如何判断点是否在圆上，例 2 的意图是熟悉怎样确定圆的标准方程，例 3 的意图是根据圆的相关几何性质来确定圆的方程。

教材这样编写的意图是希望教师在教学圆的标准方程时首先与初中知识紧密联系，再从高中的平面几何出发，将问题转化为集合思想，由第三章学习的两点间的距离公式进而得出圆的标准方程，让学生经历圆的标准方程的产生过程，理解其来龙去脉，从而发展学生的直观想象、逻辑推理、数学运算和数学抽象的数学学科核心素养。

3. 基于数学学科核心素养的教学设计

任务一：回顾圆的相关知识

【情境与问题 1】

思考：在平面直角坐标系中，如何确定一个圆呢？

【数学学科核心素养分析】

如果学生能思考得出如下结论：圆是由圆心位置和圆的半径大小共同确定的，在直角坐标系中，圆心位置由坐标确定，圆的半径则由圆上点到圆心的距离确定，则说明在"情境与问题"方面，学生能够模仿学过的数学方法解决简单的问题，因此在"情境与问题"方面达到了数学抽象的数学学科核心素养的水平一，在"知识与技能"方面能够在熟悉的数学内容中类比推理得到相应的结论，达到了逻辑推理的数学学科核心素养的水平一。

任务二：用集合符号来定义圆

【情境与问题 2】

思考：初中定义的圆（将一条线段，固定其中一个端点，旋转一周，另一个端点形成的封闭图形就是圆）如何用集合的语言来加以定义？

【数学学科核心素养分析】

如果学生能回答该问题：到定点的距离等于定长的所有点的集合，即 $P = \{M \mid \mid MA \mid = r\}$，则说明在思维与表达方面，学生能够理解用数学语言表达概念，从而在"思维与表达"方面达到了数学抽象的数学学科核心素养的水平二。

任务三：探索并得出椭圆的标准方程

【情境与问题3】

你能根据所建立的直角坐标系，得出圆上的点的坐标应该满足怎样的代数条件吗？

【数学学科核心素养分析】

如果学生能根据学习过的两点间的距离公式，将圆上的点的集合符号表达转化成两点间的距离：$\sqrt{(x-a)^2 + (y-b)^2} = r$，两边平方得 $(x-a)^2 + (y-b)^2 = r^2$，说明在"知识与技能"方面，学生能够选择合适的数学模型表达所要解决的数学问题，因此达到了数学抽象的数学学科核心素养的水平二；能够在关联的情境中确定运算对象，提出运算问题，因此达到了数学运算的数学学科核心素养的水平二。

任务四：探索点与圆的位置关系

【情境与问题4】

探究：点 $M(x_0, y_0)$ 在圆 $x^2 + y^2 = r^2$ 内的条件是什么？在圆 $x^2 + y^2 = r^2$ 外呢？

【数学学科核心素养分析】

如果学生通过思考可以得出点 $M(x_0, y_0)$ 在圆 $x^2 + y^2 = r^2$ 内的条件是 $x^2 + y^2 < r^2$，在圆 $x^2 + y^2 = r^2$ 外的条件是 $x^2 + y^2 > r^2$，那么说明在"知识与技能"方面，学生能够在熟悉的数学情境中，归纳、类比发现数量或图像的关系，从而达到逻辑推理的数学学科核心素养的水平一。

任务五：圆的标准方程的应用

【情境与问题5】

完成教材中所给的三个例题。

【数学学科核心素养分析】

如果学生能解决例1，那么说明在"情境与问题"方面，学生能够在熟悉的情境中，根据问题的特征形式形成合理的运算思路解决问题，因此达到了数学运算的数学学科核心素养的水平一。

如果学生能解决例2，那么说明在"知识与技能"方面，学生能够在熟悉的实际情境中，模仿学过的数学抽象过程解决问题，因此达到了数学抽象的数学学科核心素养的水平一。

如果学生能解决例3，那么说明在"情境与问题"方面，学生能够结合学过的知识有关联的数学命题，通过对其条件与结论的分析，探索论证思路，因此达到了逻辑推理的数学学科核心素养的水平二；在"思维与表达"方面，学生能够在关联的情境中经历数学抽象的过程，因此达到了数学抽象的数学学科核心素养的水平二；在"知识与技能"方面，学生能够通过图形描述和表达熟悉的数学问题、启迪解决这些问题的思路，体会数形结合思想，因此达到了直观想象的数学学科核心素养的水平一。

（冯　攀）

第三章　圆锥曲线的方程

课题一　椭圆及其标准方程

"椭圆及其标准方程"是人教 A 版数学选修（理科 2 - 1，文科 1 - 1）第二章曲线与方程 2.1 椭圆中的第一课时的内容，主要包括椭圆的定义及其标准方程。

椭圆是人们生产生活中常见的图形，它不仅存在于我们宇宙天体运行的轨迹中，它的相关性质更指导着我们的生活。它是继用坐标法（代数法）研究圆后的再一次研究圆锥曲线，也是我们进一步感受数形结合这一基本思想的载体。

1. 内容标准与数学学科核心素养解析

【内容标准教学要求】

经历从具体情境中抽象出椭圆的过程，掌握椭圆的定义、标准方程。

【数学学科核心素养解析】

我们知道，要从实际的生产生活中抽象出动点运动的轨迹是椭圆，需要学生通过图形抽象并归纳出椭圆的定义。同时得到椭圆的定义后，又需要学生用数学语言和符号语言将动点轨迹描述并表达出来，为了进一步研究其性质，我们还需要将椭圆放在平面直角坐标系中，选择适当的方式来进行建系研究，这也需要学生的数学建模思想。当然，在这个过程中也要求学生掌握对点的轨迹的运算。因此，椭圆及其标准方程这一课主要发展学生的数学抽象、数学建模、数学运算的数学学科核心素养。下面我们就数学抽象、数学建模和数学运算的"情境与问题""知识与技能""思维与表达"和"交流与反思"四个方面予以简要分析。

（1）数学抽象

第一，情境与问题。学生能够通过笔尖的运动轨迹抽象得到椭圆上的点到两个定点的距离之和是一个定值。所以椭圆及其标准方程的教学在"情境与问题"方面应达到数学抽象的数学学科核心素养的水平三。

第二，知识与技能。学生能够借助椭圆的图形解释椭圆上的点满足的条件。

所以椭圆及其标准方程的教学在"知识与技能"方面应达到数学抽象的数学学科核心素养的水平一。

第三，思维与表达。学生能够形成数形结合的思想，体会用代数法（坐标法）研究圆锥曲线的意义。所以椭圆及其标准方程的教学在"思维与表达"方面应达到数学抽象的数学学科核心素养的水平三。

第四，交流与反思。学生既能够用椭圆的定义来解释曲线的特征，又能用椭圆的原理来解释日常生活中的一些现象。所以椭圆及其标准方程的教学在"交流与反思"方面应达到数学抽象的数学学科核心素养的水平三。

（2）数学建模

第一，情境与问题。学生能够通过类比圆及其标准方程的学习，建立适当的坐标系，推导椭圆的标准方程。所以椭圆及其标准方程的教学在"情境与问题"方面应达到数学建模的数学学科核心素养的水平二。

第二，知识与技能。学生能够明白椭圆的标准方程中 a、b、c 的意义及其内在联系。所以椭圆及其标准方程的教学在"知识与技能"方面应达到数学建模的数学学科核心素养的水平二。

第三，思维与表达。学生能够通过不同建系过程体会数学建模要求简捷、明了，并能够体会用坐标法研究圆锥曲线的意义。所以椭圆及其标准方程的教学在"思维与表达"方面应达到数学建模的数学学科核心素养的水平一。

第四，交流与反思。在交流过程中，学生能说明椭圆上的点到两个定点的距离之和为定值，同时也可以类比圆及其标准方程说明选取适当的坐标系给研究带来的好处。所以椭圆及其标准方程的教学在"交流与反思"方面应达到数学建模的数学学科核心素养的水平一。

（3）数学运算

第一，情境与问题。椭圆问题在综合的情境中（实际问题）可以转化成计算问题。所以椭圆及其标准方程的教学在"情境与问题"方面应达到数学运算的数学学科核心素养的水平三。

第二，知识与技能。学生能够针对运算问题，合理选择运算的方法。所以椭圆及其标准方程的教学在"知识与技能"方面应达到数学运算的数学学科核心素养的水平二。

第三，思维与表达。学生能够运用椭圆的标准方程的推导思路解决类似的问题。所以椭圆及其标准方程的教学在"思维与表达"方面应达到数学运算的数学学科核心素养的水平二。

第四，交流与反思。学生能够借助方程的推导过程体会数学中的简化思想，形成数学运算方法。所以椭圆及其标准方程的教学在"交流与反思"方面应达到数学运算的数学学科核心素养的水平二。

2. 教材教学内容分析

【教材教学内容结构分析】

教材内容大致分为五部分。

第一部分：教材中的探究问题。教学的主要任务是认识椭圆这个图形，了解椭圆产生的实际背景。

第二部分：教材中的思考——寻求适当的坐标系建立椭圆的方程。教学的主要任务是用数学语言表达椭圆上的点满足的条件，并探索建立适当的直角坐标系，推导椭圆的标准方程。

第三部分：教材中的思考——探究标准方程中 a、b、c 的数量关系。教学的主要任务是认识方程中三个变量的基本关系以及它们表达的意义。

第四部分：思考——不同焦点所得不同的椭圆方程。教学的主要任务是认识椭圆的位置与焦点的关系。

第五部分：椭圆及其方程的应用。教学的主要任务是进一步理解和掌握椭圆的标准方程。

【教材教学内容编写方式分析】

教材首先以探究为本节课的出发点，意图是让学生通过自己动手操作得出一类新图形，并在得出图形的过程中，得到动点需要满足的几何条件。然后再通过教师的引导和归纳得出"把细线的两端拉开一段距离，移动笔尖的过程中，细线的长度保持不变，即笔尖到两个定点的距离之和等于常数"这一结论，从而得出椭圆的定义：我们把平面内与两个定点 F_1、F_2 的距离之和等于常数（大于 $|F_1F_2|$）的点的轨迹叫作椭圆，这两个点叫作椭圆的焦点，两焦点间的距离叫作椭圆的焦距。其意图是让学生从动态的图形生成过程中总结出动点满足的条件，从而抽象生成其定义。紧接着根据椭圆的几何特征（可以看成轴对称图形），建立适当的坐标系，求出椭圆的方程。此时，教材以一个思考（观察椭圆的形状，你认为怎样建立坐标系才能使椭圆的方程简单）引发学生的思考，这体现了教材培养学生的研究探索的能力。学生通过小组合作学习，由椭圆的对称性质建立了如下坐标系：以经过椭圆两焦点 F_1、F_2 的直线为 x 轴，线段 F_1F_2 的垂直平分线为 y 轴，建立直角坐标系 xOy。接着根据椭圆的定义，推导

出椭圆的方程：$\dfrac{x^2}{a^2} + \dfrac{y^2}{a^2 - c^2} = 1$①。由椭圆的定义可知，$2a > 2c$，所以 $a^2 - c^2 > 0$。

推导出椭圆的方程后，教材再以思考（观察图形，你能从中找出表示 a，c，$\sqrt{a^2 - c^2}$ 的线段吗）引导学生观察，由图 2.1-3 可知，$\mid PF_1 \mid = \mid PF_2 \mid = a$，$\mid OF_1 \mid = \mid OF_2 \mid = c$，$\mid PO \mid = \sqrt{a^2 - c^2}$。令 $b = \sqrt{a^2 - c^2}$，那么①式就是 $\dfrac{x^2}{a^2}$ $+ \dfrac{y^2}{b^2} = 1$（$a > b > 0$）②。这样，方程②不仅有对称美，而且反映了椭圆的本质。

从而得出焦点在 x 轴上椭圆的标准方程，其意图是让学生动手建立简单的直角坐标系，通过运算推导得出方程，再以椭圆的对称性质完善椭圆的标准方程。

课本再以思考递进，从而引导学生自我探究得出此时焦点在 y 轴的椭圆的标准方程 $\dfrac{y^2}{a^2} + \dfrac{x^2}{b^2} = 1$（$a > b > 0$）。教材以思考的方式将问题层层递进，让学生不断完善椭圆焦点不同时对应的标准方程，使学生建立完整的体系。

最后教材出示三个例题：例 1 是根据椭圆定义求其标准方程，目的是强化椭圆的概念；例 2 是根据圆中线段中点的变化寻找动点的轨迹，目的是强化动点轨迹的计算方法，并引导学生思考椭圆与圆之间的关系（图形的伸缩）；例 3 是根据动点轨迹的求法，再一次强化椭圆标准方程求解（例 3 实际是椭圆的第二定义）。

3. 基于数学学科核心素养的教学设计

任务一：从实际生活中生成椭圆图形

【情境与问题 1】

学生通过课前准备的工具，实际操作得出椭圆图形。

【数学学科核心素养分析】

如果学生能通过动手得出椭圆的图形，则在"情境与问题"方面，学生能在熟悉的情境中抽象出实物的几何图形，从而达到了直观想象的数学学科核心素养的水平一。

如果学生能从得到的图形中发现笔尖（动点）移动的过程中，细线的长度保持不变，即笔尖到两个定点的距离之和等于常数，那么说明在"思维与表达"方面，学生能够用图形描述和表达熟悉的数学问题，从而达到了直观想象的数学学科核心素养的水平一。如果学生能总结归纳得出椭圆的定义：我们把平面与两个定点 F_1、F_2 的距离之和等于常数（大于 $\mid F_1 F_2 \mid$）的点的轨迹叫作椭圆，那么说明在"思维与表达"方面，学生能够理解用数学语言表达概念，从而达到数学抽象的数学学科核心素养的水平二。

任务二：选择适当的坐标系，探究椭圆的方程

【情境与问题2】

通过观察椭圆的形状，类比圆的对称性建立圆的方程的过程，建立直角坐标系探究椭圆的方程。

【数学学科核心素养分析】

如果学生能联想到圆的方程的建立过程类比得到椭圆的方程，那么说明在"知识与技能"方面，学生能够模仿学过的教学方法解决问题，从而达到了数学抽象的数学学科核心素养的水平一。

如果学生能由椭圆的定义将其转化成数学运算问题，那么说明在"知识与技能"方面，学生能够针对运算问题，合理选择运算方法解决问题，从而达到了数学运算的数学学科核心素养的水平一。

任务三：观察图形，得出椭圆方程中 a、b、c 的图像位置及其大小关系

【情境与问题3】

观察图形（教材），你能从中找出表示 a，c，$\sqrt{a^2-c^2}$ 的线段吗？

【数学学科核心素养分析】

如果学生能在图形（教材）中找到 $|PF_1| = |PF_2| = a$，$|OF_1| = |OF_2| = c$，$|PO| = \sqrt{a^2-c^2}$，那么说明在"情境与问题"方面，学生能够借助图形发现图形与数量的关系，从而达到了直观想象的数学学科核心素养的水平二。

任务四：思考焦点不同时的椭圆的方程

【情境与问题4】

如果椭圆的焦点在 y 轴上，且 F_1、F_2 的坐标分别为 $(0, -c)$、$(0, c)$，a、b 的意义同上，那么椭圆的标准方程是什么？

【数学学科核心素养分析】

如果学生能从图形中得到焦点在 y 轴上时椭圆的标准方程为 $\dfrac{y^2}{a^2} + \dfrac{x^2}{b^2} = 1$

$(a > b > 0)$，那么说明在"情境与问题"方面，学生能够选择合适的数学模型解决数学问题，从而达到了数学建模的数学学科核心素养的水平一。

任务五：椭圆的标准方程的应用

【情境与问题5】

讲解课本的三个例题。

【数学学科核心素养分析】

如果学生能解决例1，那么说明在"知识与技能"方面，学生能够在熟悉的实际情境中，模仿学过的数学建模过程解决问题，从而达到数学建模的数学学科核心素养的水平一；能够针对运算问题，合理选择运算方式解决问题，从而达到了数学运算的数学学科核心素养的水平二。

如果学生能解决例2，那么说明在"知识与技能"方面，学生能够在熟悉的实际情境中，模仿学过的数学建模过程解决问题，从而达到了数学建模的数学学科核心素养的水平一；能够根据问题的特征形成合适的运算思路解决问题，从而达到了数学运算的数学学科核心素养的水平一。

如果学生能解决例3，那么说明在"思维与表达"方面，学生能够在关联的情境中，经历数学建模的过程，从而达到数学建模的数学学科核心素养的水平二；能够针对运算问题，合理选择运算方法解决问题，从而在"知识与技能"方面达到了数学运算的数学学科核心素养的水平二。

（冯　攀）

课题二　椭圆的简单几何性质

"椭圆的简单几何性质"是人教A版数学选修（理科2-1、文科1-1）第二章圆锥曲线与方程2.1椭圆中的第二个教学内容，主要是椭圆的简单几何性质及其应用。

椭圆的简单几何性质是借助坐标系研究完椭圆的标准方程后，利用椭圆的标准方程继续研究椭圆这一曲线的范围、对称性以及特殊点。这样可以从整体上把握椭圆的形状、大小和位置，同时也为今后研究圆锥曲线的性质提供了思路和方法。

1. 内容标准与数学学科核心素养解析

【内容标准教学要求】

通过数形结合的思想，了解并掌握椭圆的简单几何性质。

【数学学科核心素养解析】

椭圆的简单几何性质是在学生学习完用坐标法得到椭圆的标准方程后，从椭圆的标准方程及其图形出发，进一步得到椭圆的简单性质的。从图形中得到的性质又需要通过合理的证明来验证其准确性，从而发展了学生的逻辑推理的数学学科核心素养。当然在验证的过程中要涉及一些运算，从而发展了学生的数学运算的数学学科核心素养。下面我们就逻辑推理、数学抽象和数学运算的"情境与问题""知识与技能""思维与表达"和"交流与反思"四个方面予以简要分析。

（1）逻辑推理

第一，情境与问题。学生能够类比圆的基本性质发现椭圆是轴对称图形。所以椭圆的简单几何性质的教学在"情境与问题"方面应达到逻辑推理的数学学科核心素养的水平一。

第二，知识与技能。学生能够借助前面讲解函数的对称性得到图形上的点 (x, y) 关于 x 轴对称的点是 $(x, -y)$，同时关于 y 轴对称的点是 $(-x, y)$，从而来探索并证明椭圆的对称性。所以椭圆的简单几何性质的教学在"知识与技能"方面应达到直观想象、逻辑推理的数学学科核心素养的水平二。

第三，思维与表达。学生能够形成数形结合的思想，理解并掌握坐标法研究圆锥曲线的意义。所以椭圆的简单几何性质的教学在"思维与表达"方面应达到逻辑推理的数学学科核心素养的水平二。

第四，交流与反思。学生能通过对椭圆的研究为后续的学习提供思路和方法。所以椭圆的简单几何性质的教学在"交流与反思"方面应达到逻辑推理的数学学科核心素养的水平二。

（2）**数学抽象**

第一，情境与问题。学生能够通过对椭圆这个图形的研究发现其具有对称性（关于 x 轴和 y 轴对称），从而抽象出如何用代数方法证明这一性质。所以椭圆的简单几何性质的教学在"情境与问题"方面应达到数学抽象的数学学科核心素养的水平二。

第二，知识与技能。学生能够模仿学习过的圆的性质，从圆的标准方程出发，得到圆上的点的范围，从而研究椭圆上的点的范围及其特殊点。所以椭圆的简单几何性质的教学在"知识与技能"方面应达到数学抽象的数学学科核心素养的水平一。

第三，思维与表达。学生能得到点 $P(x, y)$ 关于 x 轴对称的点 $P_1(x, -$

y）也在椭圆上，关于 y 轴对称的点 P_2（$-x$，y）也在椭圆上。所以椭圆的简单几何性质的教学在"思维与表达"方面应达到数学抽象的数学学科核心素养的水平一。

第四，交流与反思。在交流过程中，学生能借助对椭圆的研究推广到一类圆锥曲线的研究。所以椭圆的简单几何性质的教学在"交流与反思"方面应达到数学抽象的数学学科核心素养的水平三。

（3）数学运算

第一，情境与问题。学生能通过椭圆的标准方程来计算椭圆上的点的横纵坐标的范围。所以椭圆的简单几何性质的教学在"情境与问题"方面应达到数学运算的数学学科核心素养的水平一。

第二，知识与技能。学生能够在熟悉的情境中，根据图形的特征形成合理的运算思路，能用点 P（x，y）关于 x 轴对称的点 P_1（x，$-y$）在椭圆上，关于 y 轴对称的点 P_2（$-x$，y）也在椭圆上说明几何图形的对称性。所以椭圆的简单几何性质的教学在"知识与技能"方面应达到数学运算的数学学科核心素养的水平一。

第三，思维与表达。学生能够运用运算验证椭圆上的点的坐标的范围。所以椭圆的简单几何性质的教学在"思维与表达"方面应达到数学运算的数学学科核心素养的水平一。

第四，交流与反思。学生能够利用运算的结果说明数学问题。所以椭圆的简单几何性质的教学在"交流与反思"方面应达到数学运算的数学学科核心素养的水平一。

2. 教材教学内容分析

【教材教学内容结构分析】

教材内容大致分为如下三大部分。

第一部分：教材以观察为载体——整体把握椭圆的基本性质。教学的主要任务是通过椭圆的图形整体了解它的范围、对称性以及特殊点。

第二部分：分别从范围、对称性、定点、离心率研究——具体研究椭圆的基本性质。教学的主要任务是通过图形直观认识椭圆的基本性质，同时用代数的方法来验证这些性质。

第三部分：教材中的三个例题。教学的主要任务是进一步掌握椭圆的基本性质，并能够利用椭圆的性质解决简单的数学问题。

【教材教学内容编写方式分析】

教材首先从椭圆的定义出发回顾了椭圆的标准方程的建立，选择了椭圆的标准方程 $\dfrac{x^2}{a^2}+\dfrac{y^2}{b^2}=1$（$a>b>0$）①来研究椭圆的几何性质。然后在旁白处提出：通过对曲线的范围、对称性及特殊点的讨论，可以从整体上把握曲线的形状、大小和位置，从而提出本章节研究圆锥曲线都是从范围、对称性、顶点及其他特性来研究其几何性质的，为学生思考明确方向。然后教材再以观察图形 2.1-7 椭圆的形状，提出具体的研究要求：你能从图上看出它的范围吗？它具有怎样的对称性？椭圆上哪些点比较特殊？其目的是体现数形结合的思想，以图形为载体，观察得出其简单的性质，降低难度，学生容易理解和掌握。紧接着教材就结合图形的结论，以方程为载体，结合不等式的相关性质，得出椭圆的范围，说明椭圆位于直线 $x=\pm a$ 和 $y=\pm b$ 所围成的矩形框里。然后根据图形既是轴对称图形又是中心对称图形，用代数知识来证明它（对称变换下坐标的变换规律），从而说明椭圆是关于 x 轴、y 轴对称的，也是关于原点对称的，目的是体现数学的严谨性。教材再以一段话引导学生研究曲线上某些特殊点的位置，可以确定曲线的位置（往往都是在寻找曲线与 x 轴和 y 轴的交点坐标）。于是得到椭圆的四个顶点，从而定义了椭圆的长轴和短轴。教材再以一个思考引发学生观察（椭圆的扁平程度不一，那用什么来刻画椭圆扁平程度）。学生通过图形的改变，可以发现保持长半轴长 a 不变，改变椭圆的半焦距 c，c 越接近 a，椭圆越扁平，这样发现可以利用 c 和 a 这两个量来刻画椭圆的扁平程度，从而定义椭圆的离心率 $e=\dfrac{c}{a}$。教材再用这个量来引导学生如何刻画椭圆的扁平程度。然后，教材再将问题更加深入化：探究 $\dfrac{b}{a}$ 或 $\dfrac{c}{b}$ 的大小能刻画椭圆的扁平程度吗？为什么？你能运用三角函数的知识解释为什么 $e=\dfrac{c}{a}$ 越大，椭圆越扁？$e=\dfrac{c}{a}$ 越小，椭圆越圆吗？这样是为了让学生的思维更开阔，引导学生思考数学知识之间的联系。最后教材通过三个例题，对椭圆的几何性质加以巩固和应用。

3. 基于数学学科核心素养的教学设计

任务一：整体把握椭圆的基本性质

【情境与问题1】

通过对曲线的范围、对称性及特殊点的讨论，可以从整体上把握曲线的形状、大小和位置。

【数学学科核心素养分析】

学生通过对椭圆的标准方程 $\frac{x^2}{a^2}+\frac{y^2}{b^2}=1$（$a>b>0$）①的图像的观察，可以从整体把握椭圆可以放在一个矩形中，它是对称的图形，与坐标轴有交点，同时椭圆的扁平有区分。如果学生可以观察得出相关结论，那么说明在"知识与技能"方面，学生能够描述简单图形的位置关系及其特有性质，从而达到了直观想象的数学学科核心素养的水平一。

任务二：具体研究椭圆的基本性质

【情境与问题2】

通过图形，你能从椭圆的方程中研究它的范围、对称性及其顶点吗？

【数学学科核心素养分析】

如果学生通过观察得到椭圆上的点的横坐标的范围是 $-a\leqslant x\leqslant a$，纵坐标的范围是 $-b\leqslant y\leqslant b$，如果学生能通过代数的方法得出：由方程①可知 $\frac{y^2}{b^2}=1-\frac{x^2}{a^2}\geqslant 0$，所以椭圆上的点的横坐标都适合不等式 $\frac{x^2}{a^2}\leqslant 1$，即 $-a\leqslant x\leqslant a$，同理有 $\frac{y^2}{b^2}\leqslant 1$，即 $-b\leqslant y\leqslant b$，如果学生可以由代数出发，得出相应的结论，那么说明在"知识与技能"方面，学生能够掌握图形与数量之间的关系，从而达到了直观想象的数学学科核心素养的水平二；在"思维与表达"方面，学生能够形成数形结合的思想，体会几何直观的作用和意义，从而达到了直观想象的数学学科核心素养的水平二。

如果学生通过椭圆的形状，可以发现椭圆既是轴对称图形又是中心对称图形，那么说明在"知识与技能"方面，学生能够描述简单图形的特有性质，从而达到了直观想象的数学学科核心素养的水平一。如果学生可以类比研究对称问题，就是研究图像上点的坐标的对称问题，从而用 $-y$ 代 y，方程并不改变，这说明当点 $P（x，y）$ 在椭圆上时，它关于 x 轴的对称点 $P_1（x，-y）$ 也在椭圆上，所以椭圆关于 x 轴对称，那么说明在"知识与技能"方面，学生能够在熟悉的内容中，选择合适的方法予以证明，并用准确的数学语言表述证明过程，从而达到了逻辑推理的数学学科核心素养的水平二。同理，学生可以类比中心对称图形的研究得出相应的结论，同样说明在"知识与技能"方面达到了逻辑推理的数学学科核心素养的水平二。

如果学生通过教师的引导，得出研究曲线上某些点的特殊位置可以确定曲线的位置，常常需要求出曲线与 x 轴与 y 轴的交点坐标，从而得到椭圆的顶点坐标，并提出椭圆的长轴（短轴）及其长度的定义，那么在"知识与技能"方面，学生能够抽象出数学概念，从而达到了数学抽象的数学学科核心素养的水平二。如果学生通过观察，发现不同的椭圆的扁平程度不同，那么通过教师的引导，学生可以提出用量 $e = \dfrac{c}{a}$ 来刻画椭圆的扁平程度。当 e 越接近于 1 时，椭圆越扁；反之，e 越接近于 0 时，椭圆就越接近于圆，那么说明在"情境与问题"方面，学生能够在综合的情境中，用数学的眼光找到研究对象，提出有意义的问题，从而进行研究，那么也就达到了逻辑推理的数学学科核心素养的水平三。

任务三：对椭圆基本性质的应用

【情境与问题3】

请同学们完成课本上三个例题。

【数学学科核心素养分析】

如果学生可以解决例4（求椭圆 $16x^2 + 25y^2 = 400$ 的长轴、短轴、离心率、焦点和顶点的坐标），那么说明在"知识与技能"方面，学生能根据问题的特征形成合适的运算思路，解决问题，从而达到了数学运算的数学学科核心素养的水平一。如果学生可以解决例5（首先可以建立适当的坐标系），那么说明在"情境与问题"方面，学生能够抽象出数学问题，并用恰当的数学语言予以表达，从而达到了数学抽象的数学学科核心素养的水平三。利用椭圆的定义，选择合适的模型进行运算，从而在"知识与技能"方面达到数学运算的数学学科核心素养的水平二。如果学生可以解决例6（建立适当的坐标系研究动点的轨迹），那么说明在"情境与问题"方面，学生能够在综合的情境中抽象出数学问题，并用恰当的数学语言予以表达，从而达到了数学抽象的数学学科核心素养的水平三。将点的坐标用集合语言表达，再利用两点间的距离和点到直线的距离公式进行"翻译"，那么说明在"情境与问题"方面，学生能够在综合的情境中，用数学的眼光找到研究对象，提出有意义的数学问题，从而达到逻辑推理的数学学科核心素养的水平三。

（赵文平）

第四篇

选择性必修
（第二册）

第四章 数 列

课题一 等差数列

"等差数列"是人教 A 版数学必修 5 第二章数列 2.2 等差数列中的第一课时，内容主要是等差数列的概念和通项公式的推导与应用。

数列既是函数内容的延伸，也是数学归纳法、数列极限等后续课程的基础。等差数列是学生探究特殊数列的开始，它对后续内容的学习，无论在知识上还是在方法上都具有积极的意义。

1. 内容标准与数学学科核心素养解析

【内容标准教学要求】

通过生活中的实例，理解等差数列的概念和通项公式的意义，能在具体的问题情境中发现数列的等差关系，并解决相应的问题，体会等差数列与一元一次函数的关系。

【数学学科核心素养解析】

在学习等差数列之前，学生已经学习了数列的概念以及数列的通项公式、递推公式，初步接触了研究数列的方法，如猜想归纳、迭代累加等。作为特殊的函数，等差数列通项公式所具有的函数特点需要从已学知识和方法中加以推导，所以关于等差数列的教学主要是发展学生逻辑推理的数学学科核心素养。下面我们将从逻辑推理的"情境与问题""知识与技能""思维与表达"和"交流与反思"四个方面予以简要分析。

第一，情境与问题。首先从一些特殊的数列入手研究数列中项与项之间的关系，通过归纳与类比，发现这些特殊数列的项之间具有相同的规律，即从第二项起，每一项与前一项的差都等于同一个常数，从而归纳出等差数列的概念，所以等差数列的教学在"情境与问题"方面应达到逻辑推理的数学学科核心素养的水平二。

第二，知识与技能。理解等差数列的定义，从最简单的等差数列引出等差中项的概念，在定义的基础上演绎推导得到等差数列的通项公式，通过分析通项公式的特点探索出推广后的通项公式，即等差数列中任意两项之间可以通过项数和公差建立起关系。所以等差数列的教学在"知识与技能"方面应达到逻辑推理的数学学科核心素养的水平二。

第三，思维与表达。联系数列是特殊的函数这一知识，数列的项实际上是项数的一次函数，并且受到公差与首项的影响。通过灵活运用等差数列，熟练掌握知三求一的解题技巧，能够运用函数的相关知识解决数列的相关问题。所以等差数列的教学在"思维与表达"方面应达到逻辑推理的数学学科核心素养的水平二。

第四，交流与反思。要求学生既能用等差数列的定义判断出一个数列是否是等差数列，又能根据通项公式的特点运用函数、方程的思想与方法解决等差数列的综合问题。所以等差数列的教学在"交流与反思"方面应达到逻辑推理的数学学科核心素养的水平二。

2. 教材教学内容分析

【教材教学内容结构分析】

教材内容大致分为三大部分。

第一部分：现实生活中的四个特殊的数列和等差数列的概念。教学的主要任务是引导学生通过四个特殊数列的共同点归纳出等差数列的概念，在理解概念的基础上，将等差数列的文字语言转化为数学语言，归纳出数学表达。

第二部分：等差中项的概念和通项公式的推导。这部分教学的任务一是由三个数组成的等差数列得出中间一项为等差中项；任务二是利用不完全归纳法或是迭代法、累加法推导出等差数列的通项公式，并根据公式的特点探索出推广后的通项公式。

第三部分：教材中的三个例题。教学任务是让学生认识等差数列通项公式的函数特征，运用"知三求一"求解数列问题，力求引导学生用函数的观点多角度理解等差数列。通过此环节，让他们体验从特殊到一般，从具体到抽象的认知过程。

【教材教学内容编写方式分析】

教材首先指出对于实数，在初中研究了它的一些诸如加、减、乘、除等运算与性质，提出对于数列可否类似研究。其意图是说明研究新的数学对象的方法与规则在初中就已接触，类比、归纳、推理将是研究等差数列的重要方法。接着，从四个特殊的数列入手让学生观察总结，其意图是用不完全归纳法总结等差数列的特点，用文字语言以及数学语言叙述等差数列的概念。然后让学生思考等差数列的通项公式,旨在培养学生从具体到抽象,从特殊到一般的分析问题的能力,并且帮助学生从方程的角度理解通项公式,培养学生用运动变化的观点看问题的能力。最后教材给出三个例子,旨在使学生熟练掌握通项公式的应用,并能应用函数的观点和方法来解决数列的问题。

教材的这种编写方式充分考虑了前后知识(函数与数列)之间的教学衔接,符合学生从具体到抽象,从特殊到一般的认知规律,从等差数列的特点到数学概念,再到数学语言表达的通项公式,最后到用函数观点多角度理解等差数列,层层推进,由浅入深,从而充分发展了学生的逻辑推理、数学运算和数学抽象的数学学科核心素养。

3. 基于数学学科核心素养的教学设计

任务一:提出课题

【情境与问题1】

我们在初中学习了实数,研究了它的一些运算与性质,现在,面对数列,能不能像研究实数一样,研究它的项与项之间的关系、运算与性质呢?先从一些特殊的数列入手。

(1)0,5,＿＿＿＿＿＿,＿＿＿＿＿＿,＿＿＿＿＿。

(2)48,53,58,63。

(3)18,15.5,13,10.5,8,5.5。

(4)10072,10144,10216,10288,10360。

观察上面的数列有什么共同特点?

【数学学科核心素养分析】

如果学生能通过对四个数列的观察得出:从第二项起,每一项与前一项的差都等于同一常数,则说明在"情境与问题"方面,学生能够用归纳或是类比的方法,发现数量的关系与特点;在"知识与技能"方面,能够通过熟悉的例子理解归纳推理的基本形式,我们可以认为学生达到了逻辑推理的数学学科核心素养的水平一。

任务二:推导等差数列的通项公式

【情境与问题2】

思考:数列(1)(2)(3)(4)的通项公式存在吗?如果存在,分别是什么?

【数学学科核心素养分析】

引导学生用不完全归纳法推导出等差数列通项公式,过程如下:$a_2 - a_1 =$

d，即 $a_2 = a_1 + d$，

$a_3 - a_2 = d$，即 $a_3 = a_2 + d = a_1 + 2d$。

$a_4 - a_3 = d$，即 $a_4 = a_3 + d = a_1 + 3d$。

……

若学生能给出上述方法或是通过叠加法与拆项法，得到等差数列 $\{a_n\}$ 的通项公式为 $a_n = a_1 + (n-1)d$（$n \geq 2$），则说明在"知识与技能"方面，学生能够针对数学命题，通过对条件与结论进行分析，选择合适的论证方法予以证明，并能用准确的数学语言描述证明过程，我们可以认为学生达到了逻辑推理的数学学科核心素养的水平二。如果学生能从方程角度理解通项公式，并能用运动变化的观点发现：通项公式含有 a_1、d、n、a_n 这4个量，只要知道其中任何3个量，通项公式就变成关于第4个量的一元方程，解方程就可实现"知三求一"，则说明在"思维与表达"方面，学生理解了相关概念、命题之间的逻辑关系，初步建立起了网状的知识结构，我们可以认为学生达到了逻辑推理的数学学科核心素养的水平二。

任务三：等差数列通项公式的熟练运用

【情境与问题3】

教材中的三个例题。其中例3为：已知数列 $\{a_n\}$ 的通项公式为 $a_n = pn + q$，其中 p、q 为常数，那么这个数列一定是等差数列吗？

【数学学科核心素养分析】

如果学生能完成例1和例2，则说明在"知识与技能"方面，学生能够理解等差数列的特点与概念，了解运算法则进行正确运算，根据问题的具体特征形成了合适的运算思路，我们可以认为学生达到了数学运算的数学学科核心素养的水平一。

如果学生能完成例3，由等差数列通项公式得 $a_n = a_1 + (n-1)d = dn + (a_1 - d) = dn + b$（$d$、$b$ 是常数），当 $d \neq 0$ 的时候，通项公式是关于 n 的一次式，一次项的系数是公差。等差数列通项可以写成 $a_n = pn + q$ 形式，认识到等差数列通项公式的函数特征，充分体验从特殊到一般、从具体到抽象的认知过程，则说明在"知识与技能"方面，学生能够运用常用推理方法的规则，理解其中的方程思想，我们可以认为学生达到了逻辑推理的数学学科核心素养的水平三。

（孙胜亮）

课题二　等差数列的前 n 项和

　　"等差数列的前 n 项和"是人教 A 版数学必修 5 第二章数列 2.3 等差数列的前 n 项和中的第一课时，内容主要是等差数列前 n 项和公式的推导及其简单应用。

　　本节内容是学生学过的等差数列的延续和拓展，通过本节课的学习有利于深化对等差数列本质的理解，又是后续研究数列的基础。同时，在公式的推导过程中所采用的"倒序相加法"是今后数列求和的一种常用且重要的方法，另外，等差数列的前 n 项和在生活中也有广泛的应用，通过本节课的学习有益于培养学生将实际问题数学化和将数学问题生活化的能力，有助于激发学生学习数学的热情。

1. 内容标准与数学学科核心素养解析

【内容标准教学要求】

　　探索并掌握等差数列的前 n 项和公式，理解等差数列的通项公式与前 n 项和公式的关系。

【数学学科核心素养解析】

　　通过对等差数列基本概念和通项公式的学习，学生对等差数列有了一定的了解。等差数列求和是我们在实际生活中经常遇到的一类问题，也是数列研究的基本问题，通过对前 n 项和公式的推导，可以让学生进一步掌握从特殊到一般的研究问题的方法，感受数学源于生活，又服务于生活的实用性。所以关于等差数列前 n 项和的教学主要是发展学生逻辑推理的数学学科核心素养。下面我们就逻辑推理的"情境与问题""知识与技能""思维与表达"和"交流与反思"四个方面予以简要分析。

　　第一，情境与问题。首先从学生熟悉的数学家高斯"神速求和"的故事，引出使用高斯算法求等差数列 1，2，3，$\cdots$，n，$\cdots$前 100 项和的问题，类比这种做法计算这个数列前 n 项和，发现这个数列任意的第 k 项与倒数第 k 项的和等于首项、末项的和 $n+1$，从而得出求和的一般思路。所以等差数列的前 n 项和的教学在"情境与问题"方面应达到逻辑推理的数学学科核心素养的水平一。

　　第二，知识与技能。求等差数列 1，2，3，$\cdots$，n，$\cdots$前 n 项和的高斯算法

能否推广到一般等差数列，需要严格的推理证明。高斯的"首尾配对法"的基础是运用了等差数列的性质"若 $m+n=p+q$，则 $a_m+a_n=a_p+a_q$"，对于一般等差数列，利用 S_n 的定义，均有任意的第 k 项与倒数第 k 项的和等于首项、末项的和，采用"倒序相加法"推导出前 n 项和公式为首项与末项之和的 $\dfrac{n}{2}$ 倍，所以等差数列的前 n 项和的教学在"知识与技能"方面应达到逻辑推理的数学学科核心素养的水平三。

第三，思维与表达。数列具有 5 个相关量 a_1，a_n，n，d，S_n，"知三求二"是常用思路，结合等差数列的通项公式 $a_n=a_1+(n-1)d$，推导出前 n 项和的第二个公式 $S_n=na_1+\dfrac{n(n-1)}{2}d$，两个公式从不同角度反映了 5 个相关量之间的关系，都涉及方程的思想，所以等差数列的前 n 项和的教学在"思维与表达"方面应达到逻辑推理的数学学科核心素养的水平二。

第四，交流与反思。通过公式的推导和公式的运用，能使学生体会从特殊到一般，再从一般到特殊的思维规律，初步形成认识问题、解决问题的一般思路和方法，所以等差数列的前 n 项和的教学在"交流与反思"方面应达到逻辑推理的数学学科核心素养的水平一。

2. 教材教学内容分析

【教材教学内容结构分析】

教材内容大致分为三大部分。

第一部分：高斯的"首尾配对法"求特殊数列的前 n 项和。教学的主要任务是通过引入一个例子使学生思考怎样求等差数列的前 100 项和，介绍德国著名数学家高斯的计算方法，根据特征进一步提炼出"首尾配对"思想。

第二部分：前 n 项和的定义和使用倒序相加法推导前 n 项和公式。这部分教学的主要任务是通过高斯算法的启示，对于一般等差数列而言，由"首尾配对"推广到对于这个数列任意的第 k 项与倒数第 k 项的和均相等，得到前 n 项和的第一个公式，代入已经学习的通项公式，得到第二个公式。

第三部分：教材中的两个例题。教学任务是让学生充分认识等差数列前 n 项和的广泛应用。已知 5 个相关量中的 3 个可以求另外 2 个，进一步理解数列是特殊的函数，前 n 项和公式与二次函数之间的关系，熟练掌握两个公式的使用。

【教材教学内容编写方式分析】

教材首先给出 200 多年前高斯"神速"算出从 1 到 100 这个特殊等差数列的前 n 项和的故事，启发学生用相同的思想与方法计算 1, 2, 3, …, n, …前 n 项和，其意图是通过情境引入活动、任务，让学生亲身经历将实际问题抽象成数学模型并进行解释与应用的过程，其作用就在于提升学生的经验，使之连续地向形式的、抽象的数学知识转变，使数学课变得更生动、更活泼，更能引发学生的兴趣。接着给出数列前 n 项和的定义，从"首尾配对法"推广到适用于一般等差数列求前 n 项和的"倒序相加法"，求出两个常用公式，其意图是通过对高斯方法特点的认真分析，遵循从特殊到一般的认知规律，让学生在实践中通过观察、尝试、分析、类比的方法使用倒序相加法导出等差数列的求和公式，培养学生的类比思维能力，使学生的思路豁然开朗，实现了难点的有效突破。最后教材给出两个例题，例 1 旨在培养学生的数学学科核心素养之一，即数学建模，建立数学模型解决实际问题，学以致用，直接运用公式，加深对公式的认识和理解；例 2 旨在结合等差数列的通项公式和求和公式，对于 5 个量 a_1, d, a_n, n, S_n，知道其中 3 个就可以求余下 2 个，能够通过方程或方程组的思想进行基本量的运算。

教材的这种编写方式充分考虑了学生的认知发展规律，从已知到未知，从特殊到一般，注重前后知识之间的教学衔接。教材从特殊等差数列计算前 n 项和高斯算法的"首尾配对法"到一般等差数列求和的"倒序相加法"，从数学语言表达的数学问题到实际生活中常见的应用问题，最后到用函数与方程观点解决关于 5 个基本量的方程组问题，层层推进，由浅入深，从而充分发展了学生的逻辑推理、数学建模和数学运算的数学学科核心素养。

3. 基于数学学科核心素养的教学设计

任务一：提出课题

【情境与问题 1】

200 多年前，德国数学家高斯在回答老师提出的问题：$1+2+3+\cdots 100=?$时，采用了"首尾配对法"，人们从这个算法中受到启发，用同样的方法计算 1, 2, 3, …, n, …前 100 项和。

$S_n=1+2+3+\cdots+(n-2)+(n-1)+n$,

$S_n=n+(n-1)+(n-2)+\cdots+3+2+1$,

两式相加得：$1+2+3+\cdots+n=\dfrac{n(n+1)}{2}$。

【数学学科核心素养分析】

如果学生能根据这个特殊的例子总结出"首尾配对法"的特点：数列任意的第 k 项与倒数第 k 项的和等于首项、末项的和，则说明在"情境与问题"方面，学生能够用类比的方法，发现数列项与项之间的关系与特点；在"知识与技能"方面，能够在关联的情境中类比相似规律解决相关问题，则学生达到了逻辑推理的数学学科核心素养的水平二。

任务二：推导等差数列的前 n 项和公式

【情境与问题2】

高斯算法的妙处在哪里？这种方法能够推广到求一般等差数列的前 n 项和吗？

【数学学科核心素养分析】

对于给定的等差数列 $\{a_n\}$，$S_n = a_1 + a_2 + a_3 + \cdots + a_n$，根据高斯算法的启示，对于公差为 d 的等差数列：任意的第 k 项与倒数第 k 项的和等于首项、末项的和等于 $a_1 + a_n$，即 $a_k + a_{n-k+1} = a_1 + (k-1)d + a_n - (k-1)d = a_1 + a_n$，由此得到 $S_n = \dfrac{n(a_1 + a_n)}{2}$，代入通项公式得到 $S_n = na_1 + \dfrac{n(n-1)}{2}d$。

若学生能根据上述"倒序相加法"，得到等差数列前 n 项和的公式，则说明在"知识与技能"方面，学生能够理解"倒序相加法"的本质，理解其中的对位思想，则可以认为学生达到了逻辑推理的数学学科核心素养的水平二。如果学生能从方程的角度理解两个公式，并发现：对于5个基本量 a_1，d，a_n，n，S_n，只要知道其中任何3个量，公式就变成关于第四或第五个量的方程，解方程就可实现"知三求二"，则说明在"思维与表达"方面，学生理解了数列相关项之间的逻辑关系，则可以认为学生达到了逻辑推理的数学学科核心素养的水平二。

任务三：等差数列前 n 项和公式的熟练运用

【情境与问题3】

教材中的两个例题。

其中例2为：已知一个等差数列 $\{a_n\}$ 的前10项和是310，前20项和是1220，由这些条件能确定这个等差数列的前 n 项和公式吗？

【数学学科核心素养分析】

若学生能回答出例1，则说明在"知识与技能"方面，学生能够选择合适的数学模型表达所要解决的问题，清楚等差数列的特点，了解前 n 项和公式中每个参数的意义，并能够熟练掌握前 n 项和公式的应用，我们可以认为学生达到了数学建模的数学学科核心素养的水平二。

若学生能回答出例 2，将已知条件代入前 n 项和公式中，得到两个关于首项和公差的二元一次方程，利用方程思想解出未知量，进而确定等差数列，则说明在"思维与表达"方面，学生能够理解每一个基本量的意义，清楚公式的特点，能从函数与方程的角度解决数列问题，达到了对前 n 项和公式的活学活用，则认为学生达到了逻辑推理的数学学科核心素养的水平二。

（孙胜亮）

第五章　一元函数的导数及其应用

课题一　导数的概念

"导数的概念"是人教 A 版数学选修 2－2 第一章导数及其应用 1.1 变化率与导数中的第二课时，内容主要是导数的思想与概念以及用定义求导数的方法。

导数作为微积分的核心概念之一，是解决函数、不等式、数列、几何等多章节相关问题的重要工具，也是对函数知识的深化，对极限知识的发展，导数概念的学习将为以后研究导数的几何意义及应用打下必备的基础，因此在高中数学中具有相当重要的地位和作用。

1. 内容标准与数学学科核心素养解析

【内容标准教学要求】

通过实例分析，经历由平均变化率过渡到瞬时变化率的过程，了解导数概念的实际背景，知道导数是关于瞬时变化率的数学表达，体会导数的内涵与思想，体会极限思想。

【数学学科核心素养解析】

在中学阶段，导数是研究函数的有力工具，在求函数的单调性、极值、曲线的切线以及一些优化问题时有着广泛的应用，同时对研究几何、不等式起着重要作用。导数的概念是教学的起点也是关键，概念的建立基于"无限逼近"的过程，教材是从学生的生活经验出发，通过实例引导学生经历由平均变化率到瞬时变化率的过程，直至建立起导数的数学模型，给出导数的概念，所以关于导数的概念的教学主要是发展学生逻辑推理和数学运算的数学学科核心素养。下面我们将从逻辑推理和数学运算的"情境与问题""知识与技能""思维与表达"和"交流与反思"四个方面予以简要分析。

（1）逻辑推理

第一，情境与问题。从丰富多彩的变化率问题中选出其中两个——气球膨胀率问题和高台跳水问题来研究。随着球内空气容量的增加，气球半径增加越来越慢，要求学生使用数学语言来描述这一现象，用数学解释气球的平均膨胀率在减小；高台跳水运动员在运动过程中的运动状态可以通过平均速度来描述，要求学生思考这种描述是否有其局限性。所以导数的概念的教学在"情境与问题"方面应达到逻辑推理的数学学科核心素养的水平二。

第二，知识与技能。鉴于平均变化率在描述运动状态上的局限性，引入瞬时变化率，引导学生思考如何对瞬时变化率进行数学刻画。数学中，当增量 $\Delta x \to 0$ 时，平均变化率 $\dfrac{f(x_2) - f(x_1)}{x_2 - x_1} = \dfrac{f(x_1 + \Delta x) - f(x_1)}{\Delta x}$（其中 $\Delta x = x_2 - x_1$）就趋近于瞬时变化率。为了体现 $\Delta x \to 0$，让平均变化率的取值间隔 Δx 逐渐缩小，如 $0.1 \to 0.01 \to 0.001 \to 0.0001 \to 0.00001 \cdots$，通过这个过程，学生能体会"无限逼近"的思想，所以导数的概念的教学在"知识与技能"方面应达到逻辑推理的数学学科核心素养的水平二。

第三，思维与表达。在 Δx 无限趋近于 0 的过程中，我们发现 $\dfrac{h(2 + \Delta x) - h(2)}{\Delta x}$ 无限趋近常数 -13.1，这个常数称为导数，记作 $f'(2)$，引导学生根据常数生成过程，抽象出导数的概念"$\Delta x \to 0$ 时，$\dfrac{f(x_0 + \Delta x) - f(x_0)}{\Delta x} \to$ 常数 A"，所以导数的概念的教学在"思维与表达"方面应达到逻辑推理的数学学科核心素养的水平二。

第四，交流与反思。要求学生根据导数的数学定义，提炼出求函数导数的要点与步骤，动手感知"无限逼近"与"极限"思想，会求具体函数在某点处的导数，所以导数的概念的教学在"交流与反思"方面应达到逻辑推理的数学学科核心素养的水平二。

（2）数学运算

第一，情境与问题。学生能够在关联的情境（气球的膨胀率、平均速度）中清楚了解运算方向与运算对象，并按照要求列出相关表达式，所以导数的概念的教学在"情境与问题"方面应达到数学运算的数学学科核心素养的水平二。

第二，知识与技能。学生能够根据运算方向确定运算法则，正确使用运算技巧计算出气球膨胀率逐渐变小以及平均变化率的取值间隔 Δx 无限趋近于 0 时，$\dfrac{h(2 + \Delta x) - h(2)}{\Delta x}$ 无限趋近常数，所以导数的概念的教学在"知识与技能"方面应达到数学运算的数学学科核心素养的水平一。

第三，思维与表达。学生能够根据导数的数学定义，在具体函数中演绎推理相关的运算法则，体会导数概念的求解方向与步骤，正确计算出在某一点处的导数值，所以导数的概念的教学在"思维与表达"方面应达到数学运算的数学学科核心素养的水平二。

第四，交流与反思。学生能够根据导数与瞬时变化率的关系，用导数的运算结果说明在某一点处的函数变化情况，理解导数的意义，所以导数的概念的教学在"交流与反思"方面应达到数学运算的数学学科核心素养的水平一。

2. 教材教学内容分析

【教材教学内容结构分析】

教材内容大致分为三大部分。

第一部分：两个变化率问题及平均变化率的概念。教学的主要任务是通过具体实例来求平均变化率，体会平均变化率的应用局限性，使学生经历由平均变化率过渡到瞬时变化率的过程。

第二部分：体会用"无限逼近"思想求瞬时变化率的方法及导数的概念。这部分教学的主要任务是带领学生动手操作在 Δx 的取值逐渐变小（$0.1 \to 0.01 \to 0.001 \to 0.0001 \to 0.00001 \cdots$）的过程中观察相应的变化率的变化，从而经历由平均变化率过渡到瞬时变化率的过程，切实感知极限的含义，以保证导数概念的建构"水到渠成"，然后总结过程特点给出导数的数学定义。

第三部分：教材中的例题。这部分教学的主要任务是巩固导数的定义，总结出求导的基本步骤：求函数的增量—求平均变化率—无限趋近于 0 的瞬时变化率—得到导数值。

【教材教学内容编写方式分析】

对于生活中丰富多彩的变化率问题，教材首先通过两个特例来分析：气球平均膨胀率→瞬时膨胀率，高台跳水的平均速度→瞬时速度。其意图是引起学生的好奇，通过实例来体会平均变化率的应用局限性，使学生有机会经历由平均变化率过渡到瞬时变化率的过程，通过给出平均变化率的定义，为瞬时变化率的提出打基础。然后，为了求 $t = 2$ 时运动员的瞬时速度，逐步让平均变化率的取值间隔 Δx 逐渐缩小，从 0.01 到 0.000001，又从 -0.01 到 -0.000001，通过计算发现当 $x \to 0$ 时，运动速度稳定在 -13.1，设计意图是导数概念中涉及的极限思想不能采用简单的"告诉"方式，而应在图形计算器的支持下，让学生有一个亲身操作的过程，让学生通过亲身操作，在 Δx 的取值逐渐变小的过程中观察相应的变化率的变化，切实感知极限的含义，以保证导数概念的建构"水到渠成"。其次给出用极限表示的导数概念，其意图是导数的概念比较抽象，从具体案例的归纳提炼出发，层层递进，逐步抽象，有学生参与的归纳过程，可以帮助学生实现导数概念的生成和建构。最后教材给出一个例题，旨在发展学生的应用意识，以具体问题为载体，加深学生对导数内涵的理解，并将导数定义中蕴含的求具体函数导数的步骤与方法进行提炼，体验数学在实际生活中的应用与价值。

教材的编写从变化率入手，通过大量的实验和学生的广泛参与，用形象直观的逼近思想来理解瞬时速度和瞬时变化率，在此基础上再给出导数定义。这样做可以避免学生因未学习极限的概念而影响对导数的认识，可以使学生更直观形象地理解导数概念，同时还能使学生对逼近思想有一定的了解。这种编写方式层层推进，充分发展了学生的逻辑推理、数学建模和数学运算的数学学科核心素养。

3. 基于数学学科核心素养的教学设计

任务一：提出课题

【情境与问题1】

丰富多彩的变化率问题随处可见，以气球膨胀率和高台跳水问题为例开始变化率与导数的学习。

（1）在吹气球过程中，随着气球内空气容量的增加，气球的半径增加得越来越慢，如何从数学的角度描述这种现象？

（2）高台跳水运动中，运动员相对于水面的高度与起跳后的时间存在函数关系：$h(t) = -4.9t^2 + 6.5t + 10$，用平均速度描述运动员的运动状态有什么问题？

【数学学科核心素养分析】

如果学生能根据气球的体积与半径，高度与时间的函数关系求出半径相对于体积的平均变化率以及运动过程中的平均速度，并根据结果得出随着体积的增大，平均膨胀率变小，平均速度不能准确反映运动员一段时间的运动状态，进而得出平均变化率的局限性，则说明在"情境与问题"方面，学生能够在综合的情境中把问题转化为运算问题，明确运算方向；在"知识与技能"方面，能够针对具体问题，合理选择方法，正确运用相关运算法则进行运算，得出正确合理结论，我们可以认为学生达到了数学运算的数学学科核心素养的水平二。

任务二：体会"无限逼近"的思想及导数的概念

【情境与问题2】

（1）运动员的平均速度不一定能反映他在某一时刻的瞬时速度。如何求运动员的瞬时速度？比如，$t=2$ 时的瞬时速度是多少？

（2）函数 $f(x)$ 在 $x=x_0$ 处的瞬时变化率怎样表示？

【数学学科核心素养分析】

很难测量到真正的瞬时速度，实际中测量到的是千分之一秒、万分之一秒，以至更短时间间隔内的平均速度。为了使得平均速度更接近瞬时速度，需要时间间隔越小越好，即 Δt 变小。如果学生利用计算器，通过小组合作，每个小组随意选择几个 Δt，计算 $\dfrac{\Delta h}{\Delta t}$ 的值。发现当 Δt 趋近于 0 时，从 2 的左边或是右边接近 2 时，平均速度趋于一个确定的值 -13.1，我们就把这个平均速度作为瞬时速度的近似值，即 $\lim\limits_{\Delta t \to 0}\dfrac{h(2+\Delta t)-h(2)}{\Delta t}=-13.1$，这样就实现了从平均变化率到瞬时变化率的过渡，在此过程中引导学生体会逼近思想；类比瞬时速度的得出过程，引导学生研究一般函数 $f(x)$ 在 $x=x_0$ 处的瞬时变化率，若是学生能够得出任意一个函数 $f(x)$ 在 $x=x_0$ 处的瞬时变化率是 $\lim\limits_{\Delta x \to 0}\dfrac{\Delta y}{\Delta x}=\dfrac{f(x_0+\Delta x)-f(x_0)}{\Delta x}$，即函数 $y=f(x)$ 在 $x=x_0$ 处的导数为 $f'(x_0)$ 或 $y'\mid x=x_0$，即 $f'(x_0)=\lim\limits_{\Delta x \to 0}\dfrac{\Delta y}{\Delta x}=\dfrac{f(x_0+\Delta x)-f(x_0)}{\Delta x}$，则说明在"知识与技能"方面，学生能够掌握常用逻辑推理方法的规则，并且选择合适的思路予以解决，能够理解"无限逼近"思想与"极限"思想，我们可以认为学生达到了逻辑推理的数学学科核心素养的水平三；在"思维与表达"方面，能够理解相关问题之间的内在联系与本质要求，初步建立起网状的知识结构来解决一类问题，则认为学生达到了逻辑推理的数学学科核心素养的水平二。

任务三：导数概念的实际运用

【情境与问题3】

例：将原油精炼为汽油、柴油、塑料等不同产品，需要对原油进行冷却和加热。如果在第 $x\,h$ 时，原油温度为 $f(x)=x^2-7x+15$（$0\leqslant x\leqslant 8$）（单位：℃），计算第 2h 和第 6h 时，原油温度的瞬时变化率，并说明它的意义。

【数学学科核心素养分析】

导数的概念比较抽象，通过具体的案例可以帮助学生进一步理解导数概念，同时发展学生的应用意识，也是高中数学《课标》所倡导的重要理念之一。如果学生能够回答该问题，则说明在"交流与反思"方面，学生能够理解问题的内涵，围绕主题，有条理、有依据地运用导数的定义与思想解决实际问题，则认为学生达到了逻辑推理的数学学科核心素养的水平二。

（孙胜亮）

课题二　导数公式及其运算法则

"导数公式及其运算法则"是人教 A 版数学选修 2 – 2 第一章第二节的第 2 课时，内容主要是基本初等函数的导数公式及导数的运算法则，求简单函数以及复合函数的导数。

在导数的定义中，阐明了导数概念的实质，也给出了利用定义求导数的方法，但是，对每一个函数都直接按定义去求它的导数，往往是极为复杂和困难的，甚至是不可能的。因此教材直接给出了基本初等函数的导数公式和导数的四则运算法则，为以后导数的研究带来了方便，同时给出的复合函数的求导法则将使导数的计算研究更深入。本节内容是导数的计算这一节的关键部分，对后面更深入地研究导数起着至关重要的作用。

1. 内容标准与数学学科核心素养解析

【内容标准教学要求】

能利用给出的基本初等函数的导数公式和导数的四则运算法则，求简单函数的导数；能求简单的复合函数［限于形如 $f(ax+b)$］的导数；会使用导数公式表。

【数学学科核心素养解析】

为了解决用定义求导数比较麻烦、计算量大的问题，我们希望找到一些简单函数的导数（作为我们的基本公式）与运算法则，借助它们来简化导数的计算过程。因此教材直接给出了基本初等函数的导数公式和导数的四则运算法则，在此基础上给出复合函数的构成和复合函数的求导法则，将导数的计算研究得更深入。所以，关于导数公式及运算法则的教学主要是发展学生数学运算的数学学科核心素养。下面从数学运算的"情境与问题""知识与技能""思维与表达"和"交流与反思"四个方面予以简要分析。

第一，情境与问题。学生能够在熟悉的情境（价格上涨速度、瞬时变化率）中清楚了解运算方向与运算对象，并根据要求进行相关运算，所以导数公式及其运算法则的教学在"情境与问题"方面应达到数学运算的数学学科核心素养的水平一。

第二，知识与技能。学生能够根据导数的运算法则正确进行初等函数的求导运算，理解复合函数的构成，知道复合函数对自变量的导数等于已知函数对中间变量的导数乘以中间变量对自变量的导数，所以导数公式及其运算法则的教学在"知识与技能"方面应达到数学运算的数学学科核心素养的水平二。

第三，思维与表达。学生能够根据常用导数公式，在具体函数中使用相关的运算法则，体会复合函数的求导思路与步骤，正确计算出具体函数的导函数，所以导数公式及其运算法则的教学在"思维与表达"方面应达到数学运算的数学学科核心素养的水平二。

第四，交流与反思。学生能够根据导数的定义与几何意义、导数的运算结果说明在某一点处的函数变化情况，所以导数公式及其运算法则的教学在"交流与反思"方面应达到数学运算的数学学科核心素养的水平一。

2. 教材教学内容分析

【教材教学内容结构分析】

教材内容大致分为三大部分。

第一部分：基本初等函数的导数公式及导数运算法则。教学的主要任务是引导学生通过对 8 个初等函数求导公式的特点熟练记忆，掌握对两个函数的加、减、乘、除的求导，能够熟练使用这些运算法则。

第二部分：复合函数的构成及其求导法则。教学的主要任务是明白复合函数的复合过程，对中间变量的理解是学好对复合函数的求导的关键。在熟悉函数结构的基础上，利用所给的求导法则"复合函数对自变量的导数等于已知函数对中间变量的导数乘以中间变量对自变量的导数"求出复合函数的导数。

第三部分：教材中的例题。这部分教学的主要任务是熟练掌握常用函数的导数公式及运算法则，会求简单复合函数的导数，体会导数在现实生活中的应用价值，从而提高数学的应用能力。

【教材教学内容编写方式分析】

本节内容以前面学习的导数的概念、几何意义及运用导数定义求几个常见函数的导数为基础，给出常数函数、幂函数、正弦函数、余弦函数、指数函数、对数函数的导数公式，然后通过"思考"说明了为什么要引入导数运算法则。（由导数公式及运算法则就能得到两个基本函数的和、差、积、商的导数）通过熟练掌握导数公式及运算法则，为后续学习复合函数的导数奠定基础，特别是对研究函数问题提供了必要的数学工具。然后通过具体函数使学生明白什么是复合函数和复合函数的复合过程，给出复合函数的求导法则：

复合函数 $y=f(g(x))$ 的导数和函数 $y=f(u)$，$u=g(x)$ 的导数间的关系为 $y_x'=y_u' \cdot u_x'$（y_x' 表示 y 对 x 的导数），即 y 对 x 的导数等于 y 对 u 的导数与 u 对 x 的导数的乘积。

教材直接呈现了基本初等函数的导数公式与运算法则，并设计了三道例题，让学生熟悉导数公式和运算法则的运用，更重要的是，通过例1和例3的学习，体验数学与生活的联系，体会数学的文化价值，即运用数学知识解决实际问题。而后教材层层深入，由易到难，继续给我们展示了什么是复合函数，同时将复合函数的结构和复合函数的求导法则也展示给了学生。因此，使很多较难的问题层层分解以后变得简单易懂，这种层层推进、由浅入深的编写方式，充分发展了学生的逻辑推理和数学运算的数学学科核心素养。

3. 基于数学学科核心素养的教学设计

任务一：基本初等函数的导数公式与运算法则

【情境与问题1】

上一节从导数的定义出发，按求导数的三个步骤推导了 5 个常用函数 $y=c$，$y=x$，$y=x^2$，$y=\dfrac{1}{x}$，$y=\sqrt{x}$ 的导数公式，是不是所有的函数求导都必须按照三个步骤来求呢？回答是否定的。为了方便，我们有一个基本初等函数的导数公式表及导数的运算法则。

【数学学科核心素养分析】

这 8 个常用的基本初等函数的导数包括常函数、幂函数（指数为非 0 有理数）、正弦函数、余弦函数、指数函数、对数函数，其中每一个公式都可以根据导数的定义推导出来，但这里不做要求，给学生时间先记忆这 8 个基本初等函数的导数公式。如果学生能根据公式求简单函数的导数，则说明在"情境与问题"方面，学生能够在关联的情境中确定运算对象；在"知识与技能"方面能够针对运算问题，合理选择运算方法与公式，得出正确结论，我们可以认为学生达到了数学运算的数学学科核心素养的水平一。

任务二：复合函数的构成及其求导法则

【情境与问题2】

如何求函数 $f(x)=\ln(3x+2)$ 的导数？

【数学学科核心素养分析】

首先引导学生分析函数 $y = \ln(3x+2)$ 的结构特点，若设 $u = 3x+2$ （$x >$ $-\dfrac{2}{3}$），则 $y = \ln u$，从而函数 $y = \ln(3x+2)$ 可以看成由函数 $y = \ln u$ 和函数 $u = 3x+2$ （$x > -\dfrac{2}{3}$）经过复合得到的，即 y 可以通过中间变量 u 表示成自变量 x 的函数。如果把 y 与 u 的关系记作 $y = f(u)$，u 与 x 的关系记作 $u = g(x)$，那么这个复合过程可以表示为 $y = f(u) = f(g(x)) = \ln(3x+2)$。在此基础上给出复合函数的求导法则：

复合函数 $y = f(g(x))$ 的导数和函数 $y = f(u)$，$u = g(x)$ 的导数间的关系为 $y_x' = y_u' \cdot u_x'$，即 y 对 x 的导数等于 y 对 u 的导数与 u 对 x 的导数的乘积。

如果学生能够通过对这个函数的分解，清楚复合函数的结构，明白复合函数的复合次数和复合过程，对于求复合函数的导数，关键在于由外层向内层逐层求导，直到关于对自变量求导，同时应注意不能遗漏求导环节，并及时化简计算结果，则说明在"知识与技能"方面，学生能够了解运算法则，理解"复合求导"的思路与步骤，我们可以认为学生达到了数学运算的数学学科核心素养的水平二；在"思维与表达"方面，学生能够用固定程序理解与解决问题，使用统一的知识与法则结构来解决一类问题，我们可以认为学生达到了数学运算的数学学科核心素养的水平三。

任务三：教材中的例题

【情境与问题3】

例1：假设某国家在 20 年期间的年均通货膨胀率为 5%，物价 p（单位：元）与时间 t（单位：年）有如下函数关系 $p(t) = p_0(1+5\%)^t$，其中 p_0 为 $t = 0$ 时的物价。假定某种商品的 $p_0 = 1$，那么在第十年，这种商品的价格上涨的速度大约是多少（精确到 0.01）？

例2：日常生活中的饮水通常是经过净化的。随着水纯净度的提高，所需净化费用不断增加。已知将 1t 水净化到纯净度为 $x\%$ 时所需费用（单位：元）为 $c(x) = \dfrac{5284}{100-x}$（$80 < x < 100$）。求净化到下列纯净度时，所需净化费用的瞬时变化率：①90%；②98%。

【数学学科核心素养分析】

如果学生能够回答出这两个例题，则说明学生对初等函数的导数公式和导数的运算法则掌握并能熟练应用，对现实生活中的问题能运用所学进行解答，则说明在"情境与问题"方面，学生能够在关联的情境中确定运算对象，运用所学知识解决相关问题，可以认为学生达到了数学运算的数学学科核心素养的水平二；在"交流与反思"方面，学生能够借助运算结果理解和解释现实生活中的问题，体验数学与生活的联系，体会数学的文化价值与实际价值，可以认为学生达到了数学运算的数学学科核心素养的水平二。

（孙胜亮）

课题三　　函数的单调性与导数

"函数的单调性与导数"是人教 A 版数学选修 2 – 2 教材 1.3.1 的内容。在学习本节课之前学生已经学习了导数、函数及函数单调性等概念，对导数的几何意义与函数单调性有了一定的感性和理性的认识。

函数的单调性是高中数学中极为重要的一个知识点。以前学习了利用函数单调性的定义、函数的图像来研究函数的单调性，学习了导数以后，利用导数来研究函数的单调性，是导数在研究处理函数性质问题中的一个重要应用。学好本课时知识对接下来学习利用导数研究函数的极值奠定了知识基础。

1. 内容标准与数学学科核心素养解析

【内容标准教学要求】

结合实例，借助几何直观探索并了解函数的单调性与导数的关系；能利用导数研究函数的单调性，求不超过三次的多项式函数的单调区间。

【数学学科核心素养解析】

函数单调性作为刻画函数变化规律的一种性质，本质上是对客观世界中各种量的变化过程中存在的或可能的变化规律的抽象的、形式化的描述。函数的性质是研究函数的一个主要任务，在高一已经研究过函数的单调性，判别函数的单调性可以通过定义法、图像法、性质法，证明函数的单调性可以通过定义法，对函数的单调性已有了初步了解和掌握。单调性不仅是函数众多基本性质之一，而且是研究函数其他性质的基础，所以学生对函数的单调性与导数的关系的理解和掌握对学好函数其他性质起着至关重要的作用。我们知道，函数的单调性与导数的关系是基于函数图像单调递增、单调递减与切线斜率的正负之间的关系而抽象出来的一个数学概念，所以在高中数学中教学函数的单调性的概念主要是发展学生的直观想象、数学抽象、数学运算的数学学科核心素养。下面我们就直观想象、数学抽象和数学运算的"情境与问题""知识与技能""思维与表达"和"交流与反思"四个方面予以简要分析。

（1）直观想象

第一，情境与问题。学生能够借助已知函数的图形，了解图形的变化趋势，直观认识单调递增、单调递减与切线斜率的正负之间的关系。所以函数的单调性与导数的教学在"情境与问题"方面应达到直观想象的数学学科核心素养的水平二。

第二，知识与技能。学生能够借助函数单调性的直观认识，发现图形的变化规律：图形呈上升趋势，函数单调递增，切线斜率大于零；图形呈下降趋势，函数单调递减，切线斜率小于零。所以函数的单调性与导数的教学在"知识与技能"方面应达到直观想象的数学学科核心素养的水平一。

第三，思维与表达。学生能够用自然语言准确表达函数的单调性与导数的关系："在某个区间 (a, b) 内，如果 $f'(x) > 0$，那么函数 $y = f(x)$ 在这个区间内单调递增；如果 $f'(x) < 0$，那么函数 $y = f(x)$ 在这个区间内单调递减。"所以函数的单调性与导数的教学在"思维与表达"方面应达到直观想象的数学学科核心素养的水平三。

第四，交流与反思。要求学生能用函数的单调性与导数的关系指出具体函数的单调递增区间、单调递减区间。所以函数的单调性与导数的教学在"交流与反思"方面应达到直观想象的数学学科核心素养的水平二。

（2）数学抽象

第一，情境与问题。学生能够根据函数的单调性与切线斜率之间的变化规律，抽象出单调性与导数的概念，并会用数学语言予以表达。所以函数的单调性与导数的教学在"情境与问题"方面应达到数学抽象的数学学科核心素养的水平三。

第二，知识与技能。学生能够解释单调性与导数之间的关系，同时还能用具体的函数单调性例子解释函数的单调性与导数的概念。所以函数的单调性与导数的教学在"知识与技能"方面应达到数学抽象的数学学科核心素养的水平二。

第三，思维与表达。学生能够理解用数学语言表达的单调性与导数概念"在某个区间 (a, b) 内，如果 $f'(x) > 0$，那么函数 $y = f(x)$ 在这个区间内单调递增；如果 $f'(x) < 0$，那么函数 $y = f(x)$ 在这个区间内单调递减"，并会用函数图像在切点处的切线斜率的正负进行简单的推理和论证。所以函数的

单调性与导数的教学在"思维与表达"方面应达到数学抽象的数学学科核心素养的水平二。

第四，交流与反思。在交流过程中，学生既能结合具体的函数例子解释单调性与导数的关系，又能用单调性与导数的概念解释具体的函数例子。所以函数的单调性与导数的教学在"交流与反思"方面应达到数学抽象的数学学科核心素养的水平二。

（3）数学运算

第一，情境与问题。在综合的情境（比较复杂的函数表达）中求导函数时，能够确定运算对象和运算方向。所以函数的单调性与导数的教学在"情境与问题"方面应达到数学运算的数学学科核心素养的水平三。

第二，知识与技能。学生能够在熟悉的情境中，根据问题的特征形成合理的运算思路，利用 $f'(x)>0$，那么函数 $y=f(x)$ 在这个区间内单调递增；如果 $f'(x)<0$，那么函数 $y=f(x)$ 在这个区间内单调递减，进而判断函数的单调性。所以函数的单调性与导数的教学在"知识与技能"方面应达到数学运算的数学学科核心素养的水平二。

第三，思维与表达。学生能够运用运算验证简单的函数单调性，体会利用函数的单调性与导数的关系来求函数单调区间的几个步骤。所以函数的单调性与导数的教学在"思维与表达"方面应达到数学运算的数学学科核心素养的水平二。

第四，交流与反思。学生既能够用导函数的正负验证的结果说明函数的单调性，又能用其运算探讨函数的单调性。所以函数的单调性与导数的教学在"交流与反思"方面应达到数学运算的数学学科核心素养的水平二。

2. 教材教学内容分析

【教材教学内容结构分析】

函数单调性在不同的学习阶段有着不同的表现形式、表征方式与适用范围。中小学数学教材把函数的单调性知识分成了如下四个阶段。

第一阶段（小学）：虽然没有引入函数的概念，但是在"正比例与反比例"的学习中，已经涉及了两个相关联的量之间的变化关系问题——成正比例的两个量（商一定），一个量扩大（或缩小）多少倍，另一个量也相应地扩大（或缩小）多少倍；成反比例的两个量（积一定），一个量扩大（或缩小）多少倍，另一个量就相应地缩小（或扩大）多少倍，学生能从中体会函数单调性的作用。

第二阶段（中学）：明确引入了函数概念，提出了函数变化规律的问题，给出了两种刻画表征的方式：一是图像特征表征，即图像上升或下降；二是定性描述表征，即 y 随 x 的增大而增大（单调增）或 y 随 x 的增大而减小（单调减）。因为在初中函数概念中没有引入定义域与区间的概念，在需要考虑范围时，总是借助相应的那部分函数图像在平面直角坐标系中所处的位置来加以限定。如在描述反比例函数的变化规律时需要指明相应图像所在的象限，在描述二次函数的变化规律时需要指明相应图像是在其对称轴的左侧还是右侧。用这种方式刻画的函数的增减性，由于不受区间的限制，可以用来描述任何一种函数的变化规律。教材这样安排是让学生接触一些函数的单调性，了解一些特殊函数的单调性。

第三阶段（高一）：正式提出了函数的单调性的概念，在不等式定量表征（单调性的定义）中，将函数的单调性限定在一个实数区间上，使得定义在实数集或其区间上的函数具有单调性。教材在小学和初中的基础上让学生系统地学习函数单调性的初步知识。

第四阶段（高二）：通过导数定量表征，再次对函数的单调性通过另一种方式进行刻画，让学生更深刻理解函数的单调性，更容易运用函数的单调性与导数的关系解决相关数学问题。

这种螺旋式上升的处理方式既考虑了各个阶段学生的年龄特点和心理特征，又考虑了学生的认知水平和认知能力，对于学生理解和掌握函数的单调性与导函数的关系是很有好处的。

高中教材关于函数的单调性与导数的内容主要包括三个方面：一是利用实例猜想函数的单调性与其导函数的关系；二是探讨并验证函数的单调性与其导函数的关系，并在此基础上列举了四个函数的实例；三是函数的单调性与导数的运用，并列举了三个例题及一个思考。由此可见，教材的结构为：函数的单调性与其导函数的关系的猜想—函数的单调性与其导函数的关系的探讨和验证——函数的单调性与导数的运用。

【教材教学内容编写方式分析】

教材在编写该内容时，首先给出一个高台跳水的实例观察，其中有两个意图：一是高台跳水是实际生活中的例子，这样既能引起学生注意，又能体现新教材强调背景的特点；二是通过运动员跳水的过程猜想函数的单调性与其导函数的关系。然后教材又列举了四个具体函数 $y = x$，$y = x^2$，$y = x^3$，$y = \dfrac{1}{x}$，让学生探讨和验证函数的单调性与其导函数的关系，其意图是为促使学生抽象、概括函数的单调性与其导函数的关系提供足够的范例，这是由于函数的单调性与其导函数的关系比较抽象，学生自己很难想到函数的单调性与其导函数之间有什么样的关系，仅凭观察实例是不足以让学生从中抽象概括出函数的单调性与其导函数的关系的。然后给出函数的单调性与其导函数的关系，让学生明确函数的单调性与其导函数的关系到底是什么样的。最后利用单调性与其导函数的关系解决三个实例。

教材的这种编写方式充分考虑了学生的学情，希望教师在教学单调性与导数时，从学生已有的经验和已学知识出发，引导和启发学生经历对多个实例进行猜想、探讨再验证的过程，从而主要发展学生的直观想象、数学抽象和数学运算的数学学科核心素养。

由此可见，该教学内容的教学任务主要有三个：一是函数的单调性与导数的关系的猜想，二是函数的单调性与导数的关系的探索和验证，三是函数的单调性与导数的运用。

3. 基于数学学科核心素养的教学设计

任务一：函数的单调性与导数的关系的猜想

【情境与问题1】

如何判断函数 $f(x) = x + \dfrac{1}{x}$ $(x > 0)$ 的单调性？你有几种方法？

【数学学科核心素养分析】

这是之前已经学习过的双钩函数，利用已学过的问题吸引学生，达到激发学习兴趣的目的。若学生能说出单调区间，则追问端点"1"的由来；若学生不清楚单调性，则引导他们用定义法求解。但判断差值的正负会很麻烦，于是提出问题（有通解通法吗），从而引入新课。若学生能回答上述问题，则说明学生在"情境与问题"方面，能够在熟悉的情境中了解运算对象；在"知识与技能"方面，能够在熟悉的情境中根据问题的特征形成合适的运算思路，解决问题；在"交流与反思"方面，能够用运算的结果说明问题。所以我们就可认为学生达到了数学运算的数学学科核心素养的水平二。

【情境与问题2】

高台跳水运动员的高度 h 随时间 t 变化的函数表达式为 $h(t) = -4.9t^2 + 6.5t + 10$，则高台跳水运动员速度的表达式为 $v(t) = h'(t) = -9.8t + 6.5$。

【思考1】

根据高度 h 随时间 t 变化的函数 $h(t) = -4.9t^2 + 6.5t + 10$ 的图像和速度

v 随时间 t 变化的函数图像，分析运动员从起跳到最高点，从最高点到入水这两段时间的运动状态有什么区别。

【思考2】

在函数 $h(t) = -4.9t^2 + 6.5t + 10$ 的单调区间上，其导数的解析式是什么？观察导数图像，通过图像回答导数在相应单调区间上的正负情况。

【思考3】

导数与切线斜率有什么关系？曲线切线斜率变化与图像的升降有什么关系？

【数学学科核心素养分析】

针对任务一下的情境与问题可以分析得出：让学生观察高度和速度图像，体会二者的关系，《课标》强调"加强几何直观，重视图形在数学学习中的作用"。所以，鼓励学生借助直观分析切线斜率的正负与图像升降的关系，并用几何画板动态演示，有效促进学生探索问题的本质。

在几何画板的动态演示中，让学生反复观察图形从而感受导数在研究函数单调性中的作用，一方面加强学生对导数本质的认识，把他们从抽象的极限定义中解放出来；另一方面体现直观想象这一数学学科核心素养对数学学习的意义和作用。如果学生能够回答以上三个思考，则说明学生在"情境与问题"方面能抽取出函数的单调性与其导函数的关系。所以我们可以认为学生达到了数学抽象的数学学科核心素养的水平二。

任务二：函数的单调性与导数的关系的探索和验证

【情境与问题3】

通过阅读教材四个实例图回答以下问题：

（1）观察图（1）至图（4），探讨函数与其导函数是否也存在情境与问题2的关系呢？

（2）通过对图（1）和图（2）的观察，你能得到原函数的单调性与其导函数的正负号有何关系？

（3）你能得到怎样的结论？

（4）上述结论主要是通过观察得到的，你能结合导数的几何意义为切线的斜率下定义吗？你能从这个角度给予说明吗？

【数学学科核心素养分析】

在学生得到初步结论之后，为了检验这一结论的普遍性，引导学生从具体的函数出发，体会从特殊到一般，从具体到抽象的过程，降低思维难度。

如果学生能够回答问题（1），并能进行交流，且学生又能回答问题（2），则说明学生在"知识与技能"方面，能够在熟悉的情境中抽象出数学问题；也说明学生在"知识与技能"方面，能够在熟悉的情境中根据数学问题的特征形成合适的运算思路，解决问题。所以我们可以认为学生达到了数学抽象和数学运算的数学学科核心素养的水平二。

如果学生能回答问题（3），则说明在"思维与表达"方面，学生能在相关联的情境中抽象出数学的一般结论。所以我们可以认为学生达到了数学抽象的数学学科核心素养的水平二。

如果学生能回答问题（4）：在某个区间 (a, b) 内，如果 $f'(x) > 0$，那么函数 $y = f(x)$ 在这个区间内单调递增；如果 $f'(x) < 0$，那么函数 $y = f(x)$ 在这个区间内单调递减，则说明在"情境与问题"方面，学生能在综合的情境中抽象出函数的单调性与其导函数的关系，并能用自己的语言予以正确的表述。所以我们可以认为学生达到了数学抽象的数学学科核心素养的水平三。

任务三：函数的单调性与导数的运用

【情境与问题4】

完成教材中所给三个例题。

【数学学科核心素养分析】

如果学生能完成例1，则说明在"知识与技能"方面，学生能够理解数学的概念，并直观地认识数学问题。所以我们可以认为学生达到了直观想象、数学抽象的数学学科核心素养的水平一。

如果学生能够完成例2，则说明在"知识与技能"方面，学生能够在新的情境中选择数学方法，针对运算问题，合理选择运算方法，设计运算程序解决问题，并能用准确的数学语言表述证明过程。所以我们可以认为学生达到了数学抽象和数学运算的数学学科核心素养的水平二。

如果学生能够完成例3，则说明在"知识与技能"方面，学生能够在新的情境中通过对条件的分析发现数量与图形的性质、数量关系和图形关系，并能用准确的数学语言表述证明过程。所以我们可以认为学生达到了直观想象、逻辑推理的数学学科核心素养的水平二。

（刘　强）